Jürgen Kirsch
Bernd Müllerschön

Marketing *kompakt*

6., überarb. und erw. Auflage

mit englischem Marketing-
Fachwortverzeichnis

Verlag Wissenschaft & Praxis

Bibliografische Information Der Deutschen Bibliothek

Die Deutsche Bibliothek verzeichnet diese Publikation in der Deutschen Nationalbibliografie; detaillierte bibliografische Daten sind im Internet über http://dnb.ddb.de abrufbar.

Prof. Dr. Jürgen Kirsch
lehrt Marketing an der Dualen Hochschule Baden-Württemberg Stuttgart und leitet dort den Studiengang BWL-Industrie. Prof. Kirsch arbeitet vor allem auf folgenden Gebieten: Kommunikations- und Vertriebspolitik, Konsumentenforschung und Strategisches Marketing. Außerdem befasst er sich intensiv mit Gender- und Seniorenmarketing.

Prof. Dr. Bernd Müllerschön
ist Prorektor der Dualen Hochschule Baden-Württemberg Stuttgart und lehrt dort ebenfalls Marketing. Seine Arbeits- und Forschungsschwerpunkte liegen auf den Gebieten Dienstleistungs-, Handels- und Messemarketing sowie Konsumverhalten. Außerdem beschäftigt er sich seit vielen Jahren mit Fragen des Kunsthandels bzw. Kunstmarketing.

ISBN 978-3-89673-528-7

© Verlag Wissenschaft & Praxis
Dr. Brauner GmbH 2009
Nußbaumweg 6, D-75447 Sternenfels
Tel. +49 7045 930093 Fax +49 7045 930094
verlagwp@t-online.de www.verlagwp.de

Printed in Germany

Inhalt

7

A. Das Marketing-Konzept

1. Entwicklung und Bedeutung des Marketing

Was man unter Marketing zu verstehen hat, wird im Zeitablauf, aber auch in Wissenschaft und Unternehmenspraxis sehr unterschiedlich interpretiert. Um Klarheit in die Vielzahl der verschiedenen Auffassungen zu bringen, empfiehlt es sich, die Entwicklung der Marketing-Disziplin nachzuzeichnen und die jeweils herrschende Interpretation vor dem Hintergrund der Marktentwicklungen zu verdeutlichen.

Eine erste Phase der **Marketing-Entwicklung** lässt sich etwa in der Zeit zwischen 1949 und 1965 erkennen. In dieser auch als Nachkriegszeit oder Phase des sogenannten Wirtschaftswunders apostrophierten Periode übersteigt die Nachfrage nach Produkten und Dienstleistungen das Angebot bei weitem. Die Märkte wachsen rasch und nachhaltig. Ausschlaggebend für den Erfolg eines Unternehmens ist in dieser Epoche vor allem, ob und inwieweit die Fähigkeit vorhanden ist, Massenproduktion technisch und ökonomisch zu realisieren. (Primat der Produktion).

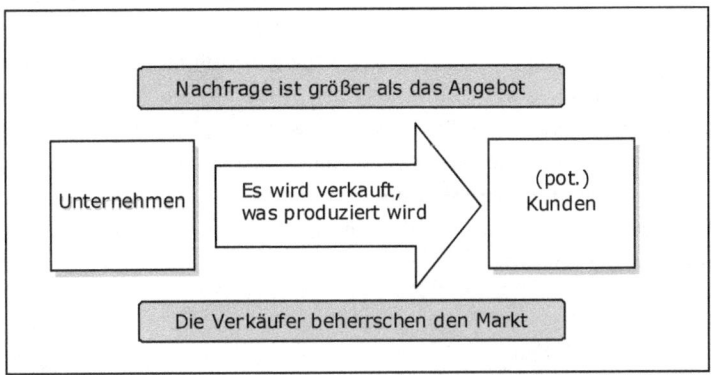

Abb. A.1: Verkäufermarkt

Der Absatzbereich ist für den unternehmerischen Erfolg hingegen von eher untergeordneter Bedeutung. Die Abnehmer sind froh, dass sie überhaupt ihre Konsumbedürfnisse und -wünsche befriedigen können. Einen einflussreichen Handel gibt es ebenso wenig wie einen intensiven Wettbewerb. Angesichts dieser Machtverteilung zwischen Hersteller und Abnehmer spricht man vom sogenannten

Verkäufermarkt, d.h. der Verkäufer bestimmt die Regeln, die auf einem Markt herrschen (vgl. Abb. A.1). **Marketing** lässt sich in dieser Phase als **Vermarktung oder Verteilung von Waren** umschreiben und meint vornehmlich die mit dem Absatz von Gütern und Dienstleistungen verbundene technische Aufgabenerfüllung (Einsatz von Verkäufern, Schaffen von Lager- und Transportkapazitäten usw.).

Die **Marktsituation ändert sich**, als ungefähr ab Mitte der 60er Jahre der Nachholbedarf nach dem Krieg weitgehend befriedigt ist und die Nachfrage das Angebot nicht mehr generell übersteigt. Erfolgreiche Massenproduktion, steigende Kaufkraft, Liberalisierung der Märkte usw. führen dazu, dass sich die Märkte zu sogenannten **Käufermärkten** wandeln, die durch Überangebot, wachsende Konkurrenz und durch eine zunehmende Nachfragemacht der Abnehmer gekennzeichnet sind. Der Erfolg der Unternehmen entscheidet sich nun vor allem auf der Absatzseite (Primat des Absatzes), wobei die Regeln des Marktes vorwiegend von den Abnehmern bestimmt werden (vgl. Abb. A.2).

Erschwerend für einen erfolgreichen Absatz kommt in den 60er und 70er Jahren hinzu, dass diese Zeit durch einen ungeheuren Wandel im Bereich der Werte, Normen und der Verhaltensweisen gekennzeichnet ist. Als Ausdruck und Ursache dieser Veränderungen seien hier vor allem Studentenproteste, Pop-Kultur, Emanzipationsbewegung und der aufkommende Jugendkult genannt, die u.a. auch zu einem erheblichen Wandel des Konsumverhaltens führen. Symptomatisch für diese Phase ist eine Ausdifferenzierung der Wünsche und damit einhergehend auch ein vielschichtigeres Kaufverhalten. Außerdem spielt für die Kaufentscheidung der Prestigewert einer Ware eine immer wichtigere Rolle. Es beginnt die Zeit des sog. **Konsummaterialismus**, d.h. die Verbraucher wünschen jederzeitige Verfügbarkeit von Waren und Dienstleistungen. Gleichzeitig wächst aber auch die Kritik am Konsum.

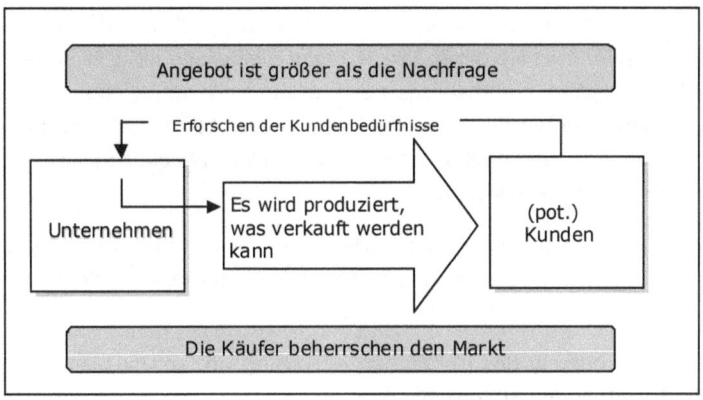

Abb. A.2: Käufermarkt

Zunächst reagieren die Hersteller auf diese Entwicklungen mit einer Intensivierung ihrer Verkaufs- und Werbeaktivitäten, insbesondere auch gegenüber dem erheblich an Macht gewinnenden Handel. Im Laufe der Zeit zeichnet sich aber ab, dass eine verstärkte **Verkaufsorientierung** der Unternehmen nicht ausreichend ist, wenn man mit Erfolg auf den Märkten operieren will.

Spätestens seit Ende der 60er Jahre setzt sich zunehmend die Erkenntnis durch, dass auf Käufermärkten nur der erfolgreich sein kann, der es versteht, die spezifischen Bedürfnisse der Konsumenten zu erkennen und durch sein Leistungsangebot zu befriedigen.

Dieser Denkansatz ist kennzeichnend für das **klassische Marketing**. Er hat zur Folge, dass sich alle unternehmerischen Aktivitäten von der Leistungserstellung bis zur Leistungsverwertung an den spezifischen **Kundenbedürfnissen zu** orientieren haben.

Kundenorientierung bedeutet vor allem Denken aus der subjektiven Kundenperspektive heraus. In diesem Kontext ist es wichtig, sich klar zu machen, dass Kunden letztlich keine Produkte, sondern **Problemlösungen** kaufen. So werden beispielsweise keine Rechenschieber, sondern Rechenhilfen, keine Lippenstifte, sondern Schönheit erworben. Werden diese Probleme von anderen, neuen Produkten besser gelöst z.B. durch Taschenrechner oder Schönheitsoperationen, werden die Konsumenten diese neuen Problemlöser ceteris paribus präferieren.

Neben dem Denken in Problemlösungen ist es wichtig, sich als Marketer darüber im Klaren zu sein, dass Menschen ihre Kaufentscheidungen nicht nach rein rationalen Kriterien treffen, sondern dass sie in hohem Maße von Motiven, Einstellungen und **Emotionen** beeinflusst werden. Letztendlich kommt es nicht darauf an, wie gut oder schlecht ein Produkt objektiv ist, sondern wie die Abnehmer es subjektiv einschätzen (vgl. Abschnitt B.3.).

Neuerliche Veränderungen auf den Märkten und im weiteren gesellschaftlichen Umfeld der Unternehmen erzwingen in den 80er Jahren eine Weiterentwicklung des Marketing.

Die Kundenorientierung des klassischen Marketing wird von nun an durch eine stärkere **Orientierung an der Konkurrenz** ergänzt. Das Auftreten aggressiv operierender internationaler Wettbewerber vornehmlich aus Asien und die wachsende Zahl stagnierender oder gar gesättigter Märkte machen dies erforderlich. Es reicht nicht mehr aus, Kundenbedürfnisse zu befriedigen, sondern man muss dies besser können als die Wettbewerber. Eine vorrangige Aufgabe des Marketing in dieser Periode ist es deshalb, Wettbewerbsvorteile aufzubauen bzw. zu verteidigen, die der Kunde wahrnimmt und die für ihn wichtig sind.

Neben dieser **Intensivierung** und **Internationalisierung des Wettbewerbs**, den **Sättigungstendenzen** auf vielen Märkten, erschweren vor allem die gewaltig gewachsene **Nachfragemacht des Handels** und neuerliche **Veränderungen im Käuferverhalten** (Suche nach Spaß und Genuss, Selbstverwirklichung etc.) die erfolgreiche Marktbearbeitung. Außerdem wird der gesellschaftliche Wandel immer dynamischer, diskontinuierlicher und komplexer. Angesichts dieser Phänomene wird das klassische Marketing der 70er Jahre zum strategischen Marketing weiterentwickelt.

Das **strategische Marketing** ist gekennzeichnet durch einen längerfristigen **Denk- und Planungshorizont** und vor allem durch eine **ganzheitliche Betrachtung** des Unternehmens und seiner Beziehungen zum Markt und Umfeld. Es reicht nicht mehr aus, die Marketing-Entscheidungen nur am Kunden zu orientieren, sondern es gilt, neben den Marktpartnern (Kunden, Absatzmittler, Lieferanten, Wettbewerber) verstärkt auch die ökonomischen, sozio-kulturellen, politisch-rechtlichen und technologischen Faktoren konsequent in die Überlegungen miteinzubeziehen.

Die aktuelle Entwicklung im Marketing ist insbesondere vor dem Hintergrund einer weiter **zunehmenden Dynamik** der Marktprozesse zu sehen. Dies erfordert eine erhebliche Beschleunigung des Marketing z.B. im Rahmen der Neuprodukt-entwicklung und des Vollzugs von Marketing-Aktivitäten (rasche Lieferung, schnelle Anpassung an Kundenwünsche etc.).

Wichtig ist in diesem Kontext vor allem auch das Erfassen und Analysieren der immer stärker anwachsenden Instabilität des Konsumentenverhaltens. Die Ab-nehmer werden immer unberechenbarer und ihre Bindung an Marken und Ein-kaufsstätten nimmt ab. Man versucht dieser Problematik u.a. dadurch zu begeg-nen, dass man sich weniger am abfragbaren Bedarf der Kunden orientiert, son-dern versucht, über die genaue Kenntnis der Einstellungen und Lebensstile der Verbraucher deren **Kundenwünsche** im vorhinein quasi zu "**erahnen**" und durch entsprechende Angebote zu befriedigen ("Surfen" auf den Trends des Marktes) oder gemeinsam mit den Abnehmern deren Wünsche zu thematisieren und zu gestalten. Dieses gemeinsame Erkennen und Lösen von Kunde**nproble-**men findet seinen Niederschlag im Begriff vom **Prosumenten** (Kunstwort aus Produzent und Konsument). Dies ist jedoch nur möglich, wenn das Marketing darauf abzielt, ein enges und partnerschaftliches Verhältnis zu den Abnehmern, aber auch zu anderen Partnern und gesellschaftlichen Anspruchsgruppen aufzu-bauen und zu unterhalten. Diese Entwicklung bedeutet eine grundlegende Ver-änderung im Marketing. Im Vordergrund steht nicht mehr allein das **Manage-ment der Austauschprozesse** (Güter gegen Geld u.ä.), sondern vor allem das **Management der Beziehungen** zu den Marktpartnern mit dem Ziel, stabile Bindungen aufzubauen, die die Grundlage der Absatzaktivitäten darstellen. We-sentliche Bestandteile dieses Beziehungsmanagement ist ein konsequentes Ma-nagement von Kunden- und Marktdaten (Database-Marketing), die Nutzung der neuen Informations- und Kommunikationstechnologien (z.B. im Kontext des In-ternet) und die Individualisierung der Marketing-Aktivitäten (One-to-One Marke-ting).

Diese Aufgabenstellung des modernen Marketing ist vor dem Hintergrund einer zunehmenden Globalisierung und eines Hyperwettbewerbs zu bewältigen, der es immer schwieriger macht, Wettbewerbsvorteile aufzubauen und auf Dauer zu verteidigen. Abbildung A.3 gibt einen Überblick über die historische Entwicklung des Marketing.

Entwicklungsphasen	Kennzeichnung der Situation	Charakterisierung des Marketing	Anwendung
1949 - 1965 **Distribution** **Verkauf**	• starkes Wachstum • Nachfrageüberhang • relativ geringer Wettbewerb • Handel ist Erfüllungsgehilfe • stabiles Wert- und Normsystem • stabiles Verhalten der Marktteilnehmer	• Primat der Produktion • Marketing = Distribution • Verkaufsorientierung • Absatz ist vorwiegend eine technisch-organisatorische Aufgabe	• industrielle Massengüter • landwirtschaftliche Produkte • Konsumgüter
1965 - 1975 **Klassisches** **Marketing**	• Wachstum schwächt sich deutlich ab • Angebotsüberhang • Handel erstarkt • Wettbewerb wird intensiver • Wert- und Normsystem wird differenzierter • Verhalten der Marktteilnehmer wird differenzierter	• Primat des Absatzes • *zunächst* Marketing als dominante Engpassfunktion • *dann zunehmend* Marketing als Führungsfunktion • Konsumenten- und Händlerorientierung	• Konsumgüter • Investitionsgüter • Dienstleistungen
1975 - 1995 **Strategisches** **Marketing**	• Wachstum wird selektiv • Erheblicher Angebotsüberhang • Handel wird dominant • Wettbewerb wird intensiv und global • Werteverlust • Zunehmend instabiles Verhalten der Marktteilnehmer • generell wachsende Dynamik und Komplexität	• Marketing als marktorientiertes integriertes Führungskonzept zum Management von Austauschbeziehungen (Güter gegen Geld) • Wettbewerberorientierung • Anspruchsgruppenorientierung	• Konsumgüter • Investitionsgüter • Dienstleistungen • Nonprofit Organisationen
ab 1995 **individuelles** **Beziehungs-** **Marketing**	• Globalisierung • Fragmentierung der Märkte • Hyperwettbewerb • extrem rascher Wandel	• Konzept zum Management von Beziehungen und Wissen • Prosumentenorientierung	• Anwendung beim Management von Austausch & Beziehungsaufgaben

Abb. A.3: Historische Entwicklung des Marketing

2. Charakteristika des modernen Marketing

Spätestens seit den 70er Jahren versteht man unter **Marketing eine Denkhaltung** oder eine unternehmerische Leitkonzeption, die dadurch gekennzeichnet ist, dass das Unternehmen von den Erfordernissen des Marktes und des weiteren Umfeldes her gesteuert werden muss und dass alle unternehmerischen Aktivitäten (Absatz, Produktion, Beschaffung usw.) auf die Anforderungen des Marktes ausgerichtet werden müssen. Dies erzwingt eine permanente Interaktion des Unternehmens, seiner Ziele, Strategien und Maßnahmen, aber auch seiner Organisationsstruktur und -kultur mit seinem Markt und dem weiteren Umfeld (vgl. Abb. A.4).

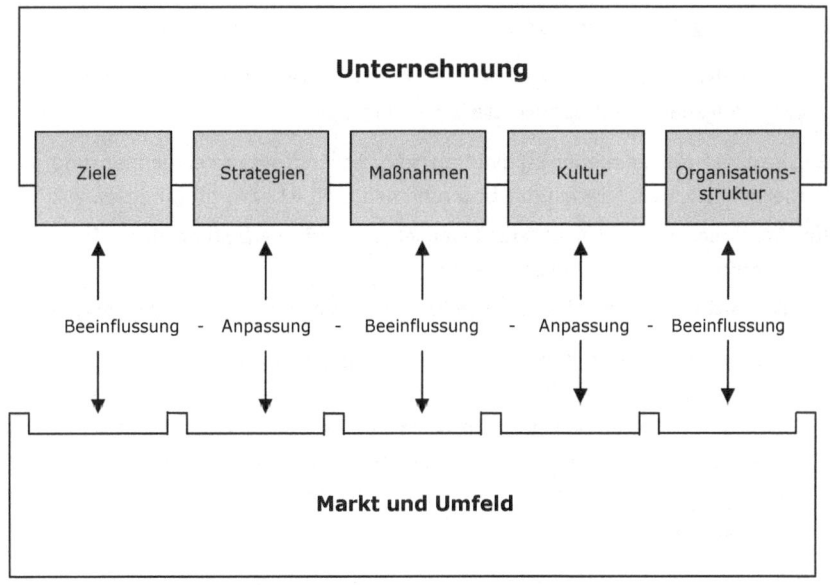

Abb. A.4: Interaktion des Unternehmens mit seinem Umfeld

Darüber hinaus ist das Marketing ein Management-Konzept für das Management der Marktbeziehungen, das ein bestimmtes systematisches Planungs- und Entscheidungsverhalten bedingt (**analytisches Marketing**). Das systematische Vorgehen alleine ist jedoch nur die eine Komponente des Marketing; besonders bedeutsam für den Unternehmenserfolg sind auch Kreativität, Innovationskraft und Originalität (**kreatives Marketing**). Denn nur auf diese Weise ist es möglich, sich am Markt zu profilieren und differenzierende Wettbewerbsvorteile aufzubauen.

Zur Bewältigung der komplexen, häufig schlecht strukturierten Aufgabenstellung im Marketing sind eine Vielzahl von Methoden, Techniken und Instrumenten entwickelt worden, mit denen die Märkte und das weitere Umfeld erfasst, analysiert (**Informationsseite des Marketing**) und bearbeitet werden können (**Aktionsseite des Marketing**). Es ist ein zentrales Anliegen des vorliegenden Buches, dem Leser einen kompakten Ein- und Überblick über diese Sachverhalte zu vermitteln.

Im Rahmen der Marktbearbeitung sind eine Reihe komplexer **Management-Aufgaben** zu erfüllen. Sie beziehen sich sowohl auf die **sachliche Konzeption** der Marketing-Aktivitäten als auch auf die **Führung der Mitarbeiter**.

Im Folgenden wird auf die wesentlichen Aufgabenstellungen des sachbezogenen Marketing-Management übersichtsartig eingegangen:

Bezugspunkt der Marketing-Aktivitäten sind die angestammten, neuen und potentiellen Märkte, auf denen das Unternehmen tätig ist bzw. tätig werden will.

Im Einzelnen lassen sich bei der Erschließung und Bearbeitung der Märkte folgende Aufgabenbereiche unterscheiden:

1. **Definition des Tätigkeitsbereichs**, in dem sich das Unternehmen engagiert.

2. Die **systematische Analyse** der aktuellen und zukünftigen **Situation** des Unternehmens sowie des Marktes einschließlich des weiteren Umfeldes, in dem das Unternehmen agiert bzw. in Zukunft agieren will. Zielsetzung der Analyse ist es, vor allem die Chancen und Risiken der Marktbearbeitung zu ermitteln und die eigenen Stärken und Schwächen in diesem Zusammenhang zu identifizieren.

3. Auf der Grundlage der systematischen Analyse gilt es, zu bearbeitende Marktsegmente, ein **konsistentes Zielsystem** und **marktgerechte strategische Stoßrichtungen** für das Unternehmen abzuleiten. Auf der Basis dieser Vorgaben werden die **Marketing-Strategien** und die dazugehörenden **Marketing-Budgets** generiert, die die Orientierung und die Richtschnur für den gezielten Einsatz der **Marketing-Instrumente** bilden.

4. Dem Marketing-Management stehen dabei eine Vielzahl von Marktbearbeitungsinstrumenten zur Verfügung. Im Allgemeinen werden jedoch vier In-

strumentenbündel unterschieden, die situativ zu einem sogenannten **Marke-ting-Mix** zu kombinieren sind. Im einzelnen handelt es sich dabei um die

- **Produktpolitik**
  Zur Produktpolitik gehört die Gestaltung der Produktbeschaffenheit (Quali-tät, Design) und der Verpackung. Außerdem werden die Markenbildung und die Konzeption von Absatzprogrammen sowie die Ausgestaltung von Garantie- und Serviceleistungen als Aufgabenbreiche der Produktpolitik aufgefasst.

- **Kontrahierungspolitik**
  Die Kontrahierungspolitik umfasst die Preisgestaltung, die Rabattpolitik, die Ausgestaltung der Lieferungs- und Zahlungsbedingungen sowie die Kreditgewährung an die Abnehmer.

- **Distributionspolitik**
  Unter Distributions- oder Vertriebspolitik werden insbesondere die Wahl der Absatzwege, die Gestaltung der Vertriebsorganisation, die Marketing-Logistik und standortpolitische Entscheidungen zusammengefasst.

- **Kommunikationspolitik**
  Zur Kommunikationspolitik werden im Allgemeinen die Werbung, die Ver-kaufsförderung, die Öffentlichkeitsarbeit und der Persönliche Verkauf ge-zählt. Darüber hinaus gehören auch die modernen Sonderformen der Kommunikation wie Sponsoring, Internet-Marketing, Direkt-Werbung, Event-Marketing, Teleshopping usw. zu diesem Instrumentenbündel.

5. Außerdem ist es die Aufgabe des Marketing-Management, die Durchführung der Marketing-Aktivitäten zu steuern und sowohl die Ergebnisse als auch die Prozesse und Strukturen im Marketing zu überwachen. Die Ergebnisüberwa-chung wird üblicherweise als (ergebnisorientierte) **Marketing-Kontrolle**, die Struktur- und Prozessüberwachung als **Marketing-Audit** bezeichnet.

Die nachfolgende Abbildung A.5 stellt die einzelnen sachbezogenen Aufgaben des Marketing-Management idealtypisch als chronologische Abfolge von Planungs- und Entscheidungsphasen im Marketing dar. In der Praxis ist ein chronologisches Durchlaufen der einzelnen Phasen allerdings eher selten. Vielmehr wird bei ir-gendeiner Phase – z.B. bei den Maßnahmen – begonnen und von da an weiter-gedacht. Prinzipiell ist es aber empfehlenswert, gleichgültig von wo der Anstoß zum Prozess kommt, alle Phasen des Prozesses zu durchlaufen.

Definition des Tätigkeitsbereichs	
aktueller Bereich	potentieller Bereich

Situationsanalyse	
Gegenwart	Zukunft

Zielplanung	
ökonomische Ziele	vorökonomische Ziele

Strategienplanung		
Endabnehmer	Absatzmittler	Wettbewerber

Gestaltung des Marketing-Mix			
Produkt	Kontrahierung	Vertrieb	Kommunikation

Realisation	
Organisation	Führung

Kontrolle	
Ergebnisorientierte Kontrolle	Audit

Abb. A.5: Phasen des Marketing-Management-Prozesses

Neben den hier beschriebenen Aufgaben obliegt es dem Marketing-Management, auch die **organisatorischen, unternehmenskulturellen und führungsbezogenen Voraussetzungen** für eine erfolgreiche Marktbearbeitung zu schaffen.

3. Anwendungsfelder des Marketing

Das Marketing-Konzept wurde ursprünglich zur Bearbeitung der Absatzmärkte von Konsumgüterherstellern insbesondere im Markenartikelbereich entwickelt. Vor allem in den 70er Jahren setzte sich außerdem die Erkenntnis durch, dass das Marketing auch auf die Beschaffungsmärkte übertragbar ist. Die Notwendigkeit zum Einsatz auf den Beschaffungsmärkten ist immer dann gegeben, wenn dort Engpässe vorliegen, also beispielsweise wenn Rohstoffe knapp sind oder wenn Personalmangel herrscht. Man spricht dann in Analogie zum **Absatz-Marketing** z.B. vom **Beschaffungs-, Personal- und Finanz-Marketing**. In all diesen Fällen ist es – wie beim Absatzmarketing auch – erforderlich, sich sorgfältig über den Markt zu informieren (mit Hilfe der Beschaffungsmarkt-, Personalmarkt- und Finanzmarktforschung), um die Märkte dann mit einem spezifischen Instrumentarium zu bearbeiten. Zielsetzung dieser Vorgehensweise ist es, Engpässe bei der Beschaffung von Gütern, Geld und Mitarbeitern zu überwinden, denn Engpässe bei den angesprochenen Ressourcen führen unweigerlich auch zu Problemen auf der Absatzseite.

Wie bereits angesprochen setzte sich das Marketing zunächst auf den Konsumgütermärkten durch. Dies resultierte hier aus dem vergleichsweise frühen Wandel vom Verkäufer- zum Käufermarkt. Im Laufe der Jahre blieben aber auch die Investitions- und Dienstleistungsmärkte von Phänomenen des Überangebots und der Wettbewerbsintensivierung nicht verschont, so dass es notwendig wurde, das Marketing-Konzept auch auf diese Bereiche zu übertragen. Zwar gibt es gewisse Unterschiede in der Realisierung des Konsumgüter-, Investitonsgüter- und Dienstleistungs-Marketing, die Grundkonzeptionen sind jedoch die gleichen. Versucht man die Besonderheiten der drei Marketing-Einsatzfelder herauszuarbeiten, lassen sich folgende Charakteristika nennen:

Das **Konsumgüter-Marketing** ist vor allem dadurch gekennzeichnet, dass es sich an **Massenmärkte** richtet. Die Bearbeitung der Märkte erfolgt vielfach durch eine konsequente **Markenpolitik**, die sehr ausgeprägt auf **psychologische Produktdifferenzierung** setzt. Nicht selten findet sich ein **extrem intensiver Preiswettbewerb,** bei dem Produktimitationen, sogenannte **Me-too-Produkte,** eine große Rolle spielen. Charakteristisch für den Konsumgüterbereich ist eine **intensive Kommunikationspolitik** (insbesondere Werbung) und der **Vertrieb über den Handel.** Gerade die handelsgerichteten Marketing-Konzeptionen stehen vielfach im Mittelpunkt des Konsumgüter-Marketing. Die erhebliche Nachfragemacht des Handels erfordert ein konsequent **handelsge-**

richtetes Marketing. Konsumgüterhersteller, die hier versagen, haben kaum noch die Chance, ihre Produkte an den Endverbraucher heranzubringen. Um ein Höchstmaß an Marketing-Effizienz zu erreichen, arbeiten Konsumgüterhersteller vielfach mit sogenannten **Produktmanagern**, die sich speziell mit dem Management einzelner Marken bzw. einzelner Produkte oder Produktgruppen befassen und/oder mit sogenannten **Kundengruppenmanagern** (Key Account Managern), die sich auf die Zusammenarbeit mit den Großabnehmern auf der Handelsebene konzentrieren.

Das **Investitionsgüter-Marketing** ist sehr viel stärker **Individual-Marketing**, d.h. die Angebote werden für wenige, in vielen Fällen sogar nur für einen Kunden konzipiert. Dies bedeutet auch, dass die Produktentwicklung stärker als im Konsumgütermarketing in Zusammenarbeit mit dem Käufer realisiert wird. Der Kunde kauft dabei vielfach nicht nur ein Produkt, sondern er erwirbt ein ganzes **System an Leistungen** (Produkt, Wartung, Ersatzteile, Schulung der Mitarbeiter usw.). Kennzeichnend für das Investitionsgüter-Marketing ist, dass der **Direktvertrieb** und die **persönliche Kommunikation** vorherrschen. Wenn Werbung betrieben wird, dann im Allgemeinen eher in Form von sachlich betonter Firmenwerbung. Charakteristisch für das Investitionsgüter-Marketing ist zudem, dass i.d.R. ein **Einkaufsgremium** (Buying Center) über die Beschaffung entscheidet. Dies verkompliziert vielfach vor allem die kommunikationspolitischen Aktivitäten, weil den unterschiedlichen Interessen und Kenntnissen der Mitglieder des Einkaufsgremiums Rechnung getragen werden muss.

Schließlich sei an dieser Stelle noch auf Besonderheiten des **Dienstleistungs-Marketing** von Banken, Versicherungen, Messegesellschaften, Touristikunternehmen oder Handwerksbetrieben eingegangen. Besonderes Merkmal der Dienstleistung ist es, dass es sich um eine **nicht sichtbare** und **nicht lager- und transportfähige "Ware"** handelt. Vor allem das Know-how und die Motivation der Mitarbeiter, aber auch das Prozessmanagement oder das Vorhandensein von bestimmten Einrichtungen (z.B. Datenbanken) spielen bei der Realisierung der Dienstleistung eine ganz ausschlaggebende Rolle. Außerdem ist die Imagepolitik im Dienstleistungs-Marketing von großer Bedeutung. Da Dienstleitungsangebote vom Kunden oft nur schwer beurteilt werden können, sind Faktoren wie Vertrauen, Seriosität und Sympathie bei der Kaufentscheidung ausschlaggebend.

Neben dem Marketing für den erwerbswirtschaftlichen Bereich finden Marketing-Überlegungen zunehmend auch im sogenannten **Non-Business-Bereich** Anwendung. Viele öffentliche Einrichtungen, wie z.B. städtische Verkehrsbetriebe,

Museen, Theater oder Hochschulen versuchen, sich mit Hilfe des Marketing bei ihrer Klientel zu profilieren. Aber auch für politische Parteien, Kirchen, die Bundeswehr und sogar die öffentlichen Verwaltungen ist Marketing kein Fremdwort mehr. Auch wenn die Realisierung und auch die Einsicht in die Notwendigkeit bei diesen Institutionen noch hie und da zu wünschen übrig lassen, so kann man doch davon ausgehen, dass das Marketing-Denken früher oder später in allen Organisationen Einzug halten wird. Denn letztlich ist **Marketing ein Konzept**, das zum **Management von Austauschprozessen aller Art** geeignet ist. Prinzipiell ist es dabei gleichgültig, ob es um den Austausch von Gütern gegen Geld (**business marketing**), von politischem Programm gegen politische Macht (**political marketing**) oder von Gefühl gegen Gefühl (**generic concept of marketing**) handelt, die Denkhaltung, die Vorgehensweise und zumindest in einem übertragenen Sinne auch die Instrumente sind gleich oder zumindest sehr ähnlich.

Quellen und Literaturempfehlungen

Backhaus, K. /Voeth, M. (2007), Industriegütermarketing, 8. Aufl., München

Becker, J. (2006), Marketing-Konzeptionen, 8. Aufl., München

Bruhn, M. (2007), Marketing, 8. Aufl., Wiesbaden

Dichtl, E. (1981), Marketing als Sozialtechnik, in WIST, 10. Jg., S.249-255

Diller, H. (Hrsg.) (2003), Vahlens Großes Marketing Lexikon, 2. Aufl., München

Gerken, G. (1990), Abschied vom Marketing, Düsseldorf

Hill, W./Rieser, I. (1993), Marketing-Management, 2. Aufl., Stuttgart

Hörschgen,H./Kirsch, J./Käßer-Pawelka, G./Grenz, J. (1993), Marketingstrategien, 2. Aufl., Sternenfels

Homburg, Ch./Krohmer, H. (2006), Marketingmanagement, Studienausgabe, Wiesbaden

Kotler, P. (1972), A Generic Concept of Marketing, in: Journal of Marketing, Vol. 36, No 4, S.46-54

Kotler, P./Bliemel, F. (2005), Marketing-Management, 10. Aufl., Stuttgart

Kühlmann; K. u.a. (2002), Marketing für Finanzdienstleistungen, Frankfurt a. M.

Meffert, H./Bruhn, M. (2006), Dienstleistungsmarketing, 5. Aufl., Wiesbaden

Meffert, H., Burmann, Ch./Kirchgeorg, M. (2008), Marketing, 10. Aufl., Wiesbaden

Nieschlag, R./Dichtl, E./Hörschgen, H. (2002), Marketing, 19. Aufl., Berlin

Scheuch, F. (2007) Marketing, 5. Aufl., München

Weis, Ch. (2007), Marketing, 14. Aufl., Ludwigshafen

Zentes, J./Swoboda, B./Schramm-Klein (2006), Internationales Marketing, Stuttgart

B. Das Spielfeld des Marketing

1. Der Markt als Bezugspunkt des Marketing

Bezugs- und Ausgangspunkt des Marketing ist der **Markt,** d.h. der Treffpunkt von Angebot und Nachfrage. Grundsätzlich lassen sich Märkte nach verschiedenen Gesichtspunkten klassifizieren:

- nach dem geographischen Raum (lokal, regional, national, international, global)

- nach der Anzahl der Marktteilnehmer (monopolistisch, oligopolistisch, polypolistisch)

- nach dem Wachstum in wachsende, stagnierende, gesättigte und degenerierende Märkte

- nach Produktkategorien in Konsumgüter-, Investitionsgüter- und Dienstleistungsmärkte

- nach dem technischen Niveau der Produkte in High- oder Low Tec-Märkte

u.a.m.

Für das Marketing ist vor allem der sog. **relevante Markt** von Bedeutung. Darunter ist das Tätigkeitsfeld zu verstehen, auf dem ein Unternehmen aktiv ist oder aktiv werden will. Die Abgrenzung des relevanten Marktes erweist sich allerdings in vielen Fällen als wesentlich komplizierter, als das auf den ersten Blick den Anschein hat. Gleichwohl ist eine sachgerechte Abgrenzung des relevanten Marktes eine wesentliche Voraussetzung für den Unternehmenserfolg.

Als Ansatzpunkte zur konkreten Marktabgrenzung können verschiedene Kriterien dienen. Ein zweifellos wichtiges Kriterium stellt das Produkt bzw. die Problemlösung dar, die angeboten wird. Im Fall der **produkt- bzw. problemlösungsbezogenen Marktabgrenzung** wird der Markt durch die Güterart (Auto) oder allgemeiner durch das zugrundeliegende Problem (Transport) definiert. In diesem Sinne gehören alle Produkte bzw. Problemlösungen zum relevanten Markt, die in den Augen der Verwender als mögliche Produktalternativen angesehen werden.

Ein weiteres wichtiges Verfahren stellt die **kundenbezogene Marktabgrenzung** dar; dabei sind vor allem bestimmte Merkmale der Nachfrager für die Marktdefinition ausschlaggebend. Dazu zählen beispielsweise **soziodemographische Kriterien** wie Alter (Jugendmarkt oder Seniorenmarkt), Geschlecht (Markt für Frauenzeitschriften) oder Einkommen (Exklusivkunden), **bestimmte Lebensstile** ("Yuppies", "Junge Alte"), aber auch **bestimmte Verhaltensweisen** (Fernreisende oder Pendler bei der Bahn).

Die folgende Abbildung B.1 gibt einen Überblick über die zahlreichen pragmatischen Ansätze zur Marktabgrenzung.

Konzepte/Vertreter	Aussage
Elementarmarktkonzept *Stackelberg*	Jedes Gut hat einen eigenen relevanten Markt (RM)
Konzept der physisch-technischen Ähnlichkeit *Marshall*	RM umfasst alle Produkte, die sich nach Stoff, Verarbeitung, Form usw. gleichen
Konzept der Kreuzpreis-Elastizität *Triffin*	RM umfasst alle Produkte, die sich durch hohe Kreuzpreiselastizität auszeichnen
Grundbedürfniskonzept *Abott/Arndt*	RM umfasst alle Produkte, die gleiche Grundbedürfnisse erfüllen bzw. die gleiche Funktion haben
Konzept der konjektoralen Konkurrenzprodukte *Schneider*	RM umfasst alle Konkurrenzprodukte, die ein Anbieter bei seinen Absatzplanungen berücksichtigt, anbieterorientiertes Konzept
Konzept der verwenderorientierten Austauschbarkeit *Dichtl* u.a.	RM umfasst alle Produkte, die vom Verwender als subjektiv austauschbar angesehen werden

Abb. B.1: Ansätze zur Abgrenzung des relevanten Marktes
(in Anlehnung an Meffert,u.a., 2008, S. 185)

Märkte lassen sich auch zeitlich abgrenzen. Sie unterliegen – gemessen am Umsatz bzw. Absatz – einem Entwicklungsverlauf des Werdens und Vergehens, d.h.

sie durchlaufen einen **Lebenszyklus**, der durch eine Vielzahl von Faktoren determiniert wird (Bedürfnisse, Kaufkraft, Marketing-Strategien der Anbieter, rechtliche Vorschriften, technische Entwicklungen usw.).

Phasen / Kriterien	Einführungs-phase	Wachstums-phase	Reifephase	Degenerations-phase
Wachstum	steigend	stark steigend	stagnierend	rückläufig
Marktanteile	nicht abschätzbar instabil	Verteilung stabilisiert sich	Konzentration auf weniger Anbieter	schwache Anbieter scheiden aus
Zahl der Wettbewerber	gering	höchste Zahl	nimmt ab	nimmt weiter ab
Wettbewerbs-intensität	relativ gering	nimmt zu	sehr stark	nimmt wieder ab
Abnehmer-verhalten	relativ wenige Anbieter instabiles Verhalten Innovatoren	starke Zunahme wachsende Kundenbindung Mehrheit	Stabilisierung des Verhaltens späte Mehrheit	Reduktion der Kunden sehr stabiles Verhalten Nachzügler
Sortiment	relativ schmal	Differenzierung	Bereinigung	weiterer Abbau
Technologie	Innovation	Verbesserung	Verfeinerung	verbreitete Technologie
Ansätze zur Profilierung	Qualität	Sortiment	Preis	Preis
	Kommunikations-intensität	Service Kommunikations-Botschaft		
Eintritts-barrieren	vor allem technisch finanziell psychologisch rechtlich	zunehmend marktlicher Art Erfahrungskurveneffekte		kein Interesse in einen degenerierenden Markt einzutreten

Abb. B.2: Situationsbedingungen in den Phasen des Marktlebenszyklus (in Anlehnung an Homburg/Krohmer, 2005, S. 364 f.)

Diese Entwicklungsverläufe von Märkten sind vor allem unter strategischen Gesichtspunkten interessant. So ist nicht nur die grundlegende Erkenntnis von Bedeutung, dass sich ein Markt im Laufe der Zeit entwickelt, sondern auch, dass in den verschiedenen Stadien oder **Phasen des Marktlebenszyklus** unterschiedliche Situationsbedingungen existieren, die für die Ausgestaltung der Marktbearbeitung wichtige Anhaltspunkte geben können (vgl. zu den Situationsbedingungen im Marktlebenszyklus Abb. B.2).

Zur quantitativen Beschreibung von Märkten und Markt-Strukturen werden bestimmte Kenngrößen herangezogen, die im Folgenden kurz dargelegt werden:

In diesem Kontext ist insbesondere das **Marktpotential** zu nennen. Darunter wird die theoretisch denkbare größtmögliche Aufnahmefähigkeit eines Marktes unter Berücksichtigung der vorhandenen Kaufkraft verstanden. Diese hängt in erster Linie von der Zahl der potentiellen Käufer, deren Bedarfsintensität, der Marketing-Aktivitäten der Anbieter u.ä. ab.

Das **Marktvolumen** hingegen spiegelt den tatsächlich in der letzten Periode erzielten Absatz (mengenmäßig) oder Umsatz (wertmäßig) wider. Das Verhältnis von Marktvolumen zu Marktpotential wird als **Penetrations- oder Sättigungsrate** bezeichnet.

Schließlich ist der **Marktanteil** zu nennen. Er drückt aus, wie groß der Anteil eines Unternehmens (wert- oder mengenmäßig) am Marktvolumen ist. Dadurch wird der Absatzerfolg eines Unternehmens am Markt verdeutlicht. Darüber hinaus sagt der Marktanteil auch etwas über die mögliche Kostensituation des Unternehmens aus. Schließlich bedeutet ein hoher Marktanteil hohe Verkaufszahlen im Verhältnis zu den Wettbewerbern. Daraus resultiert die Möglichkeit die fixen und gemeinen Kosten auf mehr Produkteinheiten verteilen zu können als die Wettbewerber und somit niedrigere Stückkosten zu realisieren (vgl. Abb. B.3).

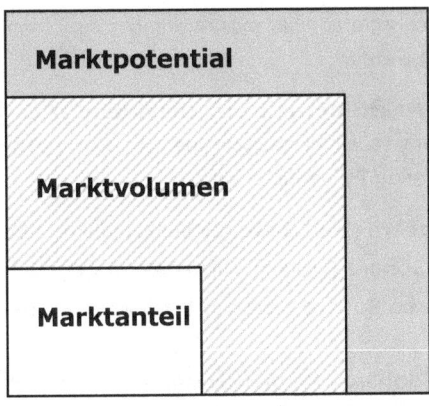

Abb. B.3.: Marktgrößen und ihre Beziehung zueinander

Wichtig für die Beurteilung von Märkten ist schließlich auch die Kenntnis der **Kaufkraft,** die auf einem Markt vorhanden ist. Unter Kaufkraft wird dabei der Geldbetrag verstanden, der je Einwohner bzw. je Haushalt für konsumtive Zwecke pro Periode zur Verfügung steht. (Im Jahre 2008 belief sich dieser Betrag in Deutschland auf fast genau 18.734 € je Einwohner. Quelle: GfK Gruppe Nürnberg). Von der allgemeinen Kaufkraft wird die sog. **einzelhandelsrelevante Kaufkraft** und die sog. **vagabundierende Kaufkraft** unterschieden. Im ersten Fall handelt es sich um den Teil der Kaufkraft, der für Einkäufe im Handel ausgegeben wird. Dies entspricht im Allgemeinen ungefähr 50 % der generellen Kaufkraft. Unter vagabundierender Kaufkraft ist der Teil des Einkommens zu verstehen, der nicht verplant ist und zur freien Verfügung steht.

2. Das weitere Umfeld als Bezugspunkt des Marketing

Die außerordentlich dynamische Entwicklung in den modernen Industriegesellschaften führt dazu, dass Marktentwicklungen nicht mehr (rechtzeitig) erfasst werden können, wenn sich das Augenmerk allein auf den Markt oder die Branche – das sogenannte **Mikrosystem bzw. Umsystem I** – beschränkt. Es ist vielmehr erforderlich, das gesamte Umfeld des Unternehmens im Blickfeld zu behalten. Denn Entwicklungen in allen Bereichen der Gesellschaft – seien es technische Neuerungen, Veränderungen im Wert- und Normsystem oder politischer Wandel – wirken sich immer schneller auf die Märkte und insbesondere auf das Verhalten der Marktpartner aus. Schlägt sich eine Veränderung erst einmal im Verhalten der Marktpartner nieder, kann das Unternehmen meistens nur noch reagieren. Wer jedoch agieren will, muss Veränderungen schon erkennen, bevor sie am Markt evident werden.

Das Umfeld – auch **Makro-Umwelt** oder **Umsystem II** genannt – ist außerordentlich komplex. Um es einigermaßen überschaubar zu machen, teilt man es üblicherweise in folgende Teilbereiche ein:

- **Ökonomische Sphäre** (Welthandel, Binnenkonjunktur etc.)
- **Technologische Sphäre** (Produkt-, Material- und Verfahrenstechnologie etc.)
- **Politisch-rechtliche Sphäre** (Politisch-administratives System, Wettbewerbsrecht etc.)
- **Sozio-kulturelle Sphäre** (Werte, Normen, Soziale Schichtung etc.)
- **Infrastrukturelle Sphäre** (Verkehrswege, Nachrichtenübermittlung etc.)
- **Geographisch-klimatische Sphäre**

Diese einzelnen Bereiche des Umfeldes sind nicht unabhängig voneinander. Dies macht es erforderlich, im Allgemeinen mehrere Sphären im Rahmen der Situationsanalyse zu betrachten. Allerdings sind auch nicht für jede Branche und in jeder Entscheidungssituation alle Komponenten von Interesse. Festzuhalten bleibt aber ausdrücklich, dass eine erfolgreiche Unternehmensführung, die sich nicht allein auf den Zufall verlassen will, mehr denn je auch den Blick auf die Entwicklung in diesen Umfeldbereichen richten muss. Nur wer dies realisiert, wird frühzeitig Veränderungen im Positiven wie im Negativen erkennen können. Wer in diesem Zeitwettbewerb Vorteile aufbauen kann, wird in Zukunft auch zentrale Wettbewerbsvorteile haben. Und mehr denn je werden Zeitvorteile ausschlaggebende Wettbewerbsvorteile sein.

Quellen und Literaturempfehlungen

Becker, J. (2006), Marketing-Konzeptionen, 8. Aufl., München

Diller, H. (Hrsg.) (2003), Vahlens Großes Marketing Lexikon, 2. Aufl., München

Hinterhuber, H. (2004), Strategische Unternehmensführung , Bd. 1 u. Bd. 2, 7. Aufl., Berlin

Hörschgen, H./Kirsch, J./Käßer-Pawelka, G./Grenz, J. (1993), Marketing-Strategien, 2. Aufl., Ludwigsburg/Berlin

Homburg, Ch./Krohmer, H. (2006), Marketingmanagement, Studienausgabe, Wiesbaden

Kotler, P./Bliemel, F. (2005), Marketing-Management, 11. Aufl., Stuttgart

Meffert, H., Burmann, Ch./Kirchgeorg, M. (2007), Marketing, 10. Aufl., Wiesbaden

Nieschlag, R./Dichtl, E./Hörschgen, H. (2002), Marketing, 19. Aufl., Berlin

Weis, Ch. (2007), Marketing, 14. Aufl., Ludwigshafen

3. Das Verhalten der Marktteilnehmer

3.1. Vorbemerkung

Entsprechend seiner Fokussierung auf den Absatzmarkt stehen für das Marketing die **Abnehmer** der angebotenen Leistungen im Mittelpunkt des Interesses. Die **Kaufverhaltensforschung** beschäftigt sich dabei vorrangig mit der Beschreibung und Analyse des Kaufverhaltens von **Konsumenten**.

Ein **Konsument** kann dabei als Nachfrager nach materiellen und/oder immateriellen Gütern zur Befriedigung seiner individuellen Bedürfnisse charakterisiert werden.

Damit fällt sowohl der Kauf eines **"klassischen" Produktes,** wie z.B. eines Waschmittels, eines Kleidungsstücks oder eines Fernsehgeräts, als auch die Inanspruchnahme einer **Dienstleistung,** so etwa der Abschluss einer Versicherung oder der Besuch eines Freizeitparks, unter den Aspekt des Konsumierens. Und die Individualität umschließt neben persönlichen Anschaffungen auch alle Käufe für den **Haushalt.** Demgemäß liegt beispielsweise auch dann ein Konsumakt vor, wenn ein Kunde für den Haushalt, in dem er lebt, Grundnahrungsmittel erwirbt.

Eine Erweiterung erfährt die Kaufverhaltensforschung durch die Einbeziehung **gewerblicher Abnehmer.** Hierunter sind Entscheidungsträger zu verstehen, die Güter und Dienstleistungen zur Sicherstellung des betrieblichen Leistungsprozesses beschaffen. Typische Beispiele wären die Anschaffung einer DV-Anlage, die Beschaffung von Büromaterial oder die Beauftragung eines externen Marktforschungsinstituts für ein Unternehmen.

Mit der Erforschung des Kaufverhaltens verfolgt das Marketing im Kern zwei Zielsetzungen, nämlich Erkenntnisse zu gewinnen, um sich

- an den Wünschen und Bedürfnissen der Abnehmer zu **orientieren**

  und um

- die Kunden gemäß eigener Zielsetzungen zu **beeinflussen.**

Voraussetzungen, um diese Ziele zu erreichen, sind einerseits **Informationen** über die Wünsche, Bedürfnisse, Vorstellungen etc. der Konsumenten (➜ Orientierung) sowie andererseits das Wissen über **Kausalmechanismen** (Ursache-Wirkungszusammenhänge) menschlichen Verhaltens (➜ Beeinflussung). Das **Verhalten** setzt sich dabei aus dem **offenen** Verhalten, d.h. den äußerlich erkennbaren Handlungen und Reaktionen des Menschen, und dem **verdeckten** Verhalten zusammen. Letzteres umfasst alle im Inneren des Menschen vor sich gehenden Prozesse, die einer direkten Beobachtung nicht zugänglich sind, sondern auf die lediglich von äußerlich erkennbaren Handlungen und Reaktionen ausgehend – geschlossen werden kann.

Erklärungsansätze für das Konsumentenverhalten liefern im Wesentlichen drei Wissenschaftsgebiete, die sich mit dem menschlichen Verhalten grundsätzlich auseinandersetzen: die **Psychologie, die Soziologie und die Neurowissenschaften.** Das Marketing bedient sich dieser Erkenntnisfelder. Die Psychologie versucht dabei das menschliche Verhalten aus möglichen **psychischen Konstellationen** des **Individuums** heraus zu erklären, wohingegen sich die Erklärungsversuche der Soziologie auf soziale Umweltdeterminanten, insbesondere **zwischenmenschliche Vorgänge** und **Interdependenzen,** stützen. Die erst seit kurzem immer wichtiger werdenden Neurowissenschaften versuchen das Kaufverhalten auf der Basis der Ergebnisse der modernen Hirnforschung zu begründen.

Alle drei Wissenschaften liefern kein in sich durchgängig schlüssiges, ganzheitliches Theoriegebilde, sondern postulieren jeweils eine mehr oder minder große Anzahl an **Einzelerklärungsansätzen,** die sich im Extremfall sogar in gewisser Hinsicht widersprechen können. In der Regel lassen sich jedoch die verschiedenen Partialansätze zu einem umfassenderen Erklärungsmodell des menschlichen (Konsum-)Verhaltens zusammensetzen.

3.2 Psychologische Erklärungsansätze des Konsumentenverhaltens

3.2.1. Grundmodelle

Die Psychologie versucht menschliches Verhalten zu beschreiben, zu erklären und zu prognostizieren und will damit folgende Fragen beantworten:

- Wie verhält sich der Mensch (hier: der Konsument)?
- Was sind die Ursachen seines Verhaltens?
- Wie lässt sich dieses Verhalten beeinflussen?

Die Beantwortung dieser Fragen ist nicht nur aus Sicht der Psychologie, sondern auch für den Marketing-Entscheidungsträger von herausragender Bedeutung.

Denn jede (neue) Erkenntnis über das menschliche Verhalten eröffnet grundsätzlich die Möglichkeit, das Marketing-Instrumentarium effizienter einsetzen zu können. Dies gilt in besonderem Maße für die verschiedenen Instrumente der Kommunikations- und der Produktpolitik.

In der Psychologie gibt es nun zwei grundsätzlich unterschiedliche Ansatzpunkte zur Erklärung des Verhaltens von Konsumenten, den **behavioristischen** und den **neo-behavioristischen** Forschungsansatz.

Der **behavioristische Ansatz** versucht das menschliche Verhalten anhand eines **S-R-Modells**, d.h. anhand des sog. **S**timulus-**R**esponse-Paradigmas zu erklären. Damit ist gemeint, dass lediglich der Reiz (= Stimulus) und die auf diesen zurückzuführende Reaktion (= Response) von Interesse sind. Was im Inneren des Menschen vor sich geht, bleibt außerhalb der Betrachtung. Man spricht deshalb auch vom Menschen als einer "**black box**". So stellt beispielsweise die attraktive Gestaltung eines Produktes den Reiz und der spontane Kauf oder Nichtkauf die Reaktion dar.

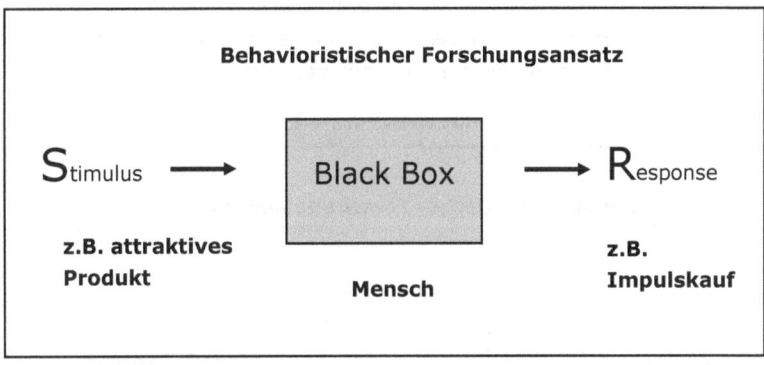

Abb. B.4: Kennzeichnung des behavioristischen Forschungsansatzes

Im Gegensatz dazu versucht der **neo-behavioristische Forschungsansatz** das menschliche Verhalten unter Einbeziehung der inneren Vorgänge im Menschen zu erklären. Beim sog. **S-O-R-Modell** führt der **S**timulus (= Reiz) erst in Verbindung mit bestimmten inneren Vorgängen (= **O**rganismus) zur **R**eaktion. Die wichtigsten Erklärungsansätze für die von außen nicht direkt beobachtbaren inneren menschlichen Vorgänge lassen sich entweder den **aktivierenden Prozessen** oder den **kognitiven Prozessen** zuordnen. Zu den aktivierenden Prozessen zählen vorrangig die **psychischen Konstrukte**

- Emotion

- Motivation

- Einstellung

wohingegen die kognitiven Prozesse im Kern durch die **psychischen Konstrukte**

- Wahrnehmung

- Denken/Entscheiden

- Lernen/Gedächtnis

erfasst werden.

Beim S-O-R-Modell kommt es demgemäß beispielsweise durch den Reiz einer gut gestylten Werbeanzeige erst in Verbindung mit einem Konstrukt, wie z.B. der "Einstellung", zur Reaktion, die in einem Kauf oder Nichtkauf liegen könnte.

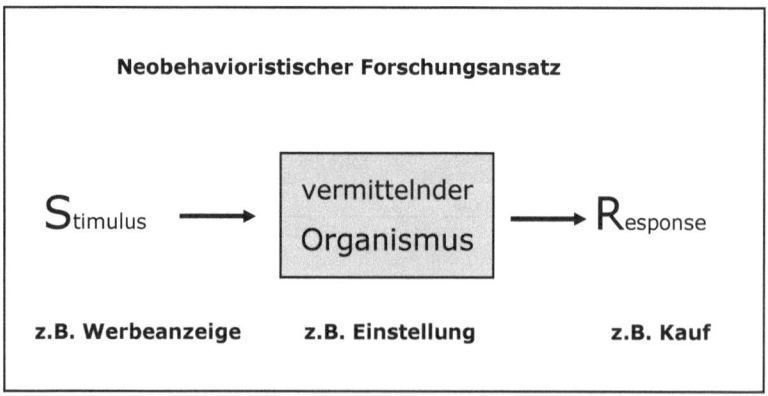

Abb. B.5: Kennzeichnung des neo-behavioristischen Forschungsansatzes

Die zur Erklärung der inneren Vorgänge herangezogenen psychischen Abläufe werden auch als **intervenierende Variablen** oder **hypothetische Konstrukte** bezeichnet. Diese komplexen psychischen Prozesse dürfen allerdings nicht als voneinander völlig losgelöste Vorgänge angesehen werden, sondern im Sinne von Dualitäten. D.h. diese Prozesse laufen im Inneren des Menschen, womit im Wesentlichen das menschliche **Gehirn** gemeint ist, quasi nebeneinander ab und beeinflussen oder bedingen sich sogar gegenseitig. Ihre jeweilige Zuordnung zu den aktivierenden oder kognitiven Prozessen erfolgt nun dadurch, inwieweit deren aktivierende oder kognitive Komponente dominiert.

3.2.2. Das aktivierende System

3.2.2.1. Überblick und Grundlagen

Grundvoraussetzung, dass es überhaupt zu einer Verhaltensreaktion des Konsumenten kommt, ist, dass dieser die innere Bereitschaft zur Aufnahme von Umweltreizen (z.B. Werbesignale) entwickelt. Dies wird als **Aktivierung** bezeichnet. D.h. **Aktivierung** kann als der Aufbau einer inneren Reaktionsbereitschaft durch die Versorgung des Organismus mit psychischer Energie verstanden werden, was zur Erhöhung der Wahrscheinlichkeit führt, dass Umweltreize registriert und in der Folge verarbeitet werden. Aktivierung ist deshalb eng mit dem häufig artikulierten Bestreben im Marketing verknüpft, **Aufmerksamkeit** zu erzielen. Alle aktivierenden Prozesse dienen letztlich dazu, den Organismus in einen Erregungszustand zu versetzen. Man spricht deshalb auch von den **Antriebskräften** menschlichen Verhaltens. Als wichtigste Einzelprozesse gelten **Emotionen, Motive** und **Einstellungen**.

Im Umkehrschluss bedeutet dies, dass ohne Aktivierung keine Reaktion (des Konsumenten) zu erwarten ist, insbesondere, dass ohne diese die **kognitiven Prozesse** (vgl. hierzu Kap. 3.2.3) nicht in Gang gesetzt werden können. Allerdings führt nicht jeder Außenreiz automatisch zur Aktivierung. Nur wenn diesem Reiz vom Individuum eine gewisse Bedeutung beigemessen wird – man spricht von **Dechiffrierung** – kommt es zur Aktivierung. Diese Erkenntnis hat zur Folge, dass objektiv gleiche, aber subjektiv unterschiedlich interpretierte Reize, unterschiedliche Reaktionen bewirken können.

Das **Zustandekommen von Aktivierung** besorgen Reize, die auf das zentrale Nervensystem des Individuums einwirken. Aus Marketing-Sicht lassen sich dabei vereinfacht drei Arten von äußeren Reizen unterscheiden:

- Primär emotionale Reize

- Primär kognitive Reize

- Primär physische Reize

Bei den primär **emotionalen Reizen** wird die innere Erregung als Emotion erlebt (vgl. auch Kap. 3.2.2.2). Diese Reize gehören zum klassischen Instrumentarium der Werbung, um Aufmerksamkeit zu erzielen. Da sie als biologisch vorprogrammiert, d.h. als angeboren gelten, folgt ihnen quasi automatisch eine Reaktion. Man spricht deshalb auch von **Schlüsselreizen**. Diese Schlüsselreize weisen zusätzlich den Vorteil auf, dass sie weitgehend unabhängig sind von soziodemographischen Größen (insb. Alter, Geschlecht, Status etc.) und dass sie sich kaum abnutzen, also immer und immer wieder für das Marketing einsetzbar sind. Als wichtigste Einzelreize gelten **erotische Reize** und das **"Kindchenschema"**. Letzterem – der Aktivierung durch niedliche Babies – rechnet man auch den riesigen Erfolg des Teddybären und der Micky Mouse zu, da beide in ihrer äußeren Erscheinung eher der **Attrappe** eines Kleinkindes entsprechen, denn ein realistisches Abbild eines Bären oder einer Maus zu sein.

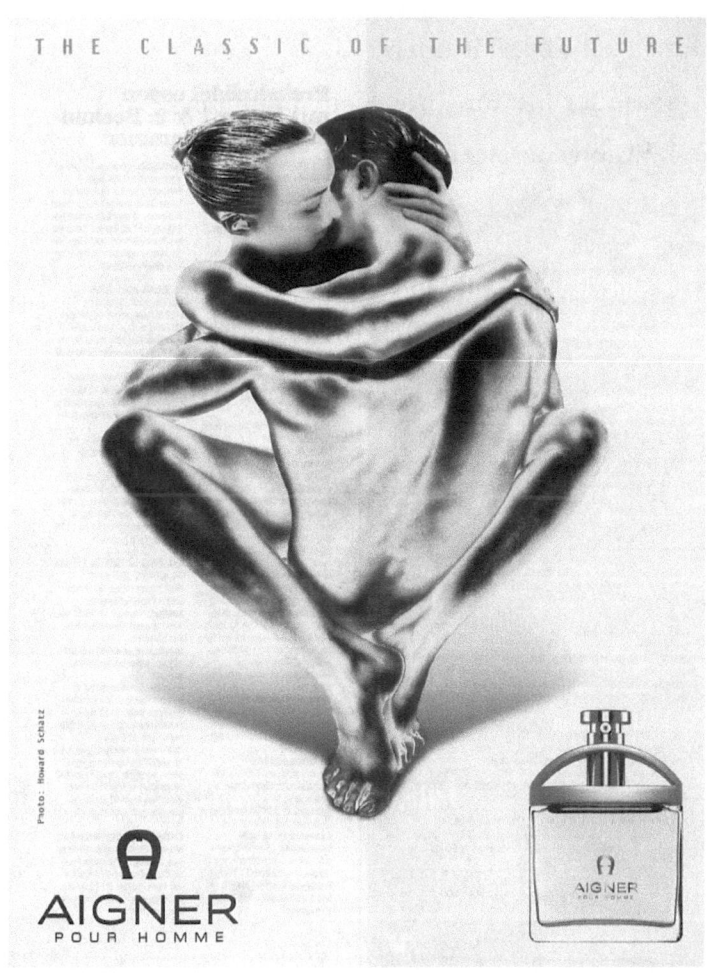

Abb. B.6: Beispiel für Aktivierung durch einen primär erotischen Reiz

Erinnern Sie sich noch,
als jeder Sie um Ihre Haut beneidete?
Das können Sie jetzt wieder haben.

PENATEN
Baby
Lotion

PENATEN
Baby
Gesichts- und Körperpfege
Creme

Am Anfang ist jede
Haut babyzart.
Aber täglich verliert
nicht nur Feuchtigkeit, sondern auch essenzielle Öle. Penaten Baby Lotion
kann beides ganz natürlich ersetzen. Denn nur Penaten Baby Lotion enthält
türliche Öle, ähnlich denen der Haut. So bleibt auch Ihre Haut babyzart.

PENATEN
Liebe, Schutz & Pflege.

Abb. B.7: Beispiel für Aktivierung mittels des "Kindchenschemas"

Bei den primär **kognitiven Reizen** kommt die aktivierende Wirkung dadurch zustande, dass es im menschlichen Gehirn zu gedanklichen Konflikten kommt. D.h. die Wahrnehmung (vgl. hierzu auch Kap. 3.2.3.2) hat sich mit Widersprüchen, mit Ungewohntem wie Überraschungen, Skurrilitäten etc. auseinanderzusetzen, was zu einer Stimulierung der Informationsverarbeitung führt. Als typische Beispiele aus der Werbung gelten der Einsatz sprechender Tiere, allgemein "Gags" und Skurrilitäten, oder das Morphing (= computergestütztes Ineinanderübergehen; z.B. aus einem Hundekopf wird ein Menschenkopf und wieder zurück).

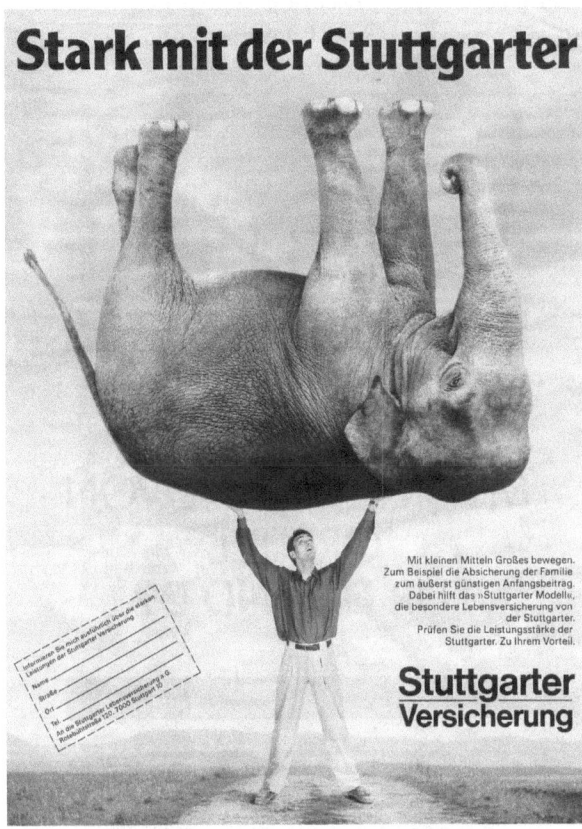

Abb. B.8: Beispiel für Aktivierung durch einen primär kognitiven Reiz

Allerdings leidet der Einsatz derartiger Werbereize unter dem Problem der Abnutzung, d.h. in vergleichsweise kurzer Zeit haben sich z.b. die Konsumenten an einem "Gag" o.ä. sattgesehen und werden möglicherweise diesem gegenüber sogar aversiv.

Die primär **physischen Reize** bewirken die Aktivierung durch ein besonders intensives Einwirken auf die menschlichen Sinnesorgane. Extremstes Beispiel wäre, wenn ein Konsument zu Marketing-Zwecken eine Ohrfeige bekäme, was mit Sicherheit zu seiner Aktivierung führen würde. Im übertragenen Sinne setzt man diese Grundidee mittels den Möglichkeiten der Werbung in Form von besonders grellen Farbkombinationen, Übergrößen, Lichteffekten oder computeranimierten schnellen ("hektischen") Bildsequenzen bei Werbespots u.ä. um.

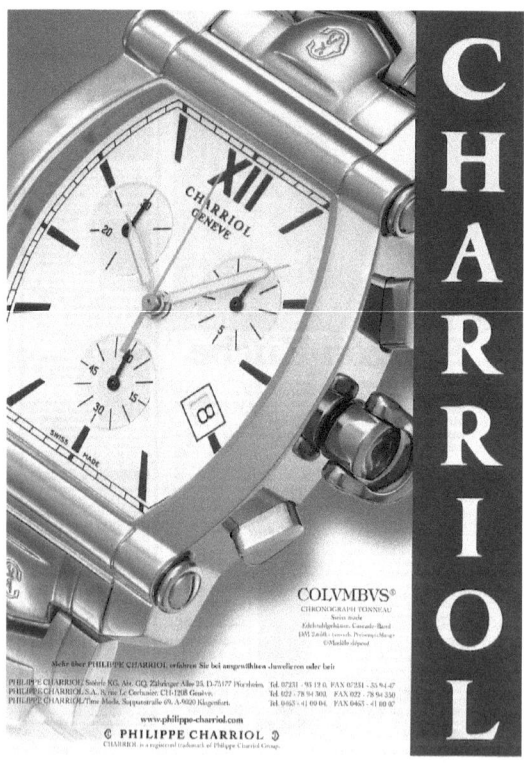

Abb. B.9: Beispiel für Aktivierungdurch einen primär physischen Reiz

Von erheblicher Bedeutung ist die Frage des **Zusammenhangs** zwischen dem Grad der **Aktivierung** (= psychische und physische Erregtheit) eines Menschen und dessen **Leistungsfähigkeit.** Unter menschlicher Leistungsfähigkeit versteht man dabei, inwieweit der Mensch in der Lage ist, körperliche Aktivitäten und/ oder gedankliche Prozesse, wie insbesondere die Informationsaufnahme, -verarbeitung und -speicherung, zu bewältigen. Hinsichtlich des grundsätzlichen funktionalen Zusammenhangs besteht wissenschaftlicher Konsens: **mit zunehmender Aktivierung eines Menschen steigt zunächst dessen Leistungsfähigkeit; von einem bestimmten Grad der Erregtheit an fällt diese bei weiter zunehmender Aktivierung wieder ab.** Dieser Zusammenhang wird als **Lamda-Hypothese** bezeichnet. Hieraus lassen sich wiederum vier Partialhypothesen ableiten, die auch für das Management eines Unternehmens etliche wichtige Implikationen beinhalten:

- um überhaupt Leistungen erbringen zu können, muss ein Mindestmaß an Aktivierung vorliegen (= Hypothese zur Minimalaktivierung). Im Zustand des Komas z.B. kann ein Individuum keine Leistung erbringen. Oder z.B. eine Werbung, die überhaupt nicht aktiviert, d.h. die keinerlei Aufmerksamkeit erzielt, bleibt völlig wirkungslos.

- mit zunehmender Aktivierung steigt die menschliche Leistungsfähigkeit (= Hypothese zur Normalaktivierung). Dies bedeutet z.B.: je stärker die durch eine Werbemaßnahme erzielte Aktivierung, respektive Aufmerksamkeit, desto effizienter werden die Werbeinformationen wahrgenommen, verarbeitet und gespeichert. Aus personalpolitischer Perspektive wäre leistungsfördernder Druck ein typisches Beispiel. Und im Sport setzen Spitzenleistungen stets ein hohes Aktivierungspotential voraus.

- von einem bestimmten Grad der Aktivierung an geht mit weiter zunehmender Erregung die menschliche Leistungsfähigkeit zurück (= **Hypothese zur Überaktivierung**). Das Problem der Überaktivierung besteht beim Einsatz der kommunikationspolitischen Instrumente, wie insbesondere der Werbung, i.d.R. nicht. Leistungshemmende Prüfungsangst ist hingegen ein charakteristisches Beispiel für den Rückgang menschlicher Leistungsfähigkeit.

- bei einem extremen Grad von Aktivierung ist der Mensch nicht mehr in der Lage, Leistungen zu erbringen (= **Hypothese zur Maximalaktivierung**). Typisches Beispiel ist unlogisches Verhalten in Extremsituationen, z.B. schüttet jemand in Panik Wasser in brennendes Öl, obwohl er in einem „normal" aktivierten Zustand durchaus um die Kontraproduktivität dieser Handlung zur Problemlösung weiß.

Entsprechend der großen Bedeutung der Erzielung von Aktivierung für den Erfolg von Marketing-, insbesondere kommunikativen Maßnahmen wird auch der **Messung von Aktivierung** ein hoher Stellenwert eingeräumt. Allerdings läßt sich die Aktivierung nicht direkt messen. D.h., die im zentralen Nervensystem ablaufenden Prozesse entziehen sich einer unmittelbaren Erfassung. Deshalb setzt man zur Messung der Erregungsaktivität des Individuums folgende drei Methoden ein:

- Psychobiologische Messungen
- Messungen des beobachtbaren Verhaltens
- Messungen auf der subjektiven Erlebnisebene

Bei den **psychobiologischen Messungen** macht man sich die Erkenntnis zu Eigen, dass Aktivierung mit bestimmten körperlichen Funktionen verbunden ist. Zu den wichtigsten physiologischen Vorgängen, die als **Indikatoren** für Veränderungen der Aktivierung (= Erregung) gelten und deshalb gemessen werden, zählen:

- Veränderung des elektrischen Hautwiderstandes aufgrund von Transpiration (= elektrodermale Reaktion)
- Veränderungen der Herzrate, des Blutdrucks, der Atmung, der Gehirnwellen (= EEG) und der Pupillengröße

Derartige Messungen lassen sich nur im Labor durchführen, wo Probanden an die verschiedenen Messinstrumente angeschlossen z.B. einen neuen Werbespot gezeigt bekommen, dessen Aktivierungspotential festgestellt werden soll.

Das Wissen um den Zusammenhang zwischen bestimmten physiologischen Prozessen und der menschlichen Erregung macht man sich in einigen Ländern (z.B. den USA) dahingehend zunutze, dass man den **Lügendetektortest** (= Kombination der o.g. Messungen) bei Gericht zulässt. Hierbei wird – was allerdings als strittig gilt – unterstellt, dass der Proband diese Vorgänge willentlich nicht steuern kann, sondern dass diese rein instinktiv ablaufen.

Die **Messungen des beobachtbaren Verhaltens** beruhen auf der Vorstellung, dass bestimmte äußerlich beobachtbare Verhaltensweisen als **Indikatoren** für die Erregung herangezogen werden können. Gemeint ist die Erfassung der Körper- und Gesichtssprache. So schließt man beispielsweise von Bewegungen der

Augenbrauen, des Mundes oder des gesamten Kopfes sowohl auf die Aktivierungsstärke als auch auf einzelne inhaltliche Komponenten, wie Angst oder Überraschung, um nur zwei **emotionale Regungen** anzuführen (vgl. hierzu auch Kap. 3.2.2.2). Auch diese Messungen finden – vielfach in Form der verdeckten Beobachtung (i.d.R. mittels "einseitigem Spiegel") – als Studiotest statt.

Die dritte Möglichkeit, die Erregungsstärke, aber auch Inhalte und Richtung der Aktivierung (z.B. angenehm/unangenehm) festzustellen, bilden **Messungen auf der subjektiven Erlebnisebene**. Hierunter sind in erster Linie Befragungen (i.d.R. in Form von Rating-Skalen bzw. semantischen Differentialen) aber auch psychologische Farb- und Bildertests zu verstehen. So könnte nach der Präsentation eines neuen Werbespots eine mögliche Frage lauten: "Wie stark hat Sie dieser Spot erregt?" Die intervallskalierte Antwortkategorie könnte folgendermaßen formuliert sein: "stark erregt o-o-o-o-o-o überhaupt nicht erregt."

Bevor nachfolgend die zentralen Einzelprozesse der Aktivierung – Emotionen, Motive und Einstellungen – eingehender analysiert werden, gilt es noch auf den **Involvementansatz** hinzuweisen, der die Bedeutung von Aktivierungsmaßnahmen im Marketing, vor allem in der Werbung, gemäß dem Grad des Involvements einer Person relativiert. Unter **Involvement** ist dabei die Intensität der Ich-Beteiligung bzw. das Engagement einer Person für einen Meinungsgegenstand (z.B. Produkt, Dienstleistung, Unternehmen oder Person) zu verstehen.

Grundsätzlich gilt die Erkenntnis, dass die Aktivierung eine **notwendige Voraussetzung** für den Marketing- bzw. Werbeerfolg darstellt. Dies gilt allerdings in erster Linie für Konsumenten mit **Low-Involvement**. Bei Personen, die einem Sachverhalt mit **High-Involvement** begegnen, können zusätzliche Aktivierungsmaßnahmen – insbesondere wenn sie auf primär physischen Reizen basieren – kontraproduktiv wirken, weil sie den Konsumenten unter Umständen "nerven" bzw. reaktant machen. Typisches Beispiel kann ein ergänzender "Special-Event" auf einer Messe sein, der die per se schon mit einem hohen Aktivierungspotential ausgestatteten Fachbesucher nochmals zusätzlich aktiviert, möglicherweise allerdings in Form eines als negativ empfundenen "Stresses".

3.2.2.2. Emotionen

Emotionen (= Gefühle) sind ein grundlegender Bestandteil menschlicher Existenz und stark verhaltensprägend. Sie können als innere Erregungsvorgänge, die angenehm oder unangenehm empfunden und mehr oder weniger bewusst erlebt werden, interpretiert werden. Emotionen lassen sich dahingehend differenzieren, ob es sich um **spezielle Gefühle** wie Freude, Ekel, Stolz, Erfolg, Schuld, Liebe, Hass u.ä. handelt, die sich auf bestimmte Dinge, Ereignisse oder Personen beziehen, oder ob **unspezifische Gefühlsregungen** gemeint sind. Letztere lassen sich auch als **Stimmungen** titulieren, worunter ungerichtete, momentane und subjektiv erfahrene Befindlichkeiten des Individuums zu verstehen sind. Charakteristisch für Stimmungen, wie zum Beispiel "gut oder schlecht drauf zu sein", ist deren Ungerichtetheit, weshalb der Mensch zumeist Probleme hat, hierfür Ursachen anzugeben.

Für das moderne Marketing ist die gefühlsmäßige Ansprache des Konsumenten von herausragender Bedeutung. Dies ist nicht allein auf die **aktivierende Komponente** von Emotionen zurückzuführen, sondern auf die Tatsache, dass die meisten der in den westlichen Industrienationen angebotenen Produkte und Dienstleistungen **austauschbar** geworden sind. Damit ist gemeint, dass der Konsument kaum mehr funktionell-technische oder vom Leistungsumfang herrührende Qualitätsunterschiede feststellen kann. Insofern bietet die "objektive" Produktqualität kaum noch Ansatzpunkte für den Werbetreibenden, sich von Wettbewerbsangeboten zu unterscheiden. Auf gesättigten Märkten ist die Werbung deshalb weitgehend auf die **psychologische Differenzierung** von Produkten und Dienstleistungen angewiesen.

Die Werbung ist also vielfach bestrebt, einem Produkt oder einer Dienstleistung neben dem sachlich-funktionalen Nutzen einen zusätzlich **emotionalen Erlebniswert** zu verleihen. Typische Gefühlswelten, die hierbei vermittelt werden (sollen), sind Freiheit, Abenteuer, Jugendlichkeit, Frische, Erotik oder Exklusivität. Mitunter spielt der emotionale Zusatznutzen sogar eine größere Bedeutung für eine Kaufentscheidung, als der "eigentliche" Nutzen des Produktes. Klassische Beispiele für eine intensiv emotionale Werbeansprache sind die Zigarettenmarke *Marlboro* mit ihrer Erlebniswelt "Freiheit + Abenteuer" oder die Parfümmarke *Extase*, die eng mit den Gefühlen "Erotik + Sex" verbunden ist.

Die Verbindung eines Produkts (zumeist in Gestalt eines Markennamens und/oder Markenzeichens) mit einem oder mehreren Gefühlsinhalten wird auch als **"emotionales Aufladen"** bzw. – wenn man die Betrachtung auf ein bestimmtes Wettbewerbsumfeld erweitert – als **emotionale Produktdifferenzierung** bezeichnet.

Den theoretischen Hintergrund für die Möglichkeit des "emotionalen Aufladens" von Produkten durch die Werbung bilden verschiedene **Lerntheorien** (vgl. hierzu auch Kap. 3.2.3.4), darunter auch die Theorie der klassischen Konditionierung,

weshalb man auch davon spricht, ein Produkt, eine Marke, **emotional zu konditionieren**.

Die Vermittlung **emotionaler Erlebniswerte** hat jedoch nicht nur für die Anbieter "klassischer" Konsumgüter stark an Bedeutung gewonnen, sondern auch für
den Handel, die Freizeitindustrie und die Gastronomie. Typische Konzepte lauten
z.B. "Erlebnishandel" oder "Erlebnisgastronomie".

Technisch gesehen lassen sich emotionale Erlebniswerte im Marketing durch
Bilder, Töne und Duftstoffe vermitteln.

Vor allem **emotionale Bilder** sind besonders gut geeignet, emotional zu konditionieren. Beispielsweise vermittelt eine von speziellen Werbephotographen aufge-
nommene schön drapierte, duftende Reispfanne auf einer Anzeige mehr als nur
das Produkt "Reis", nämlich Reisgenuss. Und das Extrembeispiel, dass Video-
Clips im Fernsehen (= visueller Reiz!) heutzutage als unabdingbar gelten, um einem Song (= akustischer Reiz!) zum Erfolg in den Charts zu verhelfen, unter-
streicht die überragende Bedeutung optischer Emotionsvermittlung.

Töne und **Musik** haben ebenfalls eine nicht unerhebliche emotionale Wirkung.
So lässt sich mit Hilfe von Hintergrundmusik ein generell angenehmes Wahrneh-
mungsklima schaffen (z.B. im Einzelhandel oder auf Messen). Darüber hinaus
können bestimmte Melodien in der Werbung **spezifische** Gefühlswelten beim
Konsumenten auslösen, wie der "Hochzeitsmarsch" (z.B. für *Hochzeitsnudeln*),
"Dudelsackspieler" (z.B. für schottischen Whisky) oder Reggaemusik (z.B. für Ka-
ribik-feeling bei *Barcardi*).

Zu den wirksamsten Auslösern von emotionalen Empfindungen gehören **Duftstoffe**, da diese teilweise biologisch vorprogrammiert zu sein scheinen. Mit Hilfe
von Duftsstoffen lässt sich grundsätzlich eine emotional anregende Atmosphäre
schaffen (z.B. Parfümerieabteilung im Einzelhandel oder Duftkerzen, -Kugeln etc.
in Büro- und Wohnräumen). In einigen Konsumbereichen, wie vor allem der Kör-
per- und Schönheitspflege (z.B. Parfüm und Eau de Toilette), stellen Düfte sogar
den **emotionalen Hauptnutzen** dar. In anderen Sektoren des Konsums, wie
z.B. bei Reinigungsmitteln, nehmen Duftstoffe die Funktion eines emotionalen
Zusatznutzens ein. Typische Beispiele sind *Ajax mit Salmiak* und *Meister Prop-
per Zitrusduft*. Die Werbung bedient sich schließlich der Technik der **Microver-
kapselung**, wodurch es beispielsweise möglich war, eine Anzeige für einen PKW
nach Gras duften zu lassen, so dass der Leser der Werbeaussage "fahren Sie mit
unserem neuen Modell doch einmal durch eine Frühlingslandschaft" auch emotio-

nal Folge leisten konnte. Vor allem Anzeigenkampagnen zur Einführung neuer Düfte (Parfüm, Eau de Toilette etc.) bedienen sich dieser Technologie.

3.2.2.3. Motive

Motive bzw. **Motivation** gelten als grundlegende Antriebskräfte des Menschen und können als wahrgenommene Mangelerscheinungen, die der Mensch zu beseitigen versucht, interpretiert werden. Man spricht auch von **zielgerichteten** Emotionen. In einer vereinfachten Interpretation lassen sich Motive auch als **Bedürfnisse** charakterisieren.

Motive können primär biologische Voraussetzungen haben, wie Hunger, Durst und Sexualität. Diese Motive werden gewöhnlich auch als **Triebe** bezeichnet. Darüber hinaus gibt es Motive, wie z.B. das Prestigestreben, die psychologisch und sozial bedingt und deshalb weitgehend **erlernt** sind.

Da Motive als hinreichende Ursachen für menschliches Handeln angesehen werden, galten sie lange Zeit als Zentralgrößen der Marketing-Forschung. Die einfache Kausalkette lautete: gelingt es, die Ursachen, d.h. die Gründe für einen Kauf herauszufinden, dann hält man die Schlüssel für ein erfolgreiches Marketing in Händen. Allerdings hat sich diese Hoffnung teilweise "zerschlagen", da es bislang nicht gelungen ist, ein geeignetes **Instrumentarium zur Messung** von Kaufmotiven zu entwickeln. So sind die Konsumenten einerseits vielfach überhaupt **nicht in der Lage**, den Grund für einen Kauf anzugeben. Andererseits sind sie in vielen Fällen auch **nicht bereit**, den (eigentlichen) Grund für ihren Kauf zu nennen. Typisches Beispiel bildet der Kauf eines exklusiven Markenproduktes. Hier werden zumeist Gründe wie hohe Qualität, Design, Ästhetik etc. als Kaufursachen genannt, nicht jedoch die antizipierte Möglichkeit einer Zurschaustellung des Markenzeichens (= label) aus reinem Image- bzw. Prestigedenken.

Trotz dieser Einschränkung gehört es zu den zentralen Aufgaben im Marketing, Motive auszulösen, zu steuern und zu verstärken.

Am ehesten eignen sich hierfür **allgemeine** (= angeborene) **Motive**, die es **produktspezifisch** zu steuern gilt. Typisches Beispiel ist ein Autofahrer, der im Sommer im Vorbeifahren rein zufällig auf ein großes Plakat schaut, auf welchem eine in Übergröße abgebildete *Coca Cola*-Flasche prangt, aus der eiskalte *Coca Cola* schäumt. Mit hoher Wahrscheinlichkeit stellt sich bei dieser Person das Gefühl von Durst ein. Nach Möglichkeit Durst auf Cola, noch besser auf *Coca Cola*.

Der Erfolg des Eintritts dieser (gewünschten) Kausalkette hängt nicht zuletzt von der Qualität der werbetechnischen Umsetzung ab.

Zu den **speziellen** (= erlernten) **Motiven**, die in der Werbung häufig angesprochen werden, zählen insbesondere

- Gewinnmotiv

- Zeitersparnismotiv

- Bequemlichkeitsmotiv

- Variety seeking

Wohl kaum ein anderes Motiv hat eine derart intensiv aktivierende Wirkung wie das **Gewinnmotiv**. Mittels Sonderangeboten, Schlussverkaufsreduktionen, "rot durchgestrichenen" Preisen, Preishämmern, Superpreisen, Discountpreisen etc. werden dem Konsumenten große "Gewinnmöglichkeiten" signalisiert bzw. suggeriert. Mittlerweile spricht man sogar "vom erotischen Gefühl des Schnäppchens" oder vom Verbrauchermotto "wer zu früh kommt, den bestraft das Sonderangebot". Und nicht nur der zu den Kleineinkommensbeziehern zählende **Schnäppchenjäger** wird hauptsächlich durch das Sonderangebot motiviert, sondern mittlerweile auch der finanziell eher gut situierte **smart shopper**. Für letzteren kommt als weitere Motivationskomponente hinzu, dass es in seinem gesellschaftlichen Umfeld inzwischen als prestigefördernd gilt, wenn man seine Cleverness durch einen besonders günstigen Kauf unter Beweis stellen kann.

Das **Zeitersparnismotiv** bezieht seinen aktivierenden Kern aus zwei unterschiedlichen Überlegungen. Zum einen hat der Konsument vielfach wirklich **wenig Zeit** und ist deshalb am Erwerb oder der Nutzung von Produkten, die ihm diese verschaffen bzw. die es ihm erlauben, mit dieser effizienter umzugehen, stark interessiert. Werbeslogans und Produktbezeichnungen wie "fast food", "schnelle Tasse", "timer" bzw. "time system" oder "wash and go" zielen auf diese Intension ab. Andererseits sieht sich der Verbraucher oftmals gerne in der Rolle des immer gestressten, sich stets in Zeitnot befindlichen Menschen, weil er davon ausgeht, dass sein soziales Umfeld hiervon Rückschlüsse auf die große Bedeutung seiner Person zieht. Vor allem die Werbung von Mobilfunk- und Handyanbietern hebt immer wieder auf die (vermeintliche) Notwendigkeit ab, als wichtige Person jederzeit erreichbar zu sein, um auf jede Situation schnell reagieren zu können.

Mit dem Zeitersparnismotiv eng verbunden ist das **Bequemlichkeitsmotiv**. Dieses findet klassischerweise seinen Haupteinsatzbereich im Rahmen der Werbung für Haushaltsgeräte und zunehmend auch im Internet-Bereich (z.b. homebanking, home-shopping etc.). Wichtig ist dabei, dass die durch die Nutzung des Produktes oder Inanspruchnahme der Dienstleistung erzielte Bequemlichkeit werblich so umgesetzt wird, dass der Beworbene sich nicht als eine faule Person charakterisiert fühlt, sondern als ein Mensch mit Verantwortungsbewusstsein. So nutzt beispielsweise in einem Werbespot ein Vater den gewonnenen Freiraum nicht, um sich in einer Hängematte im Garten schlafen zu legen, sondern um sich mal wieder intensiv den Kindern zu widmen oder um seinen Körper durch sportliche Aktivitäten leistungsfähig zu halten.

Aus absatzpolitischer Sicht beinhaltet das Motiv des **variety seeking** ein nicht zu unterschätzendes Problempotential. Denn variety seeking bedeutet, dass der Konsument es reizvoll findet, einen Produkt-, Marken- oder Einkaufsstättenwechsel vorzunehmen, selbst dann, wenn er mit seiner bisherigen Produkt-, Marken- und/oder Einkaufsstättenwahl **zufrieden** war. Handlungsdeterminierend ist demzufolge die reine Lust an Neuem, was den strategischen Ansätzen der Herstellung bzw. des Aufbaus von Kundenbindung und Kundenzufriedenheit bzw. von Markentreue und Stammkundschaft in nicht unerheblichem Maße Probleme bereitet. Als genereller Lösungsansatz, um als Unternehmen vom Reiz des Kunden an Neuem zu profitieren, gilt es dem Kunden **eigene** (Produkt-, Marken- und/oder Handelssystem-)**Alternativen** zu offerieren. So bieten sich u.a. intensive Produktlaunches wie Fanta Wild Berries, Fanta Fresh Lemon, Fanta Limette oder Fanta Orange, kurzlebige Produktvariationen wie "Eis des Jahres" (Mövenpick) oder (häufigere) Produktinnovationen wie der "Smart" (Mercedes Benz) bzw. "Cayenne" (Porsche) an. Durch derartige produktpolitische Aktivitäten kann es gelingen, **variety seeker** und vor allem **novelty seeker** an das eigene Unternehmen zu binden. Unter Berücksichtigung des variety seeking Motivs ist deshalb Kundenzufriedenheit zwar eine notwendige, jedoch keine hinreichende Voraussetzung für Kundenbindung.

3.2.2.4. Einstellungen

Einstellungen nehmen in der Marketing- bzw. Konsumenten-Forschung eine **Schlüsselstellung** ein. Dies ist im Wesentlichen auf zwei Erkenntnisse zurückzuführen: Zum einen lassen sich Einstellungen, z.B. im Vergleich zu den Motiven, relativ verlässlich messen, was in erster Linie mit Hilfe semantischer Differentiale bzw. intervallskalierter Fragen geschieht. Zum anderen besteht die Tendenz zur unmittelbaren **Verhaltensrelevanz.** Es kann deshalb im Grundsatz von einer **E-V-Hypothese** ausgegangen werden, worunter eine Kausalbeziehung zwischen dem Aufbau einer positiven **Einstellung (E)** und der Wahrscheinlichkeit eines positiven **Verhaltens (V)** zu verstehen ist. Letzteres bedeutet im kommerziellen Bereich die Erhöhung der **Kaufwahrscheinlichkeit.**

Darüber hinaus haben Einstellungen auch großen Einfluss auf die menschliche **Informationsverarbeitung** (vgl. hierzu Kap. 3.2.3). Sieht man von wenigen Sonderkonstellationen einmal ab, so gilt der Grundsatz, dass **einstellungskonforme** Informationen eher wahrgenommen und gelernt werden als **einstellungskonträre.**

Eine **Einstellung** kann als eine erlernte Neigung, sich hinsichtlich eines (Einstellungs-) Gegenstandes in einer konsistent positiven, indifferenten oder negativen Weise zu verhalten, definiert werden. Sie zeichnet sich durch drei Merkmale aus:

- **Objektbezug**: eine Einstellung bezieht sich immer auf ein (Einstellungs-) Objekt, d.h. auf alles was physisch oder psychisch existiert (z.B. Produkt, Unternehmen, Person, Partei, Religion u.v.a.)

- **Erworbenheit**: Einstellungen sind stets erlernt und nicht angeboren (vgl. hierzu auch Kap. 3.2.3.4)

- **Systembedingtheit**: das psychische Konstrukt Einstellung setzt sich aus einer affektiven Komponente (gefühlsmäßige Haltung gegenüber dem Objekt), einer kognitiven Komponente (Wissen bzw. Kenntnisse über das Objekt) und einer konativen Komponente (Handlungstendenz bzw. grundsätzliche Verhaltensbereitschaft) zusammen

Dem multifaktoriellen Konstrukt **Image** werden weitgehend die gleichen Merkmale zugesprochen wie der Einstellung. Das Image lässt sich deshalb auch als ein mehrdimensionales Einstellungskonstrukt bezeichnen. So bildet beim typischen Marketing-Ziel der **Imageverbesserung** einer Marke oder eines Unternehmens (z.B. in den Dimensionen Preis, Qualität, Freundlichkeit oder Service) wiederum stets die E-V-Hypothese den theoretischen Hintergrund. Denn final betrachtet wird von einer teuren **Imagekampagne** immer auch eine positive Auswirkung auf den Absatz bzw. Umsatz erwartet, d.h. es wird eine Steigerung der Kaufwahrscheinlichkeit impliziert.

Da Einstellungen also größte Bedeutung für den Kauf oder Nichtkauf von Produkten und Dienstleistungen haben, gilt es grundsätzlich **positive** Einstellungen

aufzubauen bzw. alles zu tun, um Einstellungsänderungen **negativer Art** zu **verhindern** bzw. zumindest **abzuschwächen**.

Die meisten theoretischen Überlegungen zur Frage der **Einstellungsänderung** basieren auf homöostatischen Ansätzen, auf sog. Theorien des kognitiven Gleichgewichts. Die Ausgangshypothese lautet, dass jeder Mensch das Bedürfnis hat, dass sich seine Einstellungen im Gehirn harmonisch und widerspruchsfrei zusammenfügen (= **Konsistenz**). Treten jedoch Widersprüche auf (= **Inkonsistenzen**), so erregen bzw. "nerven" diese das Individuum (= **Aktivierung**) und es wird bestrebt sein, diese störenden Inkonsistenzen zu beseitigen. Dabei kommt es zwangsläufig zu einer **Einstellungsänderung**. Typischer Beispielfall: ein Konsument findet eines Tages zu seiner Überraschung im Schaufenster eines Einzelhandelsunternehmens, demgegenüber er negativ eingestellt ist, ein Markenprodukt vor, für das er eine positive Einstellung entwickelt hat. Damit ist für ihn eine disharmonische, inkonsistente Situation in seinen Einstellungen entstanden, für die es nur zwei Lösungen gibt. Entweder der Konsument kommt zum Ergebnis, dass die Marke "auch nicht mehr das ist, was sie einmal war" oder er gelangt zur Überzeugung, dass das Handelsunternehmen doch besser ist, als bislang angenommen. In beiden Fällen kommt es zu einer **Einstellungsänderung** (entweder positiv oder negativ).

Als eine der wichtigsten Einzeltheorien aus der Gruppe der Konsistenztheorien gilt die **Theorie der kognitiven Dissonanz** von *Festinger*, da sie als zentrale Hintergrundtheorie für zahlreiche praktische Marketing-Maßnahmen anzusehen ist.

Etwas vereinfacht kann eine **Dissonanz** mit dem Begriff der Inkonsistenz gleichgesetzt werden. Zu den typischen Situationen, nach oder bei denen es zum Entstehen von Dissonanzen kommt, zählen:

- **nach Handeln unter erzwungener Zustimmung** (bei Erwachsenen zumeist aufgrund sozialer Zwänge; z.B. Teilnahme an einer Einladung, zu der man eigentlich überhaupt keine Lust hat)

- **nach unbestätigten Erwartungen** (z.B., wenn ein Produkt hinter den Verbraucherwartungen hinsichtlich seiner Eigenschaften und Qualität zurückbleibt)

- **nach Aufnahme widersprüchlicher Informationen** (z.B., wenn der Konsument nach einem Kauf einen negativen Testbericht über das erworbene Produkt liest)

- **nach bzw. bei Wahlentscheidungen** (z.b. kommen mehrere, annähernd gleichwertige Produkte für einen Kauf in Betracht)

Von ganz wenigen Ausnahmen abgesehen gilt es mit Hilfe von Marketing-Maßnahmen die unerwünschten Dissonanzen, da sie zu negativen Einstellungsänderungen führen können, zu vermeiden bzw. – sofern diese schon eingetreten sind – abzuschwächen. Hierzu können u.a. folgende Maßnahmen ergriffen werden:

- Beilage bestätigender Gebrauchsanweisungen, Beipackzettel oder positiver Testberichte bzw. -ergebnisse

- Preisgarantien, "Geld zurück"-Garantie bei niedrigerem Preis

- Kauf auf Probe, großzügiger Umtausch; Garantieverlängerungen

- Nachkaufgarantien für Ersatzteile, Serien etc.

- kostenloser update bei Software

- Garantie für lebenslange Haltbarkeit eines Produktes

- Rückrufaktionen bei Produktmängeln

Zu den Sonderfällen zählt es, bewusst **dissonante Situationen** in der **Werbung** aufzubauen (z.b. Kussszene, die am starken Mundgeruch eines Partners scheitert), um dadurch die Werbeadressaten zu **aktivieren**. In der Regel wird noch im Rahmen desselben Werbeauftritts die Lösung des Dissonanzproblems präsentiert: das beworbene Produkt.

Zu den wirksamsten dissonanzhemmenden Maßnahmen gehört schließlich der Aufbau eines **überragenden USP** (= unique selling proposition). Dieser verhindert, dass es beim Konsumenten zu einer **Nachkaufdissonanz** im Sinne von "Hätte ich mir doch lieber die andere Marke kaufen sollen?" kommt.

3.2.3. Das kognitive System

3.2.3.1. Überblick und Grundlagen

Als kognitive Prozesse gelten alle **gedanklichen**, "rationalen" Prozesse, die im Menschen ablaufen. Mit deren Hilfe steuert das Individuum die **Aufnahme, Verarbeitung** und **Speicherung** von **Informationen**. Diesen komplexen psychischen Vorgängen, die stets auch ein gewisses Mindestmaß an Aktivierung voraussetzen, sind als zentrale Einzelprozesse die **Wahrnehmung**, das **Denken** (auch Problemlösen oder "Entscheiden") und das **Lernen** zuzuordnen.

3.2.3.2. Wahrnehmung

Die **Wahrnehmung** bezeichnet einen Prozess der Aufnahme, Selektion, Weiterleitung und Verarbeitung von Umweltreizen mit Hilfe eines oder mehrerer der Wahrnehmungsapparate, worunter die menschlichen Sinnesorgane für das Sehen, Hören, Tasten, Riechen und Schmecken zu verstehen sind.

Ein Sinnesorgan ist dabei von überragender Bedeutung: das Auge. Rund 90 % aller Außenreize werden vom Individuum über das **visuelle** System aufgenommen. Deshalb spielt auch für das Marketing, insbesondere für die Werbung, der Einsatz **visueller** Reize eine dominante Rolle.

Die Wahrnehmung zeichnet sich dadurch aus, dass die von den Sinnesorganen des Individuums registrierten Reize

* **subjektiv**,
* i.d.R. **aktiv** und
* **selektiv**

aufgenommen und verarbeitet werden.

Die **Subjektivität** der Wahrnehmung macht deutlich, dass jeder Mensch in einer individuell wahrgenommenen Welt lebt, die mehr oder weniger von der anderer Menschen abweicht. Hieraus lässt sich ein Kernsatz des Marketing ableiten: "es kommt grundsätzlich nicht darauf an, objektiv gute Leistungen (z.B. technisch-funktional) anzubieten, sondern es kommt stets darauf an, dass die offerierten Leistungen subjektiv als gut interpretiert und wahrgenommen werden!" Oftmals liegt ein wirtschaftlicher Misserfolg nicht daran, dass die angebotene Leistung – an "objektiven" Merkmalen gemessen – schlecht war. Im Gegenteil. Möglicherweise war die Leistung den Konkurrenzangeboten nach diesen Kriterien sogar überlegen. Allerdings gelang es in einem solchen Fall anscheinend nicht, mittels kommunikationspolitischer Maßnahmen dafür zu sorgen, dass dies von den Adressaten bzw. Abnehmern auch so gesehen werden konnte. Im – zumeist stark kritisierten – Umkehrschluss bedeutet dies, dass ein gelungenes Kommunikationskonzept, zumindest unter kurzfristiger Betrachtung, in der Lage ist, auch eine "objektiv" weniger gute Leistung erfolgreich zu vermarkten. Dass es eine "objektiv" gute Leistung für das Marketing, vor allem unter einer längerfristigen Sicht, wesentlich erleichtert, diese beim Adressaten auch "subjektiv" als gut "rüberbringen" zu können, bleibt davon unbenommen.

Das Merkmal, dass die Wahrnehmung i.d.R. **aktiv** erfolgt, macht deutlich, dass das Individuum grundsätzlich bestrebt ist, nicht nur passiv Reize zu empfangen, sondern sich bewusst um die Aufnahme von Reizen, insbesondere in Form von Informationen, bemüht.

Die extrem große Menge an Umweltreizen, man kann auch von einer Reizüberflutung sprechen, zwingt das Individuum, zu **selektieren**, da es ansonsten zu psychischen oder sogar physischen Schäden kommen würde. Wichtige **Selektionskriterien** bilden die individuelle **Erfahrung**, die aktuelle **Motivlage** und die erworbenen **Einstellungen** des Menschen.

Aus Marketing-, insbesondere aus werblicher Sicht, gilt es alles zu tun, dass die ausgesendeten Reize von den (Werbe-) Adressaten wahrgenommen und nicht ausgefiltert werden. Die Beachtung unterschiedlicher wahrnehmungstheoretischer Erkenntnisse erleichtert diese Zielsetzung:

- **Elementenpsychologischer Ansatz**
  ("Das Ganze ist gleich der Summe seiner Teile"):
  Die hier erzielten Erkenntnisse beziehen sich auf den Zusammenhang zwischen einzelnen physikalischen Außenreizen und die durch sie erzielte psychische Empfindung. Im Wesentlichen geht es um die Wirkung visuell dargebotener Werbemittel, d.h. wie sich z.B. die Anzeigengröße, Farbe, Platzierung, Textlänge, Schrift etc. auf die Wahrnehmung auswirken. Nach dieser Vorstellung würde eine Optimierung der Einzelreize (z.B. die am besten wahrnehmbare Farbe, Schrift etc.) zu einer Optimierung der Gesamtwahrnehmung einer Anzeige führen.

- **Gestaltpsychologischer Ansatz**
  ("Das Ganze ist mehr als die Summe seiner Teile"):
  Die Wahrnehmungsleistung setzt sich nach diesem Ansatz nicht additiv aus einzelnen Elementen zusammen, sondern wird durch das Ganze bestimmt. Das Beispiel der Müller-Lyersche-Täuschung verdeutlicht die Richtigkeit dieser Annahme, denn würde alleine der elementenpsychologische Ansatz gelten, dann müsste der Betrachter erkennen, dass die beiden Strecken gleich lang sind. So aber – in der Gesamtwirkung – lässt sich das menschliche Auge täuschen und die linke Strecke wirkt erheblich länger – ähnliches gilt für die Ebbinghaus'sche Kreistäuschung, bei der die mittleren Kreise gleich groß sind und für die Zöllner'sche Parallelentäuschung, bei der die beiden Geraden in der Mitte nach außen gewölbt erscheinen.

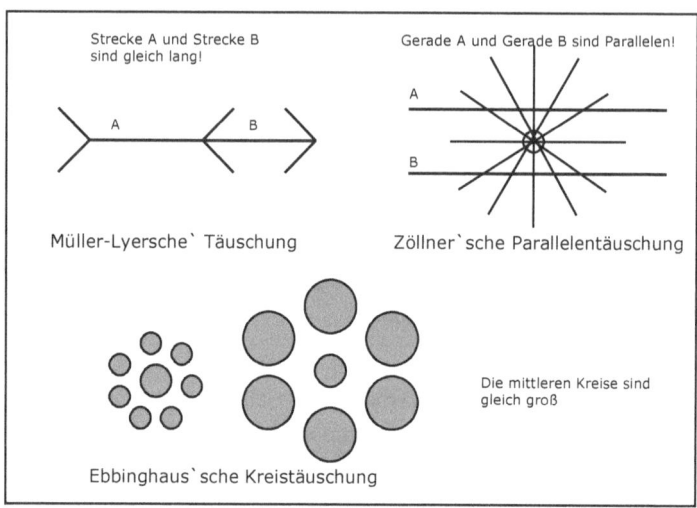

Abb. B.10: Optische Täuschungen

Nach dieser heute allgemein anerkannten Vorstellung kommt es also nicht darauf an, einzelne Elemente, sondern die Wahrnehmungswirkung insgesamt, z.B. von einer Anzeige, zu optimieren.

- **Ganzheitspsychologie als Sonderrichtung der Gestaltpsychologie**:
  Hier wird hervorgehoben, dass die Wahrnehmung einen Prozess darstellt, dessen Frühphase (= **spontane Anmutung**) stark durch affektiv-emotionale Elemente geprägt wird. Diese anfänglich gegenüber dem Wahrnehmungsgegenstand entwickelten positiven oder negativen Gefühle werden dann im Laufe der bewusster werdenden Wahrnehmung von kognitiven, d.h. rationalen Elementen überlagert und korrigiert. Den gesamten Prozessverlauf nennt man **Aktualgenese**.
  Zur Verdeutlichung folgendes Beispiel: die Schaltung einer exquisiten, von herausragenden Werbephotospezialisten aufgenommenen Werbeanzeige, auf der eine wundervoll dampfende Platte mit Nudeln dargestellt war, brachte keinerlei Absatzsteigerung und dies, obwohl sich die Konsumenten bei einer Befragung durchgängig sehr positiv zu dieser Anzeige äußerten. Als man schließlich die Anzeige einem Tachistoskoptest unterzog, bei dem die Anzeige nur für wenige Millisekunden "wahrgenommen" werden konnte, sprachen die Befragten von Schlangen, Würmern und sonstigem Getier, was sie als äußerst unan-

genehm empfanden. Die stark von Gefühlen geprägte spontane Anmutung war also negativ, ganz im Gegensatz zum äußerst positiven Eindruck, den diese Anzeige bei vollständiger, "rationaler" Betrachtung hinterlassen hatte.

Einen heftig diskutierten und oft bestrittenen Sonderfall stellt die sog. **unterschwellige** Wahrnehmung (auch: **subliminale** Wahrnehmung) dar. Ausgangspunkt der wissenschaftlichen Diskussion bildeten die Veröffentlichungen von *Vicary* Mitte der 50er Jahre. Dieser behauptete, durch sehr kurzzeitige Einblendungen von Werbespots für *Coca-Cola* und Popcorn im Rahmen von Filmvorführungen in Kinos den Umsatz dieser Produkte teilweise um mehr als 50 % gesteigert zu haben. Bis heute fehlt es allerdings an einem letztendlichen Beweis für die Richtigkeit der Annahme, das Verhalten von Konsumenten durch unterschwellige, lediglich vom Unterbewusstsein zu registrierende Reize steuern zu können. Unabhängig hiervon ist jede Form einer subliminalen Werbung aufgrund ihres manipulativen Charakters rechtlich prinzipiell verboten.

3.2.3.3. Denken

Im Rahmen des **Denkvorganges** setzt das Individuum Wahrnehmungen und gespeicherte Informationen zueinander in Beziehung und zieht entweder logisch zwingende oder auch nur rein assoziativ verknüpfte Schlussfolgerungen.

Im Marketing schlagen sich Denkvorgänge im Wesentlichen in unterschiedlichen **Kaufentscheidungsprozessen** nieder, die sich wiederum an den generellen Phasen einer Entscheidung orientieren.

So lässt sich ein **extensiver** Kaufentscheidungsprozess dadurch charakterisieren, dass alle Phasen der kognitiven Informationsverarbeitung vollständig durchlaufen werden. Insbesondere werden alle in Frage kommenden Alternativen berücksichtigt und anhand der relevanten Bewertungskriterien beurteilt. Dieses Vorgehen wird vom Individuum stets bei stark risikobehafteten (= i.d.R. hochpreisigen Gütern) und/oder innovativen Kaufentscheidungen angewandt.

Beim **habitualisierten** Kaufentscheidungsprozess werden die Alternativenauswahl und -bewertung stark verkürzt und erprobtes Verhalten auf vergleichbare Entscheidungssituationen übertragen. Dies trifft typischerweise beim Kauf von Grundnahrungsmitteln zu.

Und auch der **Impulskauf** ist rational und nicht nur affektiv gesteuert. Im Unterschied zum geplanten Kauf dreht der Konsument hier allerdings sein Bedürfnis und die Möglichkeiten der Bedürfnisbefriedigung um. So antizipiert der Konsument, wenn er beispielsweise spontan aus dem nahe der Kasse angebrachten Regal noch einige Süßigkeiten in seinen Einkaufswagen wirft, dass er in absehbarer Zeit sicherlich wieder einmal das Bedürfnis auf Süßes haben und dieser Kauf dann zur Befriedigung seiner Naschlust dienen wird.

3.2.3.4. Lernen

Das Konstrukt **Lernen** kann definiert werden als eine relativ dauerhafte Verhaltensänderung aufgrund von Erfahrungen. D.h. es ändert sich die Wahrscheinlichkeit auf eine bestimmte (Reiz-)Situation mit einer bestimmten Verhaltensweise zu reagieren.

Entsprechend der Bedeutung des Lernens für Marketing- und Konsumfragestellungen haben zahlreiche, zum Teil recht unterschiedliche Lerntheorien in die Konsumentenforschung Eingang gefunden. So basieren zahlreiche Erklärungsansätze u.a. auf der **Theorie der klassischen Konditionierung**, dem **"Lernen am Erfolg"** oder dem **"Lernen am Modell"**.

Die auf die Hundeversuche von Pawlow zurückgehende **Theorie der klassischen Konditionierung** basiert auf einer gesetzmäßigen Verknüpfung zwischen einem beobachtbaren Reiz und einer beobachtbaren Reaktion: wird ein neutraler Reiz (z.B. eine Marke/ein Label), dem zunächst vom Individuum keine Bedeutung zugemessen wird und der keine Reaktion auslöst, eine gewisse Zeit lang zusammen mit einem unbedingtem Reiz (z.B. erotische Darstellung), der aufgrund angeborener Reiz-Reaktions-Muster eine unbedingte Reaktion auslöst, dargeboten (z.B. in der Werbung), so löst schließlich auch der ursprünglich neutrale Reiz diese Reaktion aus. Der Reiz wurde (emotional) konditioniert. Wenn nun also der Konsument die Marke/das Label sieht, bringt er dieses mit der entsprechenden Emotion in Verbindung.

Wird diese Verbindung der Reize allerdings längere Zeit nicht demonstriert, dann kommt es zu einer **Extinktion**, d.h. der konditionierte Reiz verliert nach und nach seine Wirkung. Insofern muss die Werbung die gewünschten Funktionalität immer und immer wieder unter Beweis stellen: z.B. die Marke *Marlboro* und die Emotion "Freiheit und Abenteuer", unabhängig davon, ob dies mittels Cowboys und wilden Mustangs oder mittels Sahara-Abendteuerreisen o.ä. geschieht.

Ein weiteres Lernphänomen bildet die **Reizgeneralisierung**, der zufolge ein dem konditionierten Reiz sehr ähnlicher Reiz die gleiche Reaktion auszulösen in der

Lage ist. Dies macht sich vor allem die **Markenfamilien-** und die **Me-too-Strategie** zu nutze, wenn auch aus unterschiedlichen Perspektiven.

Das **"Lernen am Erfolg"** basiert auf dem "Lernen nach dem Verstärkungsprinzip" (= operantes oder instrumentelles Konditionieren). Etwas vereinfacht liegt diesem Ansatz folgende Erkenntnis zugrunde: die Wahrscheinlichkeit belohnter Verhaltensweisen steigt, die bestrafter Aktivitäten sinkt. So kann beispielsweise durch erlebte positive Erfahrungen mit einem Produkt (= unmittelbares Lernen), das bei einem impulsiven Erstkauf erworben wurde, **Markentreue** entstehen. Weitere typische Marketing-Aktivitäten, die auf diesem Ansatz basieren, sind:

- Prämien für Gewinnung von neuen Abonnenten

- pay-back-Karte

- Sammelpunkte auf Produktpackungen

- Positive Produkterfahrungen werblicher Art (= mittelbares Lernen): z.B. "Mammi, Mammi, er hat gar nicht gebohrt" (Werbung für Zahncreme)

- "Kinderüberraschungsei" (Belohnung beim Schokoladekauf durch Inhalt)

- Produkt mit Zweitnutzen (z.B. Seifenschale als Badewasserentchen)

Beim **"Lernen am Modell"** kommt es lediglich zu mittelbaren bzw. symbolischen Erfahrungen. Das Individuum lernt aufgrund von Reflexionen über die Erfahrungen anderer Personen (= stellvertretendes, imitatives Lernen). Voraussetzungen für den Erfolg dieses Lernvorgangs liegen einerseits im Modell, andererseits beim Lernenden. So sollte das **Modell** die Möglichkeit zur Identifikation bieten, Leitbildfunktion ausüben und Sozialprestige aufweisen. Vor allem kommt es darauf an, dass das Modell **Glaubwürdigkeit** ausstrahlt (= **source credibility**). Auf Seiten des **Lernenden** funktioniert der Lernvorgang in den Fällen besonders gut, bei denen es sich um unsichere Menschen bzw. Personen mit einem wenig ausgeprägtem Selbstwertgefühl handelt. Hierzu zählen in erster Line auch Kinder und Jugendliche.

Wichtigster Anwendungsfall für das "Lernen am Modell" stellt die Werbung mit **Testimonials** dar. Hier lassen sich zwei grundsätzlich unterschiedliche Ausgestaltungsformen unterscheiden. Zum einen bedient man sich **prominenter Persönlichkeiten** sogenannter Celebrities aus Film, Funk, Fernsehen, Sport und Gesellschaft, die ihre Reputation für ein bestimmtes (Marken-)Produkt oder für eine (Marken-)Dienstleistung zur Verfügung stellen.

Abb. B.11: Beispiel für ein Testimonial mit einer Prominenten

Eine andere Testimonialversion bildet der Einsatz einer **"Idealkonsumentin"** oder eines **"Idealkonsumenten"**, der sich in Werbespots positiv über das benutzte Produkt bzw. die in Anspruch genommene Dienstleistung äußert. Ein typisches Beispiel stellt die "Kinderschwester Katharina S." dar, die sich in einem Fernsehspot begeistert über eine neue Windel für ihr Baby auslässt. Die "Vorzeigeperson" wird dabei zielgruppenspezifisch ausgewählt und soll in Aussehen, Sprache und Gestik möglichst "natürlich" und damit glaubwürdig wirken. Deshalb dürfen sich diese Modelle durchaus einmal versprechen und können unter Umständen auch einen Dialekt haben.

3.3. Soziologische Erklärungsansätze des Konsumentenverhaltens

3.3.1. Überblick und Grundlagen

Das Verhalten des Konsumenten ist nicht nur durch seine Veranlagung und psychische Konstellation, sondern auch durch Interaktionen mit seiner **sozialen Umwelt** determiniert. Diese lässt sich in eine nähere und weitere soziale Umwelt differenzieren. Die **nähere Umwelt** umfasst alle Elemente, mit denen der Konsument in regelmäßigem persönlichen Kontakt steht und konkretisiert sich im Wesentlichen in der Zugehörigkeit zu bestimmten **Gruppen**. Zur **weiteren Umwelt** sind alle sonstigen sozialen Elemente zu zählen, die ebenfalls für das Individuum von Relevanz sind, ohne dass es zu regelmäßigen persönlichen Beziehungen kommt. Sie repräsentiert die sog. sozialen Hintergrundsysteme in Form von **Kultur, Subkultur** und sozialer **Schicht**.

3.3.2. Gruppenzugehörigkeit

Das Individuum wird in besonders hohem Maße durch die faktische oder beabsichtigte Zugehörigkeit zu bestimmten Gruppen beeinflusst. Unter einer **Gruppe** in soziologischer Hinsicht versteht man dabei "...eine Mehrzahl von Personen, die in wiederholten und nicht nur zufälligen wechselseitigen Beziehungen zueinander stehen". Zu ihren zentralen **Merkmalen** zählen:

- **Identität** (Gruppe als Einheit; "Wir-Gefühl")

- **Ordnung** (jedes Mitglied der Gruppe nimmt eine bestimmte Position ein, an die gewisse Verhaltenserwartungen = **Rollenerwartungen** geknüpft sind, die in Muss-, Kann- und Sollerwartungen unterteilt werden können; die soziale Bewertung der Position wird als sozialer **Status** bezeichnet)

- **Verhaltensnormen** (bei Verstößen gegen die von allen Gruppenmitgliedern als verbindlich angesehenen Normen kommt es zu **Sanktionen**, im Extremfall zum Ausschluss aus der Gruppe)

- **Werte** und **Ziele**, die von allen Mitgliedern als konsensfähig interpretiert werden

Insbesondere **Status** und **Rollenerwartungen** prägen den **Konsum** der Gruppenmitglieder.

Zur klassischen Einteilung von Gruppen zählt die grobe Differenzierung in **Primär-** und **Sekundärgruppen**. Die Primärgruppen werden dabei als Gruppen i.e.S. interpretiert, da die Merkmale von Sekundärgruppen weitgehend in die weitere soziale Umwelt weisen.

Primärgruppen zeichnen sich dadurch aus, dass sich alle Mitglieder kennen und enge persönliche Kontakte bestehen (face-to-face-Beziehungen). Es handelt sich um kleine, informelle Gruppen, mit erheblicher Relevanz für den Konsum des einzelnen Gruppenmitglieds. Wichtigste Beispiele sind die **Familie** bzw. der **Haushalt** sowie der **Freundeskreis**. Letzterer wird bei Heranwachsenden als **Peergroup ("Clique")** bezeichnet.

Mittels zahlreicher empirischer Untersuchungen hat man versucht, den Einfluss einzelner Gruppenmitglieder auf **Kaufentscheidungen** bei den jeweiligen Primärgruppen zu ermitteln. Pars pro toto sollen zwei neuere Erkenntnisse erwähnt werden:

- kleine Kinder dominieren danach in der **Familie** nicht nur den Kauf von Frühstücksflocken, was schon ältere Untersuchungen bestätigten, sondern mittlerweile auch die Entscheidung, wohin die nächste Urlaubsreise gehen bzw. welches neue Auto angeschafft werden soll und

- die enge **"Clique"** bestimmt bei Jugendlichen, nicht nur was, sondern vor allem auch welche Marke "angesagt" und damit vom Gruppenmitglied zu kaufen ist.

Auch **Sekundärgruppen**, worunter große Gruppen zu verstehen sind, bei denen es zu eher unpersönlichen, flüchtigen Kontakten kommt und die Mitglieder sich nur ausnahmsweise näher kennen, nehmen Einfluss auf konsumrelevante Entscheidungen des jeweiligen Gruppenmitglieds. So passt sich beispielsweise der Einzelne dem Outfit, das im (Groß-)Verein, in (Groß-)Unternehmen, bei Parteien oder Verbänden erwartet wird ebenfalls an.

Im Rahmen des Marketing kommt schließlich der Analyse des **Kommunikationsverhaltens in kleinen Gruppen** eine herausragende Bedeutung zu. Danach hat nicht jedes Gruppenmitglied den gleichen Einfluss bei anstehenden (Konsum-)Entscheidungen. Eine Schlüsselstellung nimmt der sog. **Meinungsführer (MF)** ein. Dieser lässt sich als ein ganz "normales" Gruppenmitglied ohne besondere äußerlich erkennbare Merkmale definieren, dem allerdings von den anderen Gruppenmitgliedern eine besonders große Kompetenz auf einem (oder mehreren) Meinungsgebiet(en) zuerkannt wird. Hier zeigt der Meinungsführer nun ein **sehr**

hohes Involvement und ist für Kontakte, Informationen und insbesondere Neuerungen besonders offen bzw. begierig, sich diese aktiv zu beschaffen.

Aus dieser Erkenntnis leitet sich die Zweckmäßigkeit der Berücksichtigung eines **zweistufigen Kommunikationsflusses** ab (two-step-flow-of-communication): ein **Sender** richtet seine Information (u.U. im Wege der Massenkommunikation) zunächst an die **Meinungsführer**, die diese wiederum an die vergleichsweise passiven "eigentlichen" **Empfänger** (u.U. persönlich) weiterreichen.

Folgendes Beispiel soll dieses Vorgehen illustrieren: ein Hersteller von Klavieren wendet sich mit seiner Werbung und sonstigen Kommunikation nicht (nur) direkt an den Letztverbraucher, sondern an Klavierprofessoren bzw. Klavierlehrer, die auf diesem Gebiet als Meinungsführer anzusehen sind. Er geht von der berechtigten Annahme aus, dass z.B. Eltern, die für ihr Kind ein Klavier kaufen wollen, sich zunächst bei dessen Lehrer erkundigen und damit persönlich informieren, bevor sie eine Kaufentscheidung treffen werden.

Die Identifikation bzw. das Erreichen von relevanten Meinungsführern ist aufgrund des weitgehenden Fehlens generell erkennbarer Merkmale schwierig. Als zentrale Ansatzpunkte dienen deshalb die Schaltung von Anzeigen in **special interest magazins,** insbesondere von **Coupon-Anzeigen** mit zusätzlichem Informationsangebot, sowie die Initiierung von **Fan-** und **Konsumentenclubs** oder die Präsenz auf **Messen** und **Fachausstellungen.**

Eng, wenn auch nicht unmittelbar, sind die **diffusionstheoretischen Ansätze** mit dem **Meinungsführerkonzept** verbunden, bei denen statisch-komparative Betrachtungen über die Ausbreitung von **Innovationen** in der Gesellschaft angestellt werden. Unter **Diffusion** versteht man dabei die Ausbreitung einer Innovation (z.B. Produkt, Dienstleistung; Mode, Design; Outfit) in einem sozialen System von der Quelle bis zum letzten Übernehmer. Idealtypisch ist der vollständige Diffusionsprozess in Abb. B.12 dargestellt.

Hiernach sind die **Innovatoren** die ersten, die in einer Gesellschaft eine Neuerung übernehmen. Man kann diese als **Avantgardisten** charakterisieren, d.h. als Personen, die Neuem gegenüber prinzipiell positiv eingestellt sind, auch wenn sie dabei "gegen den Strom schwimmen" und sich (anfänglicher) massiver gesellschaftlicher Kritik ausgesetzt sehen. Sie bilden die Speerspitze für die Ausbreitung von Neuerungen in einer Gesellschaft (z.B. Mode, Design; Outfit; Technik) und gelten darüber hinaus als wichtige **Informanten** für die **Meinungsführer,** die sich in der Menge der "frühen Übernehmer" verbergen. Insofern gilt es im

Marketing für **innovative Produkte** und **Dienstleistungen** als unabdingbar, den Kreis der jeweiligen Innovatoren zu erreichen. Zusätzlich zu den Maßnahmen, die zur Identifizierung von Meinungsführern schon angeführt worden sind, können beispielsweise **Exklusiv-Veranstaltungen (z.B. "VIP's only")**, **Sondereditionen** oder **streng limitierte (Erst-)Angebote** das Interesse von Innovatoren wecken.

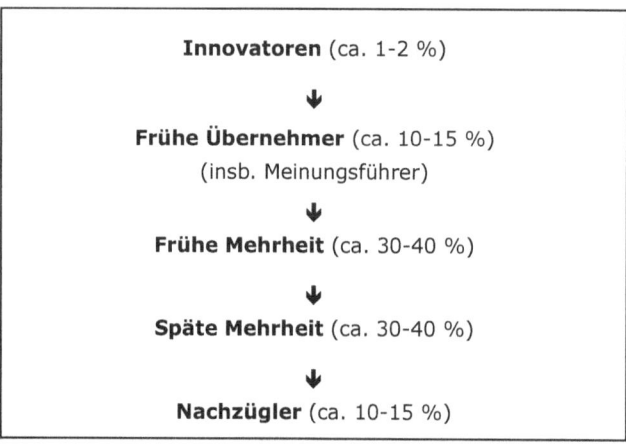

Abb. B.12: Diffusionsprozess (mit %-Anteilen an einer Gesellschaft)

Schließlich setzten Unternehmen vereinzelt sogenannte **trend scouts** ein, die sich als Gleichaltrige vor allem in die Jugendszenen begeben und dort versuchen, **Innovatoren** und **Meinungsführer** zu identifizieren bzw. deren Konsumgewohnheiten (insb. Outfit) systematisch zu erfassen. Aus diesen Informationen werden dann sofort im Anschluss Anregungen für Produktinnovationen oder -modifikationen extrahiert, um "just-in-time" Mode-, Schuh- und Bekleidungstrends auf den Markt bringen zu können.

3.3.3. Sonstige soziologische Konstrukte

Auch aus der Analyse von Schicht- bzw. Kulturzugehörigkeiten lassen sich Implikationen für Marketing-Entscheidungen ableiten. So dient eine Analyse von **Schichten**, also "... Personenmehrheiten mit gleichem sozialen Status ...", im Wesentlichen dazu, Zielgruppen im Rahmen der Marktsegmentierung zu identifizieren. So kann beispielsweise die gebräuchliche Einteilung in Ober-, Mittel- und

Unterschicht zum Ergebnis führen, dass die Mitglieder der Oberschicht andere Einstellungen zu bestimmten Produkten entwickeln, wie Angehörige der Mittelschicht, was wiederum bei Werbeaussagen berücksichtigt werden muss.

Seit den 80er Jahren haben die sogenannten **SINUS-Milieus** stetig an Bedeutung gewonnen. Hier wird das Konzept der sozialen Schichten mit bestimmten Einstellungen und Wertorientierungen verknüpft. Das Ergebnis dieser Verknüpfung sind **soziale Milieus**, die durch bestimmte Lebenstile charakterisiert werden und die Rückschlüsse auf die Marktpotentiale vieler Konsumgüter (z.B. Autos, Modemarken, Möbel, Uhren) zulassen. Die Kriterien zur Abgrenzung der Milieus sind vielfältig. Im Vordergrund stehen neben der sozialen Lage (definiert durch Einkommen, Vermögen, Beruf, Bildung usw.) vor allem Einstellungen und Verhaltensdispositionen im Zusammenhang mit Arbeit und Leistung, Familie und Partnerschaft sowie Freizeit und Gesellschaft. Die jeweiligen Daten werden in umfangreichen empirischen Untersuchungen für viele Länder (z.B. Frankreich, England, Schweden, Kanada, Russland, China, USA) erhoben und sind heute wesentlicher Ansatz zur Segmentierung der Bevölkerung.

Die nachfolgenden Abbildungen zeigen die Segmentierung und Kennzeichnung der deutschen Bevölkerung anhand der SINUS Milieus im Jahre 2007.

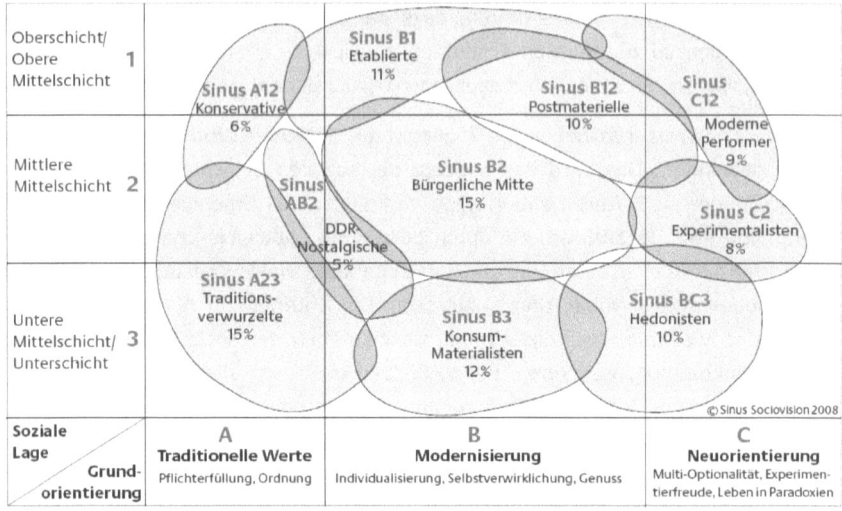

Oberschicht/ Obere Mittelschicht 1			
Mittlere Mittelschicht 2			
Untere Mittelschicht/ 3 Unterschicht			

Sinus B1 Etablierte 11%

Sinus A12 Konservative 6%

Sinus B12 Postmaterielle 10%

Sinus C12

Moderne Performer 9%

Sinus AB2

Sinus B2 Bürgerliche Mitte 15%

DDR-Nostalgische 5%

Sinus C2 Experimentalisten 8%

Sinus A23 Traditions-verwurzelte 15%

Sinus B3 Konsum-Materialisten 12%

Sinus BC3 Hedonisten 10%

© Sinus Sociovision 2008

| Soziale Lage Grund-orientierung | A **Traditionelle Werte** Pflichterfüllung, Ordnung | B **Modernisierung** Individualisierung, Selbstverwirklichung, Genuss | C **Neuorientierung** Multi-Optionalität, Experimen-tierfreude, Leben in Paradoxien |

Abb. B.13: Sinus Milieus in Deutschland 2008

Die nachfolgende Abbildung gibt eine Kurzcharaktersitik der Sinus Milieus wieder.

Gesellschaftliche Leitmilieus

- Sinus B1 (Etablierte)   10 %   ▶ Das selbstbewusste Establishment: Erfolgs-Ethik, Machbarkeitsdenken und ausgeprägte Exklusivitätsansprüche

- Sinus B12 (Postmaterielle)   10 %   ▶ Das aufgeklärte Nach-68er-Mileu: Liberale Grundhaltung, postmaterielle Werte und intellektuelle Interessen

- Sinus C12 (Moderne Performer)   10 %   ▶ Die junge, unkonventionelle Leistungselite: intensives Leben – beruflich und privat, Multi-Optionalität, Flexibilität und Multimediabegeisterung

Traditionelle Milieus

- Sinus A12 (Konservative)   5 %   ▶ Das alte deutsche Bildungsbürgertum: konservative Kulturkritik, humanistisch geprägte Pflichtauffassung und gepflegte Umgangsformen

- Sinus A23 (Traditionsverwurzelte)   14 %   ▶ Die Sicherheit und Ordnung liebende Kriegs- /Nachkriegsgeneration: verwurzelt in der kleinbürgerlichen Welt bzw. in der traditionellen Arbeiterkultur

- Sinus AB2 (DDR-Nostalgische)   5 %   ▶ Die resignierten Wende-Verlierer: Festhalten an preußischen Tugenden und altsozialistischen Vorstellungen von Gerechtigkeit und Solidarität

Mainstream-Milieus

- Sinus B2 (Bürgerliche Mitte)   15 %   ▶ Der statusorientierte moderne Mainstream: Streben nach beruflicher und sozialer Etablierung, nach gesicherten und harmonischen Verhältnissen

- Sinus B3 (Konsum Materialisten)   12 %   ▶ Die stark materialistisch geprägte Unterschicht: Anschluss halten an die Konsum-Standards der breiten Mitte als Kompensationsversuch sozialer Benachteiligungen

Hedonistische Milieus

- Sinus C2 (Experimentalisten)   8 %   ▶ Die extrem individualistische neue Bohème: Ungehinderte Spontaneität, Leben in Widersprüchen, Selbstverständnis als Lifestyle-Avantgarde

- Sinus BC3 (Hedonisten)   11 %   ▶ Die Spaß-orientierte moderne Unterschicht/untere Mittelschicht: Verweigerung von Konventionen und Verhaltenserwartungen der Leistungsgesellschaft

Abb. B.14: Charakteristika der Sinus Milieus 2007

Neben der zum sozialen Milieu erweiterten Schichtzugehörigkeit, stellt die **Kultur** aus der Konsumenten kommen ein Hintergrundphänomen dar, welches das individuelle Konsumverhalten bestimmt, ohne dass dies dem Einzelnen richtig bewusst wird, wobei sich **Kultur** als die Übereinstimmung von Verhaltensmustern zahlreicher Menschen interpretieren lässt und sich auf Länder, Sprachkreise oder sogar Erdregionen, wie z.b. der asiatischen Kultur beziehen kann. Besonderes Augenmerk hat der Marketing-Entscheidungsträger dem **Mainstream** zu widmen, worunter der breite Massengeschmack, d.h. die jeweils kommerziell vorherrschende (Mode-, Geschmacks-, Stil-)Richtung in einer Kultur zu verstehen ist. Im Rahmen des Marketing gipfelt das Problem der Kulturzugehörigkeit zumeist in folgender Frage: inwieweit lassen sich im Rahmen des internationalen Marketing einzelne Maßnahmen **standardisieren,** was i.d.R. einer Ausnutzung von Synergien und Kosteneinsparungspotentialen gleichkommt, bzw. inwieweit müssen diese kulturspezifisch **differenziert** werden? Besonders evident wird diese Frage im Rahmen **internationaler Werbekonzepte.** So gelten die einheitlich Verwendung von Produktnamen, die in bestimmten Sprachkreisen beleidigende Schimpfwörter (z.b. "Pajero") bilden oder das Nichtberücksichtigen von Schreib- bzw. Lesegewohnheiten (z.b. Anzeige für Waschmittelmarke zeigt links dreckige und rechts saubere Wäsche, was beim umgekehrten Lesen im orientalischen Kulturkreis das Gegenteil visualisiert) fast schon als klassische Marketing-Flops.

Der **Subkultur** kommt eine vergleichbare Funktion wie der Kultur zu, nur diesmal innerhalb einer Gesellschaft. D.h. größere soziale Gruppierungen (**"Subs"** im Jugendbereich, wie z.b. "Gothic", oder ethnische Minderheiten) weisen gleiche Werte, Normen sowie konsumrelevante Verhaltensweisen auf, die als Grundlage für ein differenziertes Marketing-Konzept dienen können.

Das Konzept des **Szene-Marketing** basiert schließlich auf einem der neuesten soziologischen Ansätze. Bei Unternehmen, die sich des Szene-Marketing bedienen, stellen Szenen einen zentralen Segmentierungsansatz dar, an welchem sich die Ausgestaltung der absatzpolitischen Instrumente, insbesondere der Produkt- und Kommunikationspolitik, orientiert. Eine **Szene** bildet dabei ein Netzwerk von Personen, das eine für diese übergeordnete Interessenlage als gemeinsamen Nenner hat. Die Personen können dabei eine völlig unterschiedlichen soziodemographischen Hintergrund aufweisen. Die als konsensfähig erachtete Interessenlage dient den Szenemitgliedern als Orientierungsmuster und bestimmt u.a. Werte, Normen, Interessen sowie (Freizeit-)Aktivitäten des einzelnen Mitglieds in Richtung eines Gruppencodex. Mitunter entsteht sogar ein eigener

Sprachstil (z.B. *"geil"*, *"das ist Porno"*) mit korrespondierenden eigenen Medien, wie insbesondere Szene-Magazine oder speziellen chat-rooms. Die Szenezugehörigkeit determiniert in vielfältiger Weise den individuellen Konsum. Besonders tangiert sind alle der Mode unterworfenen Branchen, wie vor allem Bekleidung, Schuhe und Sportausrüstung einerseits sowie styling bzw. outfit (Piercing, Schmuck, Tattoos, Haarschnitt etc.) andererseits. Szenen finden sich schwerpunktmäßig, allerdings nicht ausschließlich, im Jugendbereich. Als typische Beispiele gelten deshalb die *Techno-, Rap-, Raver-, Snow Board-* aber auch die *Golf- oder Jazz-Szene*.

3.4. Neurowissenschaftliche Ansätze

In den letzten Jahren hat das so genannte Neuromarketing rasant an Bedeutung gewonnen. Eine allgemein akzeptierte Definition für dieses junge Wissenschaftsgebiet hat sich noch nicht durchgesetzt, aber es geht um eine Verbindung psychologischer und ökonomischer Erkenntnisse mit den Forschungsweisen– und ergebnissen der Hirnforschung. Bekannt geworden ist das Neuromarketing vor allem durch Experimente bei denen man die Gehirne von Probanden mit Hilfe der funktionalen Magnetresonanztomographie beobachtete während man ihnen verschiedene Marken darbot.

Ein besonders berühmt gewordenes Beispiel ist der „Pepsi-Coca-Test". In Blindverkostungen wird Pepsi Cola generell geschmacklich besser bewertet als das Wettbewerbsprodukt Coca Cola. Ist die jeweilige Marke dem Probanden jedoch bekannt, verändern sich die Vorlieben erheblich. Jetzt wird Coca Cola plötzlich als das bessere Produkt eingestuft. Die Magnetresonanztomographie fördert nun zu Tage, dass die beiden Marken unterschiedliche Hirnregionen aktivieren. Während beim Blindversuch bei Pepsi das Belohnungszentrum im Gehirn aktiver war, stimulierte Coca Cola, nachdem die Marke dem Probanden offenbart wurde Bereiche, die positive Assoziationen hervorrufen und mit dem Selbstwertgefühl der Versuchsperson in einem positiven Zusammenhang stehen. Diese Effekte sind für den Wert der Marke verantwortlich und nicht der Geschmack, so die neurowissenschaftliche Erkenntnis.

Die Neuromarketing-Forscher interessieren sich aber auch für die Anatomie des Gehirns, für Hormonhaushalte und Botenstoffkonzentrationen, und versuchen auf diese Weise zu verstehen, warum Menschen so konsumieren, wie sie es tun. Die Ergebnisse des Neuromarketing sind spektakulär aber auch methodisch und ethisch umstritten.

3.5. Beschaffungsverhalten gewerblicher Abnehmer

3.5.1. Überblick und Grundlagen

Auch eine **Beschaffung**, die i.e.S. als die Bereitstellung aller für den Leistungsprozess eines Unternehmens notwendigen Sachgüter und Dienstleistungen bezeichnet werden kann, ist – wie der Konsumakt – durch menschliches Verhalten geprägt, sieht man von einem reinen warenwirtschaftssystemgesteuerten, DV-technischen Bestellvorgang einmal ab. Allerdings liegt auch letzterem immer ein von Individuen vorab ausgehandelter Rahmenvertrag zu Grunde.

Insofern gelten alle vorgenannten Aspekte zum menschlichem (Konsum-) Verhalten (vgl. Abschnitte 3.2. u. 3.3.) grundsätzlich auch für jeden gewerblichen Abnehmer. Die immer wieder postulierte Vorstellung, Beschaffungsvorgänge würden **streng rational** ablaufen, ist damit nicht haltbar. Dies gilt insbesondere, wenn lediglich **eine** Person den Beschaffungsvorgang ausführt. Dies ist i.d.R. immer dann der Fall, wenn es sich um eine Beschaffung des **Typs A** handelt. Dieser lässt sich dadurch charakterisieren, dass

- der Wert des zu kaufenden Gutes niedrig ist,
- es sich um ein bekanntes Produkt handelt ("Routinegeschäft"),
- auf vorhandenen Informationen zurückgegriffen wird und
- damit kein organisatorischer Wandel verbunden ist.

Ein typischer Anwendungsfall des Typs A wäre die Beschaffung von Büromaterial oder die Beauftragung eines neuen Reinigungsmanns für die Büroräume.

Ganz anders sieht es allerdings im Falle des Beschaffungs-**Typs C** aus, bei dem alle Charakteristika des Typs A in entgegen gesetzter Ausprägung vorliegen:

- der Wert des zu kaufenden Gutes ist hoch
- es handelt sich um ein innovatives Produkt ("Erstgeschäft")
- es werden aktiv Informationen gesucht und aufbereitet und
- mit dem Kauf ist ein erheblicher organisatorischer Wandel verbunden.

Als typische Beispiele können der Kauf eines völlig neuen DV-Systems für Verwaltung, Warenwirtschaft und Produktion oder die Beauftragung einer Unternehmensberatungsfirma für eine neue strategische Positionierung des Unternehmens gelten. Hier kann man nun von **beschränkt rationalen** Entscheidungen sprechen, da einerseits i.d.R. **mehrere** Personen an der Entscheidung beteiligt sind und andererseits der Beschaffungsprozess weit stärkeren **organisatorischen Regeln** unterworfen ist, als der Kauftyp A. Dadurch sind den nach wie vor relevanten individuellen Verhaltensdimensionen der beteiligten Personen gewisse "formale" Grenzen gesetzt.

3.5.2. Buying Center-Ansatz

Aus Marketing-Sicht bildet die detaillierte Analyse des an einem Beschaffungsprozess beteiligten Personenkreises (= **Buying Center**) einen wichtigen Ansatzpunkt für den zielgerichteten Einsatz einzelner Marketing-Maßnahmen.

Den Mitgliedern des Buying Centers lassen sich folgende **fünf Rollen** im Rahmen des Kaufentscheidungsprozesses zuordnen *(vgl. Webster/Wind, 1972, S. 12-14)*:

	Buyer (Einkäufer):	Wählt Lieferanten aus und verhandelt mit diesen
	User (Benutzer):	Späterer Anwender des beschaffenen Gutes
	Influencer (Beeinflusser):	Einflussnehmer auf den Entscheidungsprozess
	Gatekeeper (Informations-broker):	Steuern den Informationsfluss
	Decider (Entscheider):	Treffen die endgültigen Entscheidungen

Abb. B.15: Mitglieder eines Buying Centers

In der Praxis bedeutet dies, dass eine **Buying Center-Marktforschung** erfolgen muss, d.h. es gilt alle an einem konkreten Kaufentscheidungsprozess beteiligten Personen zu identifizieren sowie deren jeweilige Rolle im Rahmen des Buying Centers festzustellen. Diese Aktivitäten weisen in Richtung **Data-Base Marketing**. Auf Grundlage dieser Analyse kann nun zielorientiert auf die Beteiligten eingewirkt werden. Zudem dürfte sich eine hiernach **differenzierte Informationsversorgung** förderlich auf das Anliegen dessen auswirken, der ein positives Votum vom Buying Center, sprich einen Kaufzuschlag, erwartet (vgl. Abb. B.16).

Abschließend lässt sich also konstatieren, dass alle psychologischen und soziologischen Erklärungsansätze grundsätzlich auch für das **Kaufverhalten gewerblicher Abnehmer** Gültigkeit haben. Lediglich aufgrund einer stärkeren Formalisierung des Kaufprozesses und der zu erwartenden Interaktionen zwischen den beteiligten Individuen kommt es zu einer gewissen "Objektivierung" der Kaufentscheidung.

 Buyer (Einkäufer): Detailinformationen betreffend Kaufmodalitäten (z.B. Preis, Konditionen, etc.)

 User (Benutzer): Technische, anwendungsbezogene Detailinformationen

 Influencer (Beeinflusser): Technische, anwendungsbezogene Informationen und/oder betreffend Kauf-modalitäten

 Gatekeeper (Informationsbroker): Technische, anwendungsbezogene und die Kaufmodalitäten betreffende Basisinformation

 Decider (Entscheider): Keyfacts

Abb. B.16: Notwendige Entscheidungsgrundlagen für die Mitglieder des Buying Centers

Quellen und Literaturempfehlungen

Backhaus, K./Voith, M. (2004), Industriegütermarketing, 8.Aufl., München

Bänsch, A. (2002), Käuferverhalten, 9. Aufl,, München

Engel, J.F./Blackwell, R.D./Miniard, P.W. (1995); Consumer behavior, 8. Aufl., Forth Worth u.a.

Felser, G. (2007), Werbe- und Konsumentenpsychologie, 3.Aufl., Stuttgart

Fishbein, M./Ajzen, I, Belief, Attitude, Intention, and Behavior, Reading u.a.

Häusel, H.G.(2005), Brainskript, Plannegg/München

Hüttner, M. (2004), Grundzüge der Marktforschung, 7. Aufl., München/Wien

Koppelmann, U./Brodersen, K./Volkmann, M. (2001). Variety Seeking. Manchmal reizt auch nur das Neue (Teil I). In: Absatzwirtschaft, 44. Jg., Heft 12, S. 56-63

Koppelmann, U./Brodersen, K./Volkmann, M. (2002). Variety Seeking. Wie Sie von der Neugier Ihrer Kunden profitieren (Teil II). In: Absatzwirtschaft, 45. Jg., Heft 1, S. 44-47

Krech, D./Crutchfield, N.L. (1998), Grundlagen der Psychologie (Studienausgabe), Augsburg

Kroeber.Riel, W./Esch, F.-R. (2004), Strategie Und Technik der Werbung, 6.Aufl, Stuttgart

Kroeber-Riel, W./Weinberg, P./Gröppel-Klein, A. (2009), Konsumentenverhalten, 9. Aufl., München

Kuß, A./Tomczak, T. (2004), Käuferverhalten, 3. Aufl., Stuttgart

Mayer, H./Illmann, T. (2000), Markt- und Werbepsychologie, 3. Aufl., Stuttgart

o.V. (1994), Konsumentenforschung, München

Pine, B.J./Gilmore, J.H. (2000), Erlebniskauf, München

Rosenstiel, L. von./Kirsch, A. (1996), Psychologie der Werbung, Rosenheim

Silberer, G./Jaekel, M. (1996), Marketingfaktor Stimmungen, Stuttgart

Traindl, A. (2007), Neuromarketing, 3. Aufl., Linz

Trommsdorf, V. (2004), Konsumentenverhalten, 6. Aufl., Stuttgart u.a.

Underhill, P. (2000), Warum kaufen wir? Die Psychologie des Konsums, München

Unger, F (Hrsg.), (1986), Konsumentenpsychologie und Markenartikel, Heidelberg

Webster, F.E./Wind, J. (1972), Organizational Buying Behavior. In: Journal of Marketing, 36. Jg., April, S. 12-14

Zimbardo, P.G. (1999), Psychologie, 7. Aufl. New York u.a.

C. Die Marketing-Entscheidung

1. Die Bestimmung des Geschäfts

Eine zentrale Basisentscheidung im Marketing ist die Bestimmung der aktuellen und zukünftigen Tätigkeitsfelder, auf denen ein Unternehmen sich engagiert bzw. engagieren will. Vor allem bei Unternehmen mit einer großen Angebotsvielfalt empfiehlt es sich, bestehende und neue Produkte, die in unterschiedlichen Marktsegmenten aber ähnlichen strategischen Ausgangslagen positioniert sind, zu sogenannten Strategischen Geschäftseinheiten (SGE) zusammenzufassen. Dabei handelt es sich um gedankliche Konstrukte, die voneinander abgegrenzte heterogene Tätigkeitsfelder eines Unternehmens darstellen und eigenständige Marktaufgaben zu erfüllen haben.

Zur Bildung derartiger Strategischer Geschäftseinheiten kann man sich eines dreidimensionalen Bezugsrahmens bedienen, den *Abell* vorgeschlagen hat *(vgl. Abell, 1980, S. 16 f; Hörschgen/Kirsch/Käßer-Pawelka, Grenz, 1993, S. 129 f.)*. Der strategische Handlungsrahmen eines Unternehmens wird demzufolge durch drei Dimensionen festgelegt:

- potentielle Abnehmergruppen (customer groups)

- Funktionen, die erfüllt werden sollen (functions)

- Technologien, mit denen die Funktionen erfüllt werden können
  (alternative technologies)

Anhand eines Beispieles im Verlagswesen lässt sich die Vorgehensweise verdeutlichen. So könnte ein mögliches Tätigkeitsfeld definiert sein durch die **Kundengruppe** private Haushalte, durch die **Funktion** Unterhaltung und durch die **Technologie** Druckmedien. Eine völlige andere Geschäftseinheit ist hingegen die Bearbeitung der Zielgruppe Unternehmen, denen audiovisuelle Medien zur fachlichen Weiterbildung verkauft werden sollen.

Die **strategischen Tätigkeitsfelder** – die sich vielfach bewusst von den herkömmlichen **Produkt-Markt-Kombinationen** im Unternehmen unterscheiden – stellen den Bezugspunkt der strategischen Marketing-Überlegungen dar und sind die Objekte der spezifischen Ziel-, Strategien- und Maßnahmenplanung im modernen Marketing. Darüber hinaus zeigt der obige Bezugsrahmen aber auch neue, noch nicht bearbeitete Tätigkeitsbereiche auf. In beiden Fällen, sowohl bei der Entwicklung der Marktbearbeitungskonzepte bestehender SGE als auch bei der Beurteilung neuer Tätigkeitsbereiche, ist die Situationsanalyse ein wichtiger Schritt für eine erfolgreiche Tätigkeit.

Abb. C.1 : Dreidimensionaler Bezugsrahmen zur Bildung
Strategischer Geschäftseinheiten
(Quelle: Hörschgen u.a., 1993, S. 129)

2. Situationsanalyse

2.1. Funktion und Bedeutung

Die Voraussetzung für jede Marketing-Entscheidung bildet eine sorgfältige **Analyse der Marketing-Situation**, die für die jeweilige Entscheidungsfindung von Bedeutung ist. Als grundlegende Gegenstandsbereiche dieser Situationsanalyse lassen sich der relevante Markt und das Umfeld der Betriebswirtschaft sowie das Unternehmen selbst unterscheiden. Abbildung C.2 gibt einen Überblick über die einzelnen Gegenstandsbereiche:

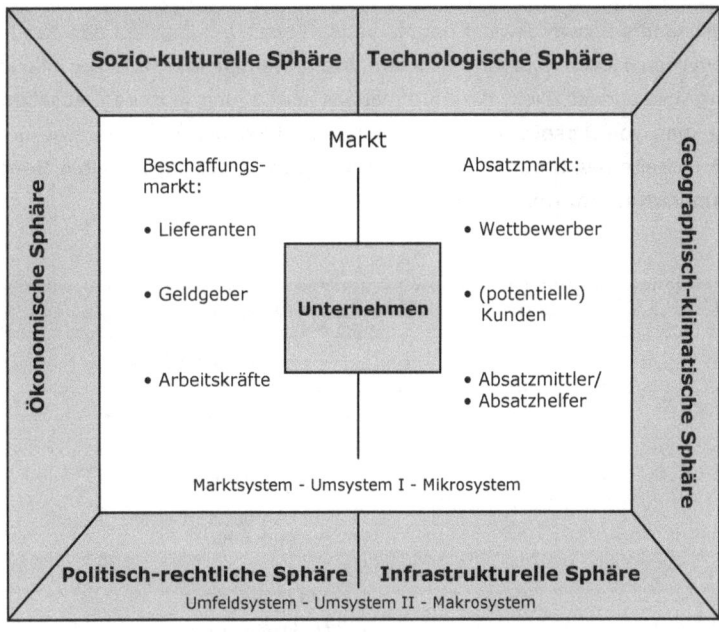

Abb. C.2: Gegenstandsbereiche der Situationsanalyse

Die Aufgabenstellung der Analyse ist die Erfassung der aktuellen **Strukturen** und **Prozesse,** die die Gegenstandsbereiche kennzeichnen, und die **Prognose** der jeweiligen Entwicklungstendenzen. Das Hauptaugenmerk liegt dabei vor allem auf der Ermittlung von **Chancen und Risiken und** dem Herausfinden der **Stärken und Schwächen** des eigenen Unternehmens im Vergleich zu den wichtigsten Wettbewerbern.

2.2. Informationsgewinnung mit Hilfe der Marketing-Forschung

2.2.1. Begriff und Funktionen der Marketing-Forschung

Grundbausteine jeder Situationsanalyse sind Informationen. Dieses Datenmaterial erlangt man mit Hilfe der Marketing-Forschung. Sie stellt das Instrumentarium zum Erhalt, zur Auswertung und zur Interpretation aller Fakten dar, die zum Treffen von Marketing-Entscheidungen bzw. zur Lösung von Marketing-Problemen erforderlich sind. **Marketing-Forschung** umfasst somit die Beschaffung sowohl von **internen** als auch von **externen Informationen.**

Ein besonderes Schwergewicht der Marketing-Forschung liegt auf der Gewinnung der externen Markt- und Umfelddaten. Diese werden mit Hilfe der **Marktforschung** gewonnen. Zielt die Informationsbeschaffung auf den Absatzmarkt, spricht man von **Absatzmarktforschung,** gilt hingegen das Interesse der Beschaffungsseite des Unternehmens, spricht man von der sogenannten **Beschaffungsmarktforschung**.

Marketing-Forschung	
Interne Daten	Externe Daten
	Absatz-Beschaffungsmärkte Umfeld:
	- Analyse der Strukturen
	- Analyse des Verhaltens der Probanden
	- Analyse der Wirkung von Maßnahmen
	- Analyse von Trends
	Marktforschung

Abb. C.3: Abgrenzung von Marketing- und Marktforschung

Abb. C.3 verdeutlicht die Beziehung bzw. die Abgrenzung zwischen **Marktforschung** (Market Research) **und Marketing-Forschung** (Marketing Research bzw. Absatzforschung).

Die **Funktionen der Marktforschung** sind vielfältig. Im Wesentlichen lassen sich aber folgende vier zentrale Aufgaben unterscheiden:

- Erfassen von **Struktur und Entwicklung** der aktuellen und potentiellen **Märkte**: In diesem Kontext geht es vor allem um die Quantifizierung des Marktpotentials, des Marktvolumens und der Marktanteile. Hieraus lassen sich Anhaltspunkte für die Marktattraktivität und insbesondere für die Absatzchancen eines Unternehmens ableiten.

- Erfassen des **Verhaltens der Marktteilnehmer**: Von besonderer Bedeutung für Marketing-Entscheidungen ist die Erforschung des Verhaltens (Kaufverhalten, Mediennutzung etc.) bzw. der Verhaltensdisposition (Einstellungen gegenüber bestimmten Produkten, Motive, Meinungen) der Marktteilnehmer. Deshalb kommt der **Konsumenten-, Handels- und Konkurrentenforschung** eine große Bedeutung im Rahmen der Marktforschung zu. Sie zeigen die Ansatzpunkte für die Art und Weise, wie der Markt erfolgreich bearbeitet werden muss.

- Analyse der **Wirkungen des Einsatzes der Marketing-Instrumente**: Der Einsatz von Marketing-Instrumenten zielt darauf ab, die Marktteilnehmer, insbesondere die Abnehmer in ihrem Verhalten zu beeinflussen. Dies ist zum Teil mit erheblichem Ressourcen-Einsatz verbunden, der möglichst effizient gestaltet werden soll. Um dies gewährleisten zu können, ist es notwendig, die Wirkung der marketingpolitischen Maßnahmen abzuschätzen. Hierzu bedient man sich der **Produkt-, Preis-, Vertriebs- und Kommunikationsforschung.**

- Erfassen der **Umfeldentwicklungen** und deren mögliche Auswirkungen auf den Markt: Neben den Elementen des Marktes muss der Entscheidungsträger in immer stärkerem Maße auch Umfeldentwicklungen berücksichtigen. Hierzu zählen insbesondere Informationen aus den Bereichen Recht, Technik, Welt- und Volkswirtschaft, Gesellschaft und Kultur. Hinzu kommen Fragen, die die natürliche Umwelt bzw. das ökologische Gleichgewicht betreffen. Besondere Bedeutung in diesem Zusammenhang haben u.a. Konzepte zur **Trendforschung und Früherkennung.**

2.2.2. Formen der Marktforschung

Die Marktforschung manifestiert sich in einer Vielzahl von Erscheinungsformen. So unterscheidet man nach der **Art des Untersuchungsobjektes** zwischen **ökoskopischer und demoskopischer Marktforschung**. Gegenstand der ökoskopischen Marktforschung sind objektiv beobachtbare Sachverhalte, die das Ergebnis von Handlungen bzw. Entscheidungen darstellen (z.b. Umsätze, Distributionsquoten, Regalplatzbelegungen). Demgegenüber befasst sich die demoskopische Marktforschung mit der Erfassung von Größen, die die einzelnen Marktteilnehmer kennzeichnen, beispielsweise sozio-demographische Daten, aber auch Einstellungen, Motive usw.

Nach der **Art der Messung** differenziert man zwischen **quantitativer und qualitativer Marktforschung**. Der erste Fall bezieht sich auf Tatbestände, die sich mit Hilfe mathematisch-statistischer Verfahren erfassen und bearbeiten lassen (z.b. Erhebung sozio-demographischer Daten bei einer Probandengruppe). Im zweiten Fall handelt es sich um schwer oder gar nicht quantifizierbare Erhebungen wie z.B. Expertenbefragungen oder Tiefeninterviews.

Als Klassifikationskriterien kommen auch der **Bezugszeitraum** (retrospektive, adspektive, prospektive Marktforschung), die **Probanden** (Konsumentenforschung, Konkurrenzforschung, Handelsforschung), der **Wirtschaftsbereich** (Konsumgüter-, Investitionsgüter-, und Dienstleistungsmarktforschung), der **Erhebungsraum** (lokale, regionale, nationale, internationale Marktforschung), die **Marketing-Instrumente** (Werbeforschung, Preisforschung, Vertriebsforschung etc.) und die **Funktionsbereiche** der Unternehmung (Beschaffungs-, Personal-, Absatzmarktforschung usw.) in Betracht.

Außerdem wird im Hinblick auf die Träger der Marktforschung zwischen **Instituts-Marktforschung** (= Fremdforschung) und **betrieblicher Marktforschung** (= Eigenforschung) unterschieden. Im ersten Fall wird die Marktforschung durch Marktforschungsinstitute durchgeführt, im zweiten Fall nimmt das Unternehmen die marktforscherischen Aufgaben selbst wahr.

Eigen- und Fremdforschung weisen jeweils eine Reihe von spezifischen Vor- und Nachteilen auf, die es bei der Entscheidung für die eine oder andere Erhebungsform zu beachten gilt. Die wichtigsten Vor- und Nachteile sind in der folgenden Abbildung C.4 zusammengefasst.

Eigenforschung	
Vorteile	Nachteile
• Vertrautheit mit dem Thema	• Fehlen von Experten/Fachwissen
• Datenschutz eher gewährleistet	• Betriebsblindheit
• bessere Einflussnahme und Kontrolle	• evtl. hohe fixe Kosten
• keine Kommunikationsprobleme mit Experten	• Panels und flächendeckende Erhebungen sind kaum möglich

Fremdforschung	
Vorteile	Nachteile
• hohe Objektivität der Forschung	• Einarbeitungszeit
• alle Erhebungsformen möglich	• Kommunikationsprobleme mit dem Auftraggeber
• Einsatz von Experten/Fachwissen	• mangelnde Branchenkenntnisse
• Einsparung fixer Kosten	• Risiko der Indiskretion

Abb. C.4: Vor- und Nachteile der Eigen- und Fremdforschung

Angesichts der aufgezeigten Vor- und Nachteile wird deutlich, dass die Entscheidung für Eigen- oder Fremdforschung nicht generell getroffen werden kann. Es hängt in hohem Maße von den Zielsetzungen und den verfügbaren Ressourcen ab, für welche Form der Marktforschung man sich entscheidet. Der Betrieblichen Marktforschung bedient man sich vor allem, wenn es sich um interne oder geheime Daten handelt. Außerdem dürfte der Anteil der Eigenforschung im Investitionsgüterbereich höher zu veranschlagen sein als bei Konsumgütern und Dienstleistungen. Schließlich betreiben Großunternehmen und Verbände eher Eigenforschung, weil sie über entsprechende Abteilungen verfügen können. Insgesamt gesehen ist Institutsforschung aber in vielen Fällen unumgänglich, wenn es darum geht, flächendeckende Großerhebungen, Panels oder Markttests durchzuführen. In diesen Fällen kann man auf die derzeit ca. 175 Marktforschungsinstitute in Deutschland zugreifen, die 2007 einen Umsatz von ca. 2,1 Mrd. € erwirtschaftet haben. Die größten Institute sind die *GFK-Gruppe (Gesellschaft für Konsumforschung)* in Nürnberg (2007 ca. 1,16 Mrd. € Umsatz), TNS Infratest in Bielfeld (2007 ca. 200 Mio. € Umsatz) und *A. C. Nielsen (VNU)* in Frankfurt (2007 ca. 81 Mio. € Umsatz).

Neben den hier aufgezeigten Erscheinungsformen der Marktforschung ist die Differenzierung nach der Art der Informationsgewinnung in **Primär- und Sekundärforschung** von besonderer Bedeutung. Sie stellt auch die Grundlage für die folgenden Ausführungen dar.

2.2.3. Primärforschung

2.2.3.1. Charakteristika

Im Rahmen der **Primärforschung** oder der sogenannten Feldforschung (Field Research) wird das interessierende Datenmaterial eigens für den zu deckenden Informationsbedarf mittels diverser Befragungs- und/oder Beobachtungsmethoden erhoben.

Die Vorteile der Primärerhebung liegen vor allem darin, dass man den spezifischen Informationsbedarf problemgenau decken und die Qualität der gewonnenen Daten genau beurteilen kann. Allerdings sind mit der Primärforschung auch einige Nachteile verbunden. Feldforschung ist vergleichsweise teuer und zeitaufwendig. Außerdem bedarf es eines entsprechenden Fachwissens, um die teilweise anspruchsvollen methodischen Frage- und Problemstellungen zu bewerkstelligen. In vielen Fällen ist die Primärforschung vom Unternehmen selbst gar nicht zu bewältigen, und man ist gezwungen, die Feldforschung an ein Marktforschungsinstitut zu delegieren.

2.2.3.2. Instrumente der Datengewinnung

Das Instrumentarium der primärstatistischen Informationsgewinnung ist außerordentlich vielfältig. Im Wesentlichen werden unterschieden:

- verschiedene Formen der **Befragung**

- verschiedene Formen der **Beobachtung**

- verschiedene **Testverfahren**

- verschiedene **Panels**

Im Folgenden wird auf die einzelnen Erhebungsformen kurz eingegangen.

(1) Befragung

Die **Befragung** ist das am häufigsten eingesetzte primärstatistische Erhebungsverfahren. Kennzeichnend für diese Form der Datengewinnung ist es, dass Auskunftspersonen (= Probanden) veranlasst werden, **schriftlich, mündlich, telefonisch** oder **computergestützt** zu einem Untersuchungsbereich Aussagen zu machen.

Im Falle der **schriftlichen Befragung** beantworten die Probanden einen ihnen zugeschickten sogenannten standardisierten Fragebogen, bei dem die Fragen, deren Reihenfolge und teilweise die Antwortmöglichkeiten vorgegeben sind, und senden ihn ausgefüllt an das Marktforschungsinstitut zurück. Die schriftliche Befragung hat vor allem den Vorzug, dass auf Interviewer verzichtet werden kann. Dies reduziert die Kosten, und außerdem entfällt der Aufwand für die **Interviewerauswahl, -schulung,-steuerung und -kontrolle.** Darüber hinaus spielt der geographische Raum, in dem die Untersuchung durchgeführt werden soll, keine Rolle. Allerdings weist die schriftliche Befragung auch einige gewichtige Nachteile auf. Der wichtigste ist zweifelsfrei die im Allgemeinen relativ geringe **Rücklaufquote.** Meistens werden von den ausgesandten Fragebögen nur ca. 10 % - 20 % zurückgeschickt. Dies wirkt sich nachteilig auf die Repräsentativität der Ergebnisse einer Befragung aus. Zudem ist festzuhalten, dass der Proband **keine Rückfragemöglichkeiten** hat, wenn er eine Frage nicht versteht. Außerdem gibt es eine nicht unerhebliche Zahl von Menschen, die Probleme mit dem Lesen und Schreiben haben; was z.T. auch für ausländische Probanden gilt, aber auch für diejenigen, die als Analphabeten eingestuft werden müssen.

Eine mögliche Alternative zur schriftlichen Datenerhebung stellt die **mündliche Befragung** dar. Hier wird ein Proband durch einen Interviewer befragt. Dies erfolgt entweder mit Hilfe eines **standardisierten Fragebogens** oder aber **teilstandardisiert**, wobei ein Interviewerleitfaden als Orientierungshilfe dient.

Das Interview kann auch vollkommen frei geführt werden, dann spricht man von einem **Tiefeninterview** oder einer **Exploration.** Diese Form der Befragung wird vor allem zur Motivforschung verwendet. Bei freien oder teilstandardisierten Befragungen hängt das Resultat jedoch wesentlich vom Interviewer und dessen fachlicher und kommunikativer Kompetenz ab. Ein besonderer Vorteil des Interviews besteht darin, dass der Befrager auf den Probanden und die spezifische Befragungssituation eingehen und zudem Hintergrundinformationen z.B. auch durch **zusätzliche Beobachtungen** erlangen kann. Entscheidender Vorteil der mündlichen Befragung ist neben der **hohen Erfolgsquote** vor allem die Möglichkeit, **Rückfragen** des Probanden zu beantworten und Unklarheiten zu beseitigen. Allerdings sind mündliche Befragungen auch mit einem großen organisatorischen Aufwand für den Interviewerstab und mit **hohen Kosten** verbunden. Darüber hinaus besteht bei mündlichen Befragungen das Problem, dass der Interviewer bewusst oder unbewusst den Befragten in seiner Antwort beeinflusst und somit die Befragungsergebnisse verzerrt werden. Man spricht in diesem Zusammenhang vom **Interviewer-Bias**.

In den letzten Jahren hat zunehmend die **telefonische Befragung** an Bedeutung gewonnen. Die Vorteile dieser Erhebungsform sind vor allem in der raschen und vergleichsweise kostengünstigen Durchführung zu sehen. Nachteilig wirkt sich hingegen aus, dass die Thematik und der Fragebogenumfang eingeschränkt sind und dass nicht jeder Proband telefonisch erreichbar ist. Wer allerdings rasch Tendenzaussagen haben will, findet im Telefon ein adäquates Erhebungsinstrument.

Computergestützte Befragungen sind Erhebungsformen, bei denen der **Computer als Unterstützung** anderer Befragungsmethoden eingesetzt wird, z.B. im Rahmen computerunterstützter Telefonbefragungen (CATI: Computer Assisted Telephone Interviewing) oder Laptopunterstützter mündlicher Befragungen (CAPI: Computer Assisted Personal Interviewing). Darüber hinaus kann der **Computer auch direkt zur Befragung eingesetzt** werden. Dabei werden auf einem Bildschirm Fragen aufgezeigt, die der Proband mittels einer Tastatur oder eines Touch Screens beantwortet. Selbst eine Eingabe per Stimme des Befragten ist möglich, wenn der Computer über ein Stimmerkennungsmodul verfügt. Die folgende Abbildung gibt einen Überblick über aktuelle Computer-Befragungssysteme.

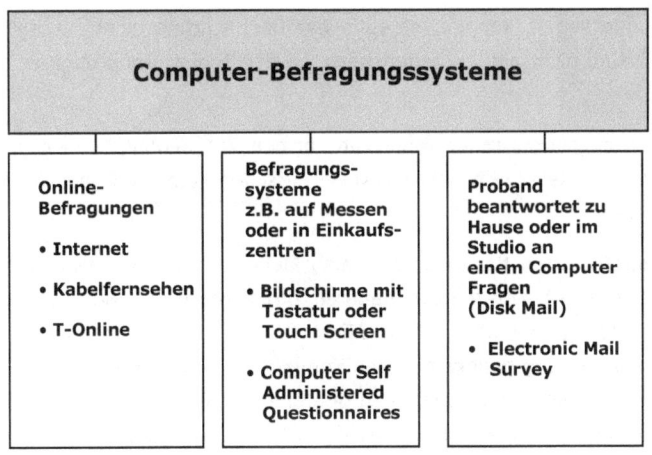

Abb. C.5: Computer-Befragungssysteme

Zweifellos stehen solche Befragungsmethoden noch am Beginn ihrer Entwicklung. Aber sie werden heute schon zunehmend u.a. auf Messen eingesetzt, und ihre Bedeutung wird in den nächsten Jahren mit dem wachsenden elektronischen Informationsaustausch erheblich zunehmen Insbesondere das **Internet** hat als Marktforschungsinstrument erheblich an Bedeutung gewonnen. So weist der Arbeitskreis Deutscher Markt- und Sozialforschungsinstitute (ADM), darauf hin, dass 2007 bereits 21 % aller Befragungen mit Hilfe des Internets durchgeführt wurden. Die Voraussetzungen zur Durchführung von Online-Befragungen sind mittlerweile schon sehr weit entwickelt (z.B. Java-Programme zur Gestaltung von Fragebögen mit Bild- und Ton-Unterstützung usw.).

(2) Beobachtung

Neben der Befragung gilt die Beobachtung als die zweite Grundform der Informationsgewinnung in der Primärforschung. Unter **Beobachtung** in diesem Sinne versteht man die Erfassung von sinnlich wahrnehmbaren Sachverhalten im Augenblick ihres Auftretens durch andere Personen oder mit Hilfe von apparativen Verfahren.

Der Vorteil der Beobachtung liegt vor allem darin, dass der Marktforscher unabhängig ist von der **Auskunftsfähigkeit** und in vielen Fällen auch von der **Auskunftswilligkeit** der Probanden. Allerdings lässt sich nur das beobachtbare bzw. registrierbare Verhalten erfassen. Die Motive und Einstellungen, die dem Verhalten zugrunde liegen, können mit Hilfe der Beobachtung nicht erkannt werden. Außerdem sind nicht alle Verhaltensbereiche der Beobachtung ohne weiteres zugänglich.

Grundsätzlich kann zwischen mehreren Formen von Beobachtungen unterschieden werden. So lässt sich beispielsweise zwischen Feld- und Laborbeobachtung differenzieren.

Feldbeobachtungen finden unter realen Marktbedingungen statt. Als typische Beispiele hierfür können die sogenannten **Kundenlaufstudien** oder **Testkäufe** im Einzelhandel gelten, aber auch die Ermittlung von Einschaltquoten im Rahmen der Fernsehforschung gehört in diesen Kontext. **Laborbeobachtungen** hingegen finden in einer künstlich geschaffenen Umgebung statt, in der vor allem besondere Versuchsanordnungen realisiert werden können, mit denen z.B. Anzeigen, Packungen oder Produkte getestet werden. Gerade bei Laborbeobachtungen spielen **apparative Beobachtungsverfahren** eine große Rolle. So werden hier Blickverläufe bei der Betrachtung von Anzeigen mit Hilfe entsprechender **Blickaufzeichnungsverfahren** untersucht oder die innere Erregung von Probanden mit Hilfe der Messung **psychogalvanischer Reaktionen** (= Messung des elektrischen Hautwiderstandes) erfasst, während sie Werbespots betrachten. **Stimmfrequenzanalysen** werden ebenso durchgeführt wie die Untersuchung von Wahrnehmungsprozessen mit Hilfe des **Tachistoskops** (Apparatur, die den Blick auf ein Objekt nur für ganz kurze Zeit freigibt). Gelegentlich kommt auch noch die **Schnellgreifbühne** zum Einsatz. Dabei handelt es sich um eine mechanische Vorrichtung, mit der vor allem die **Anmutungsqualität** von Produktdesign und Packung aber auch die Wahrnehmung des Preis-Leistungs-Verhältnisses von Produkten geprüft werden kann

Neben Feld- und Laborbeobachtung unterscheidet man auch zwischen der sogenannten **teilnehmenden** und **nichtteilnehmenden Beobachtung**. Im ersten Fall greift der Beobachter selbst in das Geschehen ein, das er beobachtet, so z.B. wenn er selbst als Kunde bei Testkäufen auftritt, um die Verhaltensweisen von Verkäufern zu untersuchen. Im zweiten Falle tritt der Marktforscher nicht in Erscheinung, sondern beobachtet von neutraler Stelle aus das Geschehen (Kundenlaufstudien usw.).

Im Zusammenhang mit der Verbreitung des **Internet** gewinnen sogenannte **Online-Beobachtungen** zunehmend an Bedeutung. Bei dieser Form der Marktforschung macht sich der Marktforscher zu nutze, dass Internet-Kontakte in sog. Log-Dateien protokolliert werden. Jeder Eintrag entspricht dabei einem sogenannten **"Hit"**, dabei werden Zeitpunkt, Art, Erfolg oder Misserfolg einer Aktion aufgezeichnet. Der Aufruf einzelner Internet-Seiten wird in Form sogenannter **"Page Impressions"** erfasst. Den Besuch ganzer Online-Angebote bezeichnet man als **"Visits"**. Beide Kenngrößen geben Auskunft über die Attraktivität von Internet-Auftritten allgemein und über die Attraktivität einzelner Angebote im Besonderen. Schließlich sind in diesem Kontext auch die sogenannten **"Ad Clicks"** zu nennen. Dabei wird gemessen, wenn beispielsweise per Link von einem Werbebanner auf eine andere hinterlegte Homepage weitergeleitet wird. Diese Weiterleitung wird dann als Erfolgsindikator einer Werbeeinblendung interpretiert.

(3) Testverfahren

Im Rahmen der Datengewinnung werden verschiedene Experimente zur Wirkung des Marketing-Mix bzw. einzelner Marketing-Instrumente verwendet. Unter einem **Experiment** versteht man dabei eine Untersuchung, bei der festgestellt wird, wie sich Veränderungen einer oder mehrerer unabhängiger Variablen auf eine oder mehrere abhängige Größen auswirken. So wird zum Beispiel untersucht, wie verschiedene Packungen auf die Produkteinschätzung wirken oder wie unterschiedliche Preise den Abverkauf von Produkten beeinflussen. Prinzipiell kann zwischen sogenannten **Feldexperimenten**, d.h. Untersuchungen in einer natürlichen Marktsituation, oder **Laborexperimenten**, darunter versteht man Datengewinnung in einer künstlichen Umwelt, unterschieden werden.

Im Rahmen des Marketing wird sowohl die Wirkung einzelner Instrumente untersucht, beispielsweise im Rahmen von **Produkttests** (vgl. Abschnitt 1.2) oder **Werbemitteltests**, als auch die Wirkung des Marketing-Mix, hier sind vor allem die **Markt-** und **Storetests** zu nennen.

Unter einem **Markttest** versteht man den probeweisen Verkauf von Erzeugnissen unter kontrollierten Bedingungen in einem begrenzten Markt unter Einsatz ausgewählter absatzpolitischer Instrumente mit dem Ziel, allgemeine Erfahrungen über die Marktgängigkeit eines Produktes und die Wirksamkeit der Marketing-Maßnahmen zu sammeln. Die Ergebnisse des Tests werden auf den Gesamtmarkt hochgerechnet. An die Auswahl des Testmarktes sind verschiedene Anforderungen zu stellen: Wichtig ist, dass der Testmarkt in seiner Bevölkerungs-, Bedarfs-, Handels-, Wettbewerbs- und Medienstruktur dem Gesamtmarkt entspricht. Außerdem muss er über geeignete Marktforschungseinrichtungen verfügen, um die gewünschten Daten gewinnen zu können. Geeignete Testmärkte zu finden, ist nicht ganz einfach. Prinzipiell kommen bestimmte Bundesländer wie das Saarland oder Berlin oder Ballungsräume wie der Mittlere Neckarraum oder das Rhein-Main-Gebiet in Betracht.

Bei der Auswertung der **Testmarktergebnisse** stützt man sich auf eigene Absatzstatistiken und im Allgemeinen auch auf Ergebnisse von Handels- bzw. Haushaltspanels. Die gewonnenen Daten erlauben i.d.R. die Abschätzung der **Erfolgschancen** eines **neuen Produktes** oder einer **neuen Marketing-Konzeption**. Sie geben darüber hinaus auch Aufschluss über Möglichkeiten und Probleme beim Vollzug der Marketing-Aktivitäten (z.B. im Rahmen der Marketing-Logistik). Allerdings verursachen Markttests sehr **hohe Kosten** und eine angesichts des Wettbewerbsdrucks oft nur schwer in Kauf zu nehmende **zeitliche Verzögerung** bei der Produkteinführung. Deshalb versuchen viele Unternehmen, kostengünstigere und schnellere Ersatzlösungen zu realisieren. Ein derartiges Verfahren ist der sogenannte Storetest.

Unter einem **Storetest** versteht man den **probeweisen Verkauf** von Produkten unter kontrollierten Bedingungen in **ausgewählten Einzelhandelsgeschäften**. Insbesondere folgende Fragestellungen können mittels Storetests beantwortet werden:

- Wie sind die Verkaufschancen des Produktes
- Welche Auswirkungen ergeben sich bei der Neuprodukteinführung gegebenenfalls auf die gesamte Produktfamilie
- Welche Packungsgrößen sind empfehlenswert
- Wo liegt der optimale Preis

Darüber hinaus lassen sich auch Aussagen über die Verkaufsauswirkung von Promotionsmaßnahmen und Plazierungen im Handel feststellen.

Storetests werden in der Regel in 10 bis 25 Geschäften durchgeführt. Sie sind jedoch **nicht repräsentativ** und erlauben so nur Tendenzaussagen, vor allem weil die Gewinnung von Handelsgeschäften, die sich am Test beteiligen, schwierig ist und sich vermutlich nur den Fragestellungen der Forscher aufgeschlossene Händler zur Beteiligung entschließen. Außerdem muss in aller Regel auf den Einsatz von Werbung, insbesondere Fernseh- und Rundfunkwerbung, verzichtet werden, so dass ein Testen des gesamten Marketing-Mix in vielen Fällen gar nicht möglich ist. Und schließlich können Konkurrenten die Ergebnisse bewusst durch Störmaßnahmen beeinflussen. Immerhin können jedoch auch Storetests wichtige Aufschlüsse über die Erfolgschancen von Marketing-Maßnahmen geben.

In jüngerer Zeit werden auch sogenannte **elektronische Minitestmärkte** genutzt, wie sie von der *GFK (BEHAVIOR SCAN)* oder von *Nielsen (TELERIM)* angeboten werden. Die Funktionsweise dieser Erhebungsform soll kurz am *Behavior Scan* verdeutlicht werden. Als geographischer Testmarkt fungieren in diesem Fall beispielsweise ca. 3000 Haushalte in der pfälzischen Gemeinde Hasloch. Kaufen die Haushalte in einem am Test beteiligten Einzelhandelsgeschäft ein, werden die Identität des Kunden (mit Hilfe einer Identifikationskarte) und seine Einkäufe von Scannerkassen elektronisch erfasst und die Daten an das Marktforschungsinstitut übermittelt. Neben der Steuerung von Marketing-Maßnahmen in den Geschäften (z.B. Variation der Preise oder bestimmte Plazierungen der Testprodukte) besteht die Möglichkeit einem Teil der Haushalte, der verkabelt ist, spezielle Werbespots in die Werbeblöcke des Fernsehens einzuspielen. Außerdem erhalten die Haushalte auch Zeitschriften und Zeitungen, die ebenfalls mit Sonder-Testanzeigen bestückt werden können. Auf diese Weise ist es möglich, das ganze Spektrum potentieller Marketing-Maßnahmen unter kontrollierten Bedingungen zu testen.

(4) Panel

Panels sind Untersuchungen, die bei einem bestimmten gleichbleibenden Kreis von Untersuchungseinheiten (Personen, Einkaufsstätten) in regelmäßigen zeitlichen Abständen kontinuierlich zum gleichen Erhebungsgegenstand durchgeführt werden. Die Zielsetzung von Panels ist die Erforschung von Markt- und Konsumentwicklungen in Form einer Längsschnittanalyse. Außerdem eignet sich ein Panel auch als Instrument zur Beurteilung der Wirkung absatzpolitischer Maßnahmen. Prinzipiell lassen sich Konsumenten-, Handels- und Spezialpanels unterscheiden:

Die **Konsumentenpanels** beziehen sich auf die Endverbraucher, und zwar sowohl auf Einzelpersonen (= Individualpanel) als auch auf Haushaltungen (= Haushaltspanel). Beim Individualpanel wird das Einkaufsverhalten von Singles erhoben, so dass sich auch eine Vielzahl von soziodemographischen Daten in die Auswertung miteinbeziehenlassen (z.B. Alter, Geschlecht, Beruf etc.) Beim Haushaltspanel geht es um die Erfassung des Konsums der im Haushalt lebenden Personen insgesamt. Hierbei geht es hauptsächlich um den Konsum von Grundnahrungsmitteln, die üblicherweise nicht individualisiert gekauft werden.

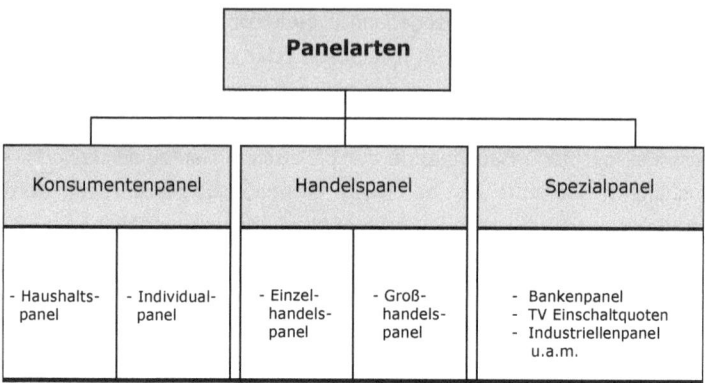

Abb. C.6: Panelarten

Besondere Bedeutung haben in Deutschland die Haushaltspanels im Verbrauchs-güterbereich. Aber es gibt in jüngerer Zeit auch eine Reihe von **Gebrauchs-güterpanels**. Die Erhebung der Daten erfolgt je nach Panel bei ca. 2500-10000 repräsentativ ausgewählten Verbrauchern in Form einer periodischen **schrift-lichen Befragung** oder durch **mobile elektronische Datenerfassungsgeräte**, die den Abruf der Daten per Modem ermöglichen (electronic diary). Gefragt wird beim **Verbraucherpanel** in erster Linie nach den gekauften Produkten, den ge-wählten Marken, den Mengen, dem Einkaufsdatum, der Packungsgröße, dem be-zahlten Preis, der Einkaufsstätte, dem Einkaufsort usw. Auf diese Art und Weise erhalten die Unternehmen Informationen über Marktvolumina, Marktanteile, Durchschnittspreise, Distributionsquoten u.ä., die nach verschiedenen Gesichts-punkten (Käufermerkmale, Gebiete, Marken usw.) differenziert werden können. Darüber hinaus bieten Panelanbieter wie die *GFK in Nürnberg* oder *Nielsen in Frankfurt* noch vielfältige Sonderanalysen z.B. zur Marken- und Einkaufsstätten-treue oder zur Einkaufsintensität und Preisakzeptanz an.

Panels sind allerdings auch mit einer Reihe von **Problemen** behaftet, die bei der Arbeit mit diesem Instrument bedacht werden müssen. Neben den Schwie-rigkeiten, Probanden zu finden und sie zu motivieren, über einen längeren Zeit-raum an einem Panel mitzuwirken, gibt es vor allem folgende Probleme:

- Ein Teil der Probanden kann oder will sich nach einiger Zeit nicht mehr am Pa-nel beteiligen (bedingt durch nachlassendes Interesse, Krankheit, Tod, Umzug u.ä.). Man spricht in diesem Zusammenhang von der sogenannten **natürli-chen Panelsterblichkeit**, die ungünstige Auswirkungen auf die Repräsentanz der Erhebung haben kann.

- Unter dem **Paneleffekt** werden verschiedene Aspekte der Beeinträchtigung des Kauf- und Berichtsverhaltens zusammengefasst. So ändern Probanden aufgrund der ständigen Kontrolle durch das Panel möglicherweise ihr Kaufverhalten, d.h. sie kaufen bewusster und weniger spontan als Nichtpanel-Haushalte und werden damit atypisch für die Grundgesamtheit (**Rationalisierung des Kaufverhaltens**). Außerdem können Panelteilnehmer dazu neigen, aus Prestigegründen bei bestimmten Waren überhöhte Einkäufe anzugeben oder Käufe einzutragen, die gar nicht stattgefunden haben (**Overreporting**). Schließlich sind nach einiger Zeit Ermüdungserscheinungen bei den Probanden zu befürchten, d.h. aus Nachlässigkeit und Vergesslichkeit werden manche Käufe gar nicht mehr oder nur unvollständig eingetragen (**Underreporting**). Um diese unerwünschten Effekte möglichst gering zu halten, ist es angezeigt, die Probanden nach einer gewissen Zeit bewusst auszutauschen (**= künstliche Panelsterblichkeit**)

- Neben Panelsterblichkeit und Paneleffekt gibt es auch noch das Phänomen der **Panelerstarrung**. Darunter versteht man die Veränderung sozio-demographischer Merkmale der Probanden (der Student tritt ins Berufsleben, ein Proband wird arbeitslos, ein Proband heiratet und gründet eine Familie).

Neben den **Konsumentenpanels** sind vor allem die sogenannten **Handelspanels** insbesondere in Form der sogenannten **Einzelhandelspanels** von großer Bedeutung. Die Einzelhandelspanels sind methodisch keine Befragungen, sondern sie erfassen mittels Beobachtung oder Auswertungen von Warenwirtschaftssystemen i.d.R. monatlich die Warenbestände, die Belieferung und den Abverkauf der Waren bei ausgewählten Einzelhandelsgeschäften. Auf diese Weise erlangen die Marktforscher Informationen über Umsätze, Bestände, Distributionsquoten usw. differenziert nach Betriebsformen, Gebieten und Geschäftsgrößen. Das zentrale Problem der Handelspanel besteht darin, dass z.T. wichtige Händler wie Discounter oder das Lebensmittelhandwerk nicht beteiligt sind, was die Repräsentativität der Ergebnisse beeinträchtigt.

Neben den genannten Panelformen gibt es noch eine Reihe von **Spezialpanels.** Besonders hervorzuheben sind in diesem Zusammenhang spezielle **Produkttestpanels** und **Panels zur Mediaforschung** (insbesondere die Messung von Fernseheinschaltquoten, d.h. die haushaltsbezogen berechnete Sehbeteiligung in Prozent mittels Online-Geräten), aber auch Banken- und Führungskräftepanel sind von Bedeutung.

2.2.3.3. Vorgehensweise bei der Primärforschung

Im Rahmen primärforscherischer Erhebungen sind eine Reihe von Aufgaben zu bewältigen, die sich in Form eines mehrere Phasen umfassenden Prozesses darstellen lassen.

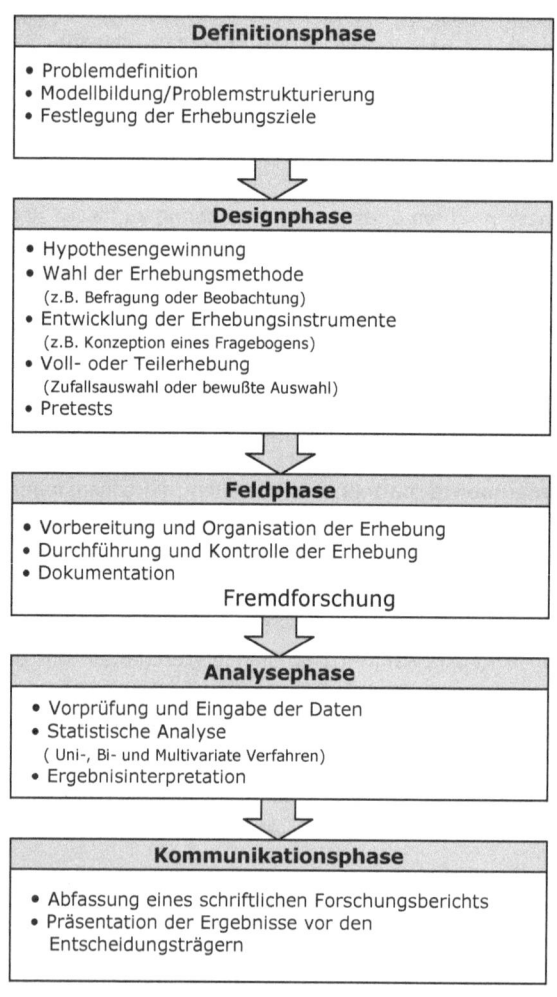

Abb. C.7: Vorgehensweise im Rahmen der Primärforschung
(in Anlehnung an Nieschlag/Dichtl/Hörschgen, 2002, S. 390)

Zu Beginn des Marktforschungsprozesses steht die Phase der **Problemformulie-rung** und **-strukturierung.** Die zentrale Aufgabenstellung dieser sogenannten **Definitionsphase** ist es, das spezifische Forschungsproblem herauszuarbeiten und möglichst konkrete Erhebungsziele zu formulieren.

Im Anschluss an die Definitionsphase erfolgt die Konzeption des sogenannten **Forschungsdesigns.** Hierzu zählen eine Entscheidung über die einzusetzenden Erhebungsinstrumente wie z.b. Befragung oder Beobachtung sowie die konkrete Entwicklung eines ausgewählten **Erhebungsinstrumentes** (z.B. Gestaltung des Fragebogens). Neben organisatorischen, finanziellen und zeitlichen Planungen gilt es, in dieser Phase auch zu entscheiden, ob eine **Vollerhebung** durchgeführt werden oder ob nur eine Stichprobe aus der Grundgesamtheit untersucht werden soll. Entscheidet man sich für eine **Teilerhebung,** stellt sich die Frage, nach der Größe der Stichprobe und dem **Auswahlverfahren** das zur Stichprobenziehung verwendet werden soll. Abbildung C.8 gibt einen Überblick über die gängigen Auswahlverfahren. Gegebenenfalls kann auch eine Probeerhebung, ein soge-nannter **Pretest,** durchgeführt werden. Auf jeden Fall ist aber eine **Grobpla-nung der Datenauswertung** in dieser Phase vorzunehmen.

Ist das Design der Studie festgelegt, kann die eigentliche **Feldarbeit** beginnen. In diesem Abschnitt der Untersuchung kommt es vor allem darauf an, eine rei-bungslose und seriöse Durchführung der Erhebungsarbeit zu gewährleisten.

Liegen die Daten vor, beginnt die sogenannte **Auswertungs- oder Analyse-phase.** Zunächst geht es darum, die Daten auf geeigneten Datenträgern mög-lichst fehlerbereinigt in den Computer zu übertragen. Dann erfolgt die statisti-sche Auswertung.

Im Allgemeinen werden hier vor allem **deskriptive Analysen** (Häufigkeitsaus-zählungen, Kreuztabellierungen, einfache Regressions- und Korrelationsanalysen) durchgeführt (vgl. Abb. C.9). In einigen Fällen sind jedoch auch **Signifikanz-analysen** (Chi-Quadrat-Test, Varianzanalyse) und **multivariate Analysen** (Fak-toren-, Cluster-, Diskriminanzanalysen etc.) erforderlich. Vgl. hierzu die folgende Abbildung C.10, die einen Einblick in typische Fragestellungen gibt, die mit Hilfe multivariater Verfahren beantwortet werden sollen.

Für die Durchführung dieser statistischen Operationen stehen dem Marktforscher eine Reihe von **benutzerfreundlichen Auswertungsprogrammen** wie z.B. *SPSS (Statistical Package for the Social Sciences), SAS (Statistical Analysis System) oder STAT.GRAPHICS* zur Verfügung. Im Anschluss an die statistische Auswertung des Datenmaterials besteht die Aufgabe, die errechneten Ergebnisse zu interpretieren.

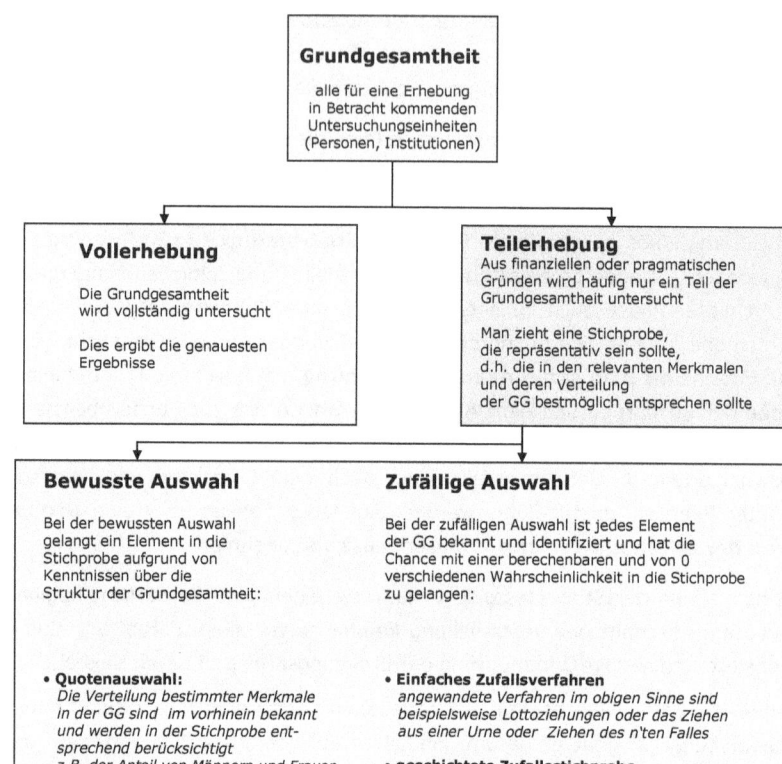

Grundgesamtheit

alle für eine Erhebung
in Betracht kommenden
Untersuchungseinheiten
(Personen, Institutionen)

Vollerhebung

Die Grundgesamtheit
wird vollständig untersucht

Dies ergibt die genauesten
Ergebnisse

Teilerhebung

Aus finanziellen oder pragmatischen
Gründen wird häufig nur ein Teil der
Grundgesamtheit untersucht

Man zieht eine Stichprobe,
die repräsentativ sein sollte,
d.h. die in den relevanten Merkmalen
und deren Verteilung
der GG bestmöglich entsprechen sollte

Bewusste Auswahl

Bei der bewussten Auswahl
gelangt ein Element in die
Stichprobe aufgrund von
Kenntnissen über die
Struktur der Grundgesamtheit:

- **Quotenauswahl:**
  *Die Verteilung bestimmter Merkmale
  in der GG sind im vorhinein bekannt
  und werden in der Stichprobe entsprechend berücksichtigt
  z.B. der Anteil von Männern und Frauen
  in der GG*

- **Konzentrationsverfahren:**

  - **Typische Auswahl**
    *man wählt Elemente aus
    einer homogenen GG,
    die als typisch gelten
    z.B. eine Stadt als Vertreter
    einer Region*

  - **Cut off Verfahren**
    *man wählt die wichtigen
    Elemente einer GG und untersucht
    diese stellvertretend für alle
    z.B. die 10 größten Lebenshändler,
    die zusammen über 80% des
    Branchenumsatzes machen*

Zufällige Auswahl

Bei der zufälligen Auswahl ist jedes Element
der GG bekannt und identifiziert und hat die
Chance mit einer berechenbaren und von 0
verschiedenen Wahrscheinlichkeit in die Stichprobe
zu gelangen:

- **Einfaches Zufallsverfahren**
  *angewandte Verfahren im obigen Sinne sind
  beispielsweise Lottoziehungen oder das Ziehen
  aus einer Urne oder Ziehen des n'ten Falles*

- **geschichtete Zufallsstichprobe**
  *Elemente der GG werden so in Gruppen eingeteilt,
  dass jedes Element der GG zu nur einer Schicht
  gehört, danach wird eine einfache Zufallsauswahl
  aus jeder Schicht gezogen z.B. Handel wird in
  Betriebsformen = Schichten aufgeteilt (Supermärkte,
  Discounter etc) aus denen dann gezogen wird*

- **Klumpenverfahren**
  *Die Auswahlregeln werden nicht auf die GG, sondern
  auf zusammengefasste Elemente (Klumpen), an-
  gewendet, wobei jeweils Daten aller Elemente eines
  Klumpen erhoben werden. Klumpen sind z.B.
  Schulkassen*

Abb. C.8: Auswahlverfahren bei der Stichprobenziehung

<table>
<tr><td valign="top">

Univariate Verfahren: Analyse einer einzigen Variablen

- Zählen der einzelnen Merkmalsausprägungen: **Häufigkeitsverteilung**
- Bestimmung der Mittelwerte und Schwerpunkte der aufgetretenen Merkmalsausprägungen: **Lageparameter: Median, Modus, arith. Mittel**
- Verteilung der Merkmalsausprägungen um den arith. Mittelwert **Streumaße: Varianz, Standardabweichung, Spannweite**
- Auskunft über Gestalt und Symmetrie der Verteilung **Formmaße: Schiefemaße, Wölbungsmaße**
- Verteilung der Merkmalsausprägungen auf die Merkmalsträger: **Konzentrationsmaße: absolut, relativ** (z.B. Lorenzkurve)

</td><td valign="top">

13 Schüler werden zu ihrer Note im Fach Englisch befragt. Dabei werden folgende Ergebnisse ermittelt: 3,4,1,2,2, 5,3,2,3, 4,4,1,5

Merkmalsausprägung	Strichliste	absolute	relative	kumulierte
			Häufigkeiten	
1	II	2	15,4%	15,4
2	III	3	23 %	38,4
3	III	3	23 %	61,4
4	III	3	23 %	84,4
5	II	2	15,4%	99,8
		13	99,8	

</td></tr>
</table>

Häufigkeitstabelle ↑

Kreuztabelle ↓

Bivariate Verfahren: Analyse von zwei Variablen

- Beziehung zwischen Merkmalsausprägung und einer Variablen: **Kreuztabelle**
- Untersuchung des Zusammenhangs zwischen zwei Variablen: **Korrelationsanalysen**

Rauchverhalten \ Geschlecht	Raucher	Nichtraucher	Zeilensumme
männlich	90	165	255 / 55%
weiblich	110	135	245 / 45%
Spaltensumme	200 / 40%	300 / 60%	500 / 100%

Abb. C.9: Univariate und bivariate Auswertungsverfahren

Den Abschluss jeder Studie stellt die **Präsentation der Resultate** der Untersuchung dar. Diese Phase ist außerordentlich wichtig. Nur wenn es gelingt, die Informationen den Entscheidungsträgern zugänglich zu machen und adressatengerecht zu vermitteln, vermag die Marktforschung die Entscheidungen im Marketing zu verbessern. Im Allgemeinen erfolgt die Dokumentation der Marktforschungsergebnisse in Form eines **schriftlichen Forschungsberichtes** und einer **mündlichen Präsentation** vor den verantwortlichen bzw. betroffenen Marketing-Managern.

Bezeichnung/Ansatz	Skalenniveau		Beispiel
	abhängige Variable	unabhängige Variable	
Dependenzanalysen:			
Regressionsanalysen: Bestimmung eines abhängigen Wertes von einer oder mehren unabhängigen Variablen.	metrisch	metrisch	Wie verändert sich der Umsatz wenn das Werbebudget verdoppelt wird.
Varianzanalyse: Bestimmung eines abhängigen Wertes von einer oder mehren unabhängigen Variablen.	metrisch	nicht metrisch	Welches Design für ein neues Fahrzeugmodell bewirkt eine höhere Absatzzahl
Diskriminanzanalyse: Zielsetzung ist es Gruppen von Objekten zu bilden und durch unabhängige Variablen bestmöglich zu trennen.	nicht metrisch	metrisch	In welcher Hinsicht unterscheiden sich Raucher von Nichtrauchern
Interdependenzanalysen:			
Faktorenanalyse: Verdichtung großer Variablenmengen auf eine kleine Zahl dahinter stehender, voneinander unabhängiger Variablen.		metrisch	Läßt sich die Vielzahl der Eigenschaften, die Käufer von Autos als wichtig einstufen auf wenige Faktoren reduzieren.
Clusteranalyse: Bildung von Gruppen oder Klassen entsprechend der Ähnlichkeit der einzelnen Objekte (Produkte, Personen.		metrisch/ nicht metrisch	Gibt es bei Zeitschriften verschiedene Lesertypen
Multidimensionale Skalierung: Zielsetzung ist es Objekte in einem zwei- oder dreidimensionalen Raum so zu positionieren, daß die geometrische Nähe, die wahrgenommene Ähnlichkeit der Objekte wiedergibt.		metrisch/ nicht metrisch	Welche Waschmittel sind sich nach Käufermeinung ähnlich oder unähnlich
Conjoint Measurement: Zielsetzung dieser psychometrischer Verfahren ist es die Nutzen-Vorstellungen von Testpersonen zu ermitteln	nicht metrisch	nicht metrisch	Welche Kombination von Ausstattungselementen bevorzugen Käufer beim Autokauf

Abb. C.10: Multivariate Auswertungsverfahren

2.2.4. Sekundärforschung

2.2.4.1. Charakteristika

Unter **Sekundärforschung** oder **Desk-Research** versteht man die Gewinnung von für die Lösung eines Problems relevanten Informationen durch die Beschaffung und Analyse bereits vorhandener, zu anderen oder ähnlichen Zwecken erhobener Daten. Dabei können die Informationen selbst oder von anderen gewonnen, analysiert und aufbereitet worden sein.

Die wesentlichen **Vorzüge** der Sekundärforschung bestehen darin, dass die Informationsbeschaffung kostengünstig, wenig zeitintensiv und methodisch einfach ist. Außerdem sind bestimmte Fakten (beispielsweise volkswirtschaftliche Daten) praktisch nur mit Hilfe der Sekundärforschung zu erlangen. Aus diesen Gründen sollte bei jeder Informationsbeschaffung zunächst einmal versucht werden, den Informationsbedarf mit Hilfe sekundärstatistischer Vorgehensweisen zu decken.

Um ein möglichst hohes Maß an Qualität und Effektivität bei der Datengewinnung zu erreichen, sollten einige Grundregeln beachtet werden:

- Vor Beginn der Informationsgewinnung müssen die Aufgabenstellung und der daraus abgeleitete Informationsbedarf klar definiert und mögliche Informationsquellen festgestellt werden.

- Außerdem ist es wichtig, finanzielle, zeitliche und personelle Fragen, die im Zusammenhang mit der Recherche stehen, vorab zu klären.

- Schließlich empfiehlt es sich, die Ergebnisse im Rahmen eines Forschungsberichts zu dokumentieren, zum einen um eine zweckmäßige Grundlage für die anstehende Entscheidung zu haben, zum anderen um zu beurteilen, ob bzw. inwieweit der ursprünglich definierte Informationsbedarf gedeckt worden ist. Erst wenn man in diesem Zusammenhang zu dem Ergebnis gelangt, dass das vorliegende sekundärstatistische Informationsmaterial nicht ausreicht, sollte man primärforscherisch tätig werden.

Trotz der Vorzüge der Sekundärforschung sollte man sich aber auch über deren **Grenzen** im Klaren sein, die im Wesentlichen in folgenden Bereichen zu suchen sind:

- Die Daten weisen bezogen auf den eigenen Informationsbedarf einen nicht ausreichenden Sachzusammenhang auf und/oder sind zu wenig detailliert.

- Die Informationen sind nicht aktuell genug.

- Die Qualität des Informationsmaterials ist in vielen Fällen nur schwer zu beurteilen. Man hat vielfach keinen Einblick in die Art und Weise der Datengewinnung und/oder hat Zweifel an der Objektivität der Fakten.

- Schließlich kann es insbesondere bei statistischen Daten vorkommen, dass die Vergleichbarkeit der Informationen nicht gegeben ist, weil unterschiedliche definitorische Abgrenzungen einzelner Größen vorliegen oder verschiedene Erhebungs- oder Auswertungsverfahren verwendet wurden.

2.2.4.2. Quellen der Sekundärforschung

Dem Marktforscher stehen heute eine außerordentlich große Zahl von Datenquellen zur Verfügung. Im Allgemeinen wird zwischen **internen und externen Quellen** der Sekundärforschung unterschieden.

Die wichtigsten Quellen im Unternehmen sind

- das Rechnungswesen
- die Statistik
- die Dateien über Kunden, Absatzmittler, Wettbewerber
- die Berichte des Außendienstes (entspricht Übergang zur Primärforschung)
- das Archiv

u.a.

Die wichtigsten externe Quellen sind:

- amtliche Statistiken des Bundes, der Länder und Gemeinden
- Informationen von Ministerien, Behörden, Telekom, Bundesanstalt für Arbeit etc.
- Informationen von Wirtschaftverbänden
- Veröffentlichungen der wirtschaftswissenschaftlichen Institute
- fachliche und allgemeine Veröffentlichungen in Büchern, Zeitschriften, Zeitungen, CD-Roms, Videos usw.
- Informationen von Banken, Spediteuren, Auskunfteien, Werbeträgern usw.
- Informationen von internationalen Organisationen
- (externe) Datenbanken
- Internet-Recherchen

u.a.m.

Das Angebot an Informationen in diesen Quellen ist ungeheuer umfangreich. Die Schwierigkeit besteht vor allem darin, das gewünschte Datenmaterial rasch aufzufinden. Behilflich sind dabei erfahrene Marktforscher, Wissenschaftler und so genannte **Informationsbroker**, die es sich zur Aufgabe gemacht haben, gegen eine entsprechende Gebühr Recherchen für Kunden durchzuführen.

2.2.5. Marketing-Prognosen

2.2.5.1. Grundfragen der Marketing-Prognose

Die Marketing-Forschung richtet sich nicht ausschließlich auf die Erfassung von Tatbeständen in der Gegenwart, sondern sie hat auch die Aufgabe, Voraussagen über marktrelevante Ereignisse der Zukunft zu machen. Dabei bedient sie sich der Marketing-Prognose. Unter einer **Prognose** versteht man in diesem Kontext eine **Vorhersage** der Zukunft auf der Basis von Ursache- und Wirkungszusammenhängen. Angesichts des raschen Wandels auf den Märkten kommt der Prognose eine wachsende Bedeutung zu. Nur wer die Zukunft antizipieren kann, ist in der Lage, auf den Märkten erfolgreich zu agieren. Das Dilemma des Marketing-Managers besteht jedoch darin, dass die in den letzten Jahrzehnten enorme **Dynamisierung** und **Komplexitätssteigerung** auf den Märkten, im Umfeld, aber auch im Unternehmen selbst Prognosen immer schwieriger zu erstellen sind. Dennoch ist eine systematische Auseinandersetzung mit der Unternehmenszukunft für das moderne Marketing unerlässlich. Im Folgenden werden deshalb die wichtigsten Prognoseformen vorgestellt.

2.2.5.2. Formen von Marketing-Prognosen

Im Rahmen des Marketing unterscheidet man zwischen so genannten Entwicklungsprognosen und Wirkungsprognosen. Bei **Entwicklungsprognosen** werden Daten aus der Vergangenheit in die Zukunft fortgeschrieben, die das Unternehmen im Allgemeinen nicht direkt beeinflussen kann (z.B. Bevölkerungsentwicklungen, Wachstum von Märkten, Konjunkturzyklen). Demgegenüber zielen **Wirkungsprognosen** darauf ab, das Resultat des Einsatzes von Marketing-Instrumenten vorherzusagen (z.B. Werbemittelerfolgsprognosen). Beide Prognoseformen können im Hinblick auf den Bezugszeitraum als **Kurz-, Mittel- oder Langfristprognosen** ausgelegt werden, wobei mit zunehmendem Prognosezeitraum der Informationsbedarf wächst, die Vorhersagegenauigkeit aber abnimmt.

Eine wichtige Unterscheidung findet im Hinblick auf die verwendete Methodik statt. Man unterscheidet zwischen so genannten quantitativen und qualitativen Prognoseverfahren. **Quantitative Prognoseverfahren** basieren auf einer **statistisch-mathematischen Vorgehensweise**, wohingegen **qualitative** oder **intuitive Prognoseverfahren** die Erfahrungen und das Fingerspitzengefühl der Marketing-Planer widerspiegeln.

Qualitative Prognosen werden in jüngerer Zeit zunehmend auch als Projektionen bezeichnet. Neben Befragungen potentieller zukünftiger Kunden und/oder Experten wird mit **kreativen Techniken** wie **Brainstorming, Synektik** oder **Morphologie** gearbeitet. Besondere Bedeutung haben in diesem Zusammenhang vor allem die **Delphi-Befragung** und die **Szenario-Technik** erlangt (vgl. hierzu Abschnitt 2.3.2. dieses Buches).

Im Rahmen der quantitativen Prognoseverfahren spielen im Zusammenhang mit den Entwicklungsprognosen vor allem die so genannte **Trendprognose** und die **Indikatorprognose** eine ausschlaggebende Rolle.

Bei Trendprognosen wird davon ausgegangen, dass Entwicklungen der Vergangenheit auch in der Zukunft Gültigkeit haben. Deshalb werden die Entwicklungstendenzen der Vergangenheit in die Zukunft fortgeschrieben, wobei mindestens soweit in die Vergangenheit zurückgegangen werden muss (Stützzeitraum), wie in die Zukunft prognostiziert werden soll. Die Entwicklung der Vergangenheit muss dabei nicht zwingend einem linearen Trend entsprechen, sondern es können auch logistische oder exponentielle Trends berücksichtigt werden (vgl. Abb. C.11).

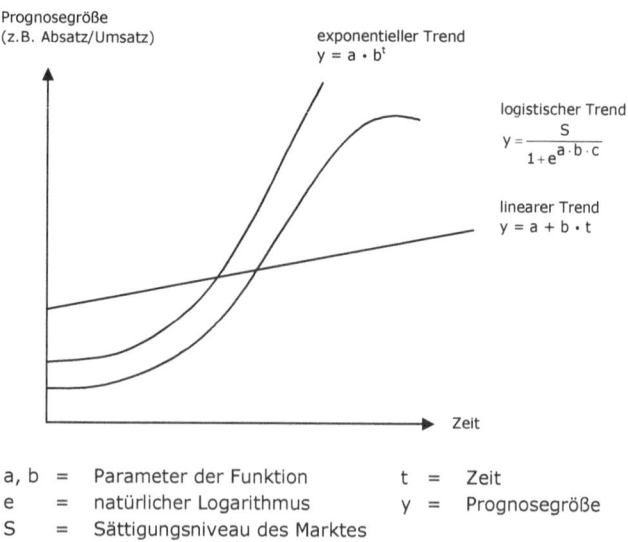

a, b = Parameter der Funktion	t = Zeit
e = natürlicher Logarithmus	y = Prognosegröße
S = Sättigungsniveau des Marktes	

Abb. C.11: Grundformen der Trendprognose
(in Anlehnung an Meffert, Burmann, Kirchgeorg 2008, S. 178 f.)

Außerdem ist es möglich, die Perioden der Vergangenheit unterschiedlich zu gewichten. So kann es beispielsweise sinnvoll sein, die Entwicklung der letzten Jahre stärker zu gewichten als jene der weiter zurückliegenden Perioden. Methodisch ist die Trendextrapolation entweder in Form der so genannten Freihandmethode graphisch darzustellen oder mit Hilfe mathematischer Funktionen (vgl. Abb. C.11) zu errechnen. Der **Vorteil** von **Trendprognosen** besteht vor allem darin, dass sie methodisch relativ leicht zu bewerkstelligen sind. Zentraler **Nachteil** der Trendprognosen ist allerdings die Prämisse, dass die Entwicklungen der Vergangenheit sich so auch in Zukunft fortsetzen. Dies ist heutzutage in vielen Fällen aufgrund des raschen, diskontinuierlichen Wandels jedoch nicht mehr gegeben. Aus diesem Grunde sind Trendextrapolationen vor allem für Langfristprognosen nur sehr bedingt einsetzbar.

Neben Trendprognosen spielen im Rahmen der Entwicklungsprognosen vor allem **Indikatorprognosen** eine große Rolle. Indikatorprognosen beziehen sich auch auf Vergangenheitswerte, die in die Zukunft projiziert werden. Allerdings ist die Grundlage der Prognose nicht die Vergangenheitsentwicklung der Prognosegröße, sondern die Entwicklung eines so genannten Indikators. So kann beispielsweise die Zahl der neu zugelassenen PKW's ein Indikator für die Prognose des Reifenabsatzes darstellen. Für die Prognose des Absatzes von Fertiggaragen kann beispielsweise die Zahl der Baugenehmigungen als Indikator herangezogen werden. Voraussetzung für die Qualität der Indikatorprognose ist, dass eine **enge Beziehung** zwischen dem Indikator und der zu prognostizierenden Größe besteht. Für die Praxis ist die Indikatorprognose im Allgemeinen gut geeignet, Marktveränderungen zu antizipieren. Allerdings muss bedacht werden, dass die Qualität der Aussagen in hohem Maße davon abhängt, wie gut der Indikator prognostiziert werden kann und wie eng die Beziehung zwischen Indikator und Prognosegröße ausfällt.

Neben den Entwicklungsprognosen spielen im Marketing auch die **Wirkungsprognosen** eine große Rolle. Hier geht es vor allem darum, die **Wirkung** der eigenen **marketingpolitischen Aktivitäten** zu prognostizieren. Von besonderer Bedeutung sind in diesem Zusammenhang alle Testverfahren, die sich auf die Wirkung einzelner absatzpolitischer Instrumente beziehen wie beispielsweise Produkttests, Werbemittel- oder Preistests, aber auch ganzheitliche Verfahren, die Aufschluss über die Wirkung des Marketing-Mix geben sollen. Hierzu zählen insbesondere Store- und Markttests, aber auch die so genannten Minitestmärkte sowie last but not least die Ergebnisse von Panels (vgl. hierzu auch Abschnitt 2.2.3.3).

2.3. Strategische Analyse

2.3.1. Das Analyse-System

Im Rahmen der Situationsanalyse werden eine Vielzahl von Informationen gewonnen, die systematisiert und bewertet werden müssen, damit auf ihrer Grundlage sachlich vernünftige Entscheidungen getroffen werden können. Als strategische Analyseinstrumente können zwei Typen von Instrumenten unterschieden werden. Dabei handelt es sich zum einen um die so genannten **bereichsspezifischen Analysetechniken**. Sie knüpfen an den oben systematisierten Gegenstandsbereichen der Situationsanalyse an. Dazu zählen die Potential- und Ressourcenanalyse, die Konkurrentenanalyse, die Marktanalyse und die Umfeldanalyse.

Diese Analyseverfahren dienen in erster Linie zur Erfassung der relevanten Fakten. Im Rahmen der **integrativen Analysen** werden die gewonnenen Informationen verdichtet und in ihrer Komplexität so weit reduziert, dass sie für die Entscheidungsträger überschaubar und verarbeitbar werden. Im Einzelnen zählen zu diesen integrativen Techniken die Stärken-Schwächen-Analyse, die Chancen-Risiken-Analyse und die Portfolio-Analyse. Im Folgenden sollen die einzelnen Analysen kurz dargestellt werden (vgl. zum Analysesystem auch Abb. C.12).

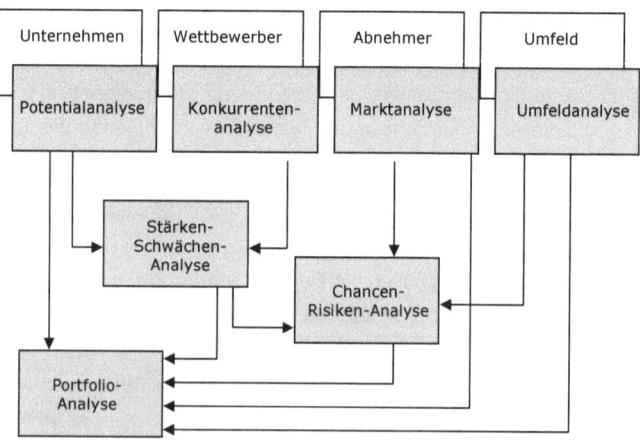

Abb. C.12: System der strategischen Situationsanalyse
Quelle: Nieschlag/Dichtl/Hörschgen, 2002, S. 103

(1) Potentialanalyse

Die Funktion der **Potentialanalyse** ist die Erfassung und kritische Überprüfung der Unternehmenspotentiale. Zielsetzung dieser Vorgehensweise ist es, das Fähigkeitspotential eines Unternehmens im Hinblick auf anstehende strategische Entscheidungen zu analysieren. Im Prinzip kommt es dabei darauf an, möglichst alle relevanten Fähigkeiten/Potentiale zunächst einmal weitgehend unabhängig von externen Einflüssen (z.B. Kunden, Wettbewerbern) eines Unternehmens zu erfassen. Deshalb bietet es sich an, die einzelnen Funktionsbereiche (Unternehmensführung, Beschaffung, Produktion, Absatz, Personal, Finanzen etc.) eines Unternehmens beispielsweise mit Hilfe von Checklisten systematisch zu untersuchen und die Ergebnisse zu dokumentieren. Besonders wichtige Dimensionen der Potentialanalyse sind das **Leistungsprogramm**, die **Kapital- und Finanzausstattung**, die **Vertriebsorganisation**, die **Innovationsstärke**, die **Qualifikation** der **Mitarbeiter** und des **Managements** sowie die **Unternehmenskultur**.

(2) Konkurrentenanalyse

Die Aufgabe der Konkurrentenanalyse ist die möglichst umfassende Sammlung und Bewertung von Informationen über die wichtigsten Konkurrenten eines Unternehmens.

Dazu gehören vor allem Daten über **Größe** (Umsatz/Absatz/Mitarbeiter), **Marktanteil, Marketing-Konzept, Machtverhältnisse, Kooperationen** der Konkurrenten. Letztlich ist es das Ziel der Analyse, die Stärken und Schwächen der Wettbewerber zu erfassen.

Bevor eine Konkurrentenanalyse durchgeführt werden kann, gilt es, die relevanten Konkurrenten zu identifizieren. Dies ist heute vielfach schwieriger, als man annimmt. Zunächst ist die **direkte Konkurrenz** zu bestimmen. Dabei handelt es sich um die Anbieter, die sich mit mehr oder minder vergleichbaren Produkten/Leistungen um die gleichen Kunden bemühen (z.B. C-Klasse von Mercedes und 3-er Reihe von BMW im Automobilbereich).

Allerdings empfiehlt es sich, vor allem im Rahmen längerfristiger Überlegungen auch **indirekte** und **potentielle Wettbewerber** mit in die Analyse einzubeziehen. Unter **indirekten Wettbewerbern** sind dabei solche zu betrachten, die Substitutionsprodukte bzw. Problemlösungsalternativen anbieten. So ist es für einen Hersteller von Alpin-Skiern zweifellos von Bedeutung, wie sich der Absatz von Snowboards entwickelt, oder einer Brauerei kann es nicht gleichgültig sein, wenn die örtliche Winzergenossenschaft einen leichten Landwein auf den Markt bringt. Als **potentielle Wettbewerber** sind Konkurrenten einzuschätzen, die bislang noch nicht mit entsprechenden Produkten im gleichen Marktsegment in Erscheinung getreten sind, die aber aufgrund ihres technischen bzw. marktlichen Know hows als Konkurrenten auftreten könnten. Beispielsweise könnten Unternehmen aus der Computerbranche im Spielwarenbereich aktiv werden, oder Zigarettenhersteller engagieren sich im Tourismusgeschäft.

Vor allem unter strategischen Aspekten ist es wichtig, dass die den Wettbewerb bestimmenden Faktoren insgesamt einer genauen und kontinuierlichen Analyse unterzogen werden. Abb. C.13 gibt einen Überblick über die wichtigsten Determinanten des Wettbewerbs einer Branche.

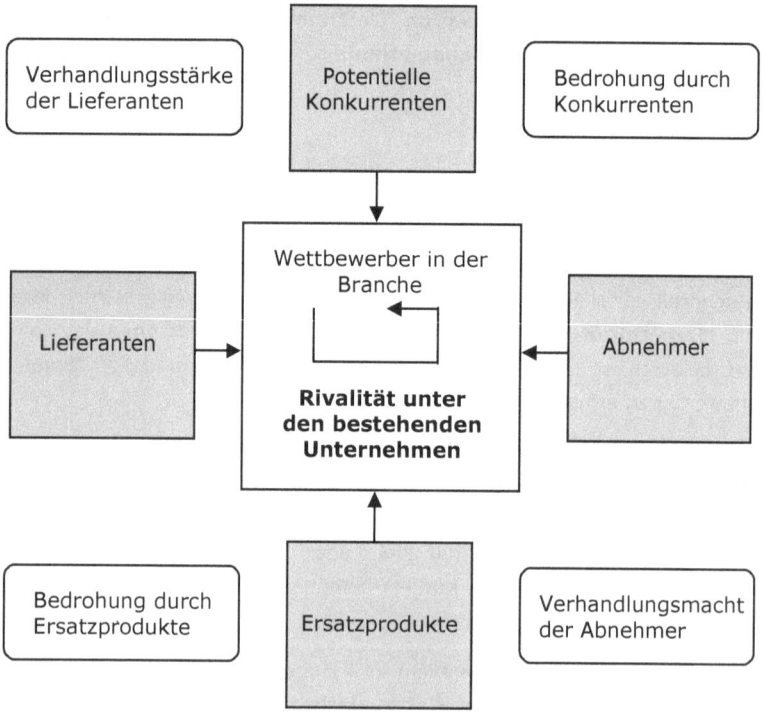

Abb. C.13: Bestimmungsgrößen des Branchenwettbewerbs
(in Anlehnung an Porter, 1990, S. 26)

(3) Marktanalyse

Gegenstand der Marktanalyse sind die **aktuellen und potentiellen Marktpartner** der Unternehmung. Dazu zählen in erster Linie die **Endabnehmer** bzw. **Verbraucher**, die Absatzmittler, insbesondere der **Handel**, aber auch die **Lieferanten**. Zielsetzung ist es, Informationen über **Struktur** (Zahl und soziodemographische Dimensionen), **Verhaltensdispostionen** (Motive, Einstellungen etc.) und **tatsächliches Verhalten** (Kaufgewohnheiten, Mediennutzung etc.) der Marktpartner zu erfassen. Von ganz besonderer Bedeutung ist dabei nicht nur das Ermitteln der **aktuellen Situation,** sondern das Augenmerk richtet sich zunehmend auch auf die **zukünftigen Entwicklungen.** Abb. C.14 gibt typische Checkpunkte einer Marktanalyse wieder.

Checkpunkte einer Marktanalyse			
Checkpunkte	Beurteilung	Checkpunkte	Beurteilung
Quantitative Analyse		**Qualitative Analyse**	
• Marktpotential • Marktvolumen • Marktwachstum • Sättigungsgrad • Zahl der potentiellen Kunden • Kaufkraft der pot. Kunden • soziodemographische Kundenstruktur und deren Veränderung • Stabilität des Bedarfs • Art, Struktur und Zahl der Absatzmittler • regionale Verteilung der Absatzmittler • usw.		• Bedürfnisstruktur der Kunden • Kaufmotive • Informationsverhalten • Involvement der Kunden • Einstellungen • Lebensstile • Verhaltenstrends • Mediennutzung • Markentreue • Einkaufsstättentreue • usw.	

Abb. C.14: Typische Checkpunkte einer Marktanalyse

(4) Umfeldanalyse

Wichtige Impulse vor allem für die strategische Ausgestaltung des Marketing und für das frühzeitige Erkennen von Chancen und Risiken gibt die **Umfeldanalyse**. Sie hat die Aufgabe, die Veränderungen im Makro-System zu erfassen und zu analysieren. Besonders wichtig ist dabei das frühzeitige Erkennen so genannter **schwacher Signale** (weak signals) sich entwickelnder potentieller **Trends**, die gravierende Auswirkungen auf die Marktentwicklungen der Zukunft haben können. Angesichts der Vielzahl von **sozio-kulturellen, technologischen, ökonomischen, politisch-rechtlichen** und **sonstigen Faktoren** ist eine permanente Totalerhebung der verschiedenen Einflußfaktoren praktisch unmöglich. Daher empfiehlt es sich, die Umfeldanalyse fallweise auf eine überschaubare Zahl von für das Unternehmen wichtigen Deskriptoren einzugrenzen.

Die Vielzahl der Informationen macht es erforderlich, die aus den bereichsspezifischen Analysen gewonnenen Informationen mit Hilfe sogenannter **integrativer** Instrumente zu verdichten. Besondere Bedeutung haben in diesem Zusammenhang die Stärken-Schwächen-Analyse, die Chancen-Risiken-Analyse und die Portfolio-Analyse.

(5) Stärken-Schwächen-Analyse

Die Aufgabe der Stärken-Schwächen-Analyse besteht vor allem darin, den Handlungsspielraum des Unternehmens gegenüber seinen wichtigsten Konkurrenten festzustellen. Die Stärken zeigen dabei die Fähigkeit des Unternehmens, die Marktchancen zu nutzen bzw. Marktrisiken zu bewältigen, wohingegen die aufgezeigten Schwächen die Nachteile des Unternehmens im Rahmen der wettbewerblichen Auseinandersetzung offenlegen. Letztere lösen gegebenenfalls auch Impulse zur Verbesserung der eigenen Potentiale aus. Abbildung C.15 zeigt das Ergebnis einer Stärken-Schwächen-Analyse visualisiert mit Hilfe eines **Multi-Item-Profils**.

Dieser Analysebereich hat sich in jüngster Zeit in Form des **Benchmarking** verselbständigt. So analysieren etliche deutsche Unternehmen beispielsweise ihre asiatischen und/oder US-amerikanischen Konkurrenten, um festzustellen worauf deren z.T. erhebliche Wettbewerbsvorteile zurückzuführen sind. Dabei gilt das Augenmerk nicht alleine auf den erbrachten Konkurrenzleistungen, sondern auch den Arbeitsabläufen, die zu den Leistungen führen bzw. geführt haben.

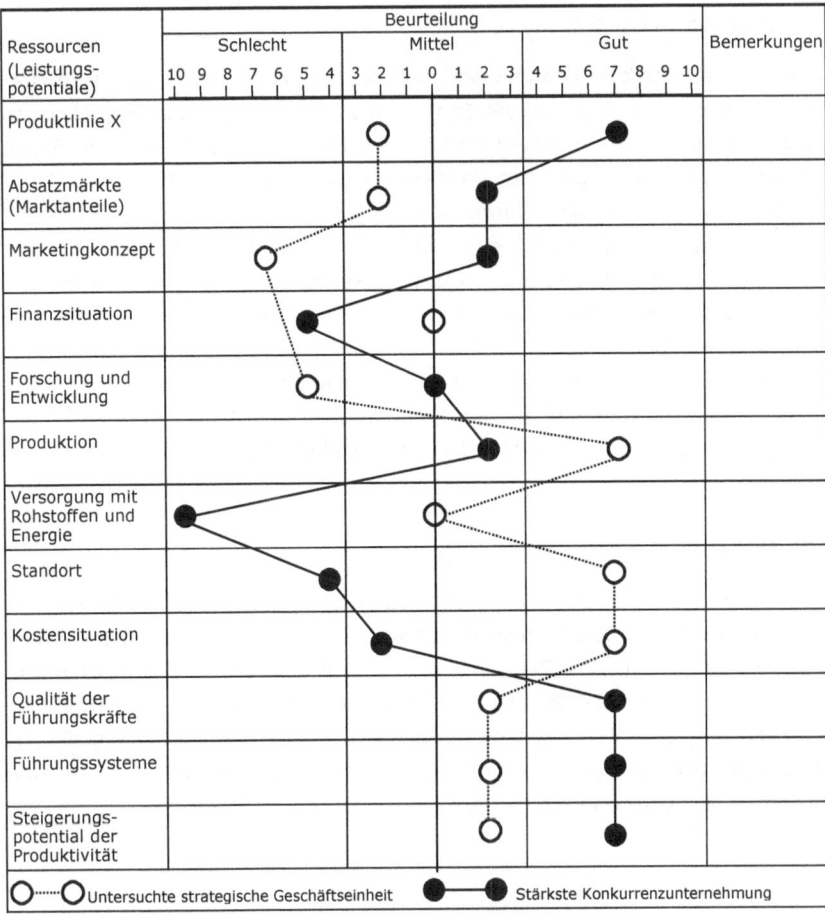

Ressourcen (Leistungs-potentiale)	Beurteilung				Bemerkungen
	Schlecht	Mittel	Gut		
	10 9 8 7 6 5 4	3 2 1 0 1 2 3	4 5 6 7 8 9 10		

Abb. C.15: Stärken-Schwächen-Profil
(Quelle: Meffert, Burmann, Kirchgeorg, 2008, S. 235)

103

(6) Chancen-Risiken-Analyse

Die **Chancen-Risiken-Analyse** verknüpft die Ergebnisse der **Markt- und Umfeldanalyse**. Die Aufgabe dieses Instrumentes ist es, diejenigen Entwicklungen zu erkennen, die für das Unternehmen Zukunftschancen darstellen, z.B. Bedarf für neue Produkte, ungenutzte Vertriebsmöglichkeiten, neue Märkte etc., und solche, die als potentielle Gefahren aufzufassen sind, beispielsweise preiswerte Substitutionsprodukte, neue Wettbewerber, Preisverfall etc. Dabei geht man davon aus, dass ein Anbieter im Vergleich zu seinen Konkurrenten dann in einer besonders günstigen Lage ist, wenn seine Stärken und besonders günstige Umfeld- und Marktbedingungen zusammentreffen. Im umgekehrten Fall, wenn Veränderungen mit einer Schwäche des Unternehmens zusammenfallen, kommt dem frühzeitigen Wahrnehmen der damit verbundenen Risiken eine große Bedeutung zu, um geeignete Gegenmaßnahmen einleiten zu können.

(7) SWOT-Analyse

Das Zusammenführen der Stärken-Schwächen-Analyse und der Chancen-Risiken Analyse wird als SWOT-Analyse (Strength-Weakness-Opportunities-Treaths-Analyse) bezeichnet. Das Ziel der SWOT-Analyse besteht darin herauszufinden, inwieweit das Unternehmen bzw. die Strategie des Unternehmens mit ihren spezifischen Stärken und Schwächen geeignet ist, die Herausforderungen, die aus dem Markt und dem Umfeld erwachsen, zu bewältigen. Die SWOT-Analyse wird in Form einer Matrix dargestellt, die die folgende Form aufweist.

Externe Analyse	Interne Analyse: **Stärken**	Interne Analyse: **Schwächen**
Chancen	Strategische Zielsetzung **Verfolgen von Chancen, die zu den Stärken passen**	Strategische Zielsetzung **Eliminieren von Schwächen**
Risiken	Strategische Zielsetzung **Nutzen der Stärken zur Abwehr von Risiken**	Strategische Zielsetzung **Verteidigungsstrategien zur Abwehr von Bedrohungen schaffen**

Abb. C.16: SWOT-Analyse

Die SWOT-Analyse generiert keine konkreten Strategien, aber sie ist ein wichtiges Instrument, um die komplexe strategische Lage eines Unternehmens ganzheitlich darzustellen. Dabei können eine ungeheure Menge an Daten, die mit Hilfe unterschiedlicher Verfahren und Methoden gewonnen worden sind, in der Matrix anschaulich visualisiert werden. Außerdem ermöglicht das Konzept die Identifikation von strategischen Schlüsselfaktoren, die zur Ableitung von schlüssigen Zielen und Strategien beitragen helfen. (vgl. Meffert, Burmann, Kirchgeorg, 2008, 237)

(8) Portfolio-Analyse

Besondere Verbreitung im Rahmen der strategischen Analyse hat die **Portfolio-Analyse** erfahren. Hierbei handelt es sich um ein Instrument, bei dem Informationen aus den Bereichen Unternehmung, Abnehmer, Wettbewerber und Umfeld verarbeitet und verdichtet und in einer so genannten **Portfolio-Matrix** visualisiert werden. Zielsetzung ist es, die strategische Ausgangslage der **strategischen Geschäftseinheiten** (SGE) zu bestimmen, um daraus Ansatzpunkte für Marketing-Strategien zu generieren.

Zur Bestimmung der strategischen Ausgangslage dieser SGE werden in der Regel die zwei Dimensionen **Marktattraktivität** und **Wettbewerbsvorteil** herangezogen. Je nachdem, welches der verschiedenen Portfolio-Konzepte Verwendung findet, werden die Beurteilungsdimensionen ausgestaltet.

Im klassischen Portfolio der *Boston Consulting Group* wird die Marktattraktivität auf das Marktwachstum und die Wettbewerbsstärke auf den relativen Marktanteil (Marktanteil des eigenen Unternehmens in Relation zum Marktanteil des wichtigsten Wettbewerbers) reduziert. Die SGE werden dann in einer **Vier-Felder-Matrix** visualisiert, wobei ihre Bedeutung (gemessen z.B. am Umsatz oder Absatz) mit Hilfe unterschiedlich großer Kreise symbolisiert wird.

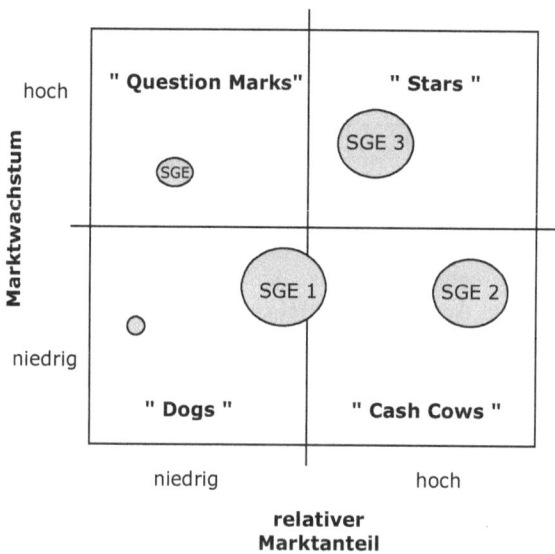

Abb. C.17: Portfolio der Boston Consulting Group

Die Vier-Felder-Matrix - auch *Boston-Matrix* genannt – unterscheidet vier Typen von SGE:

- Nachwuchsprodukte oder **Question Marks** sind Produkt-Markt-Kombinationen, die in wachsenden/attraktiven Märkten über eine noch unbedeutende Marktstellung verfügen. Sie erzeugen nur einen geringen Cash flow, erfordern jedoch einen großen Mittelbedarf, wenn sie am Marktwachstum partizipieren wollen und wenn sie darüber hinaus ihren Marktanteil verbessern wollen. Question Marks sind die zukünftigen Cash-Erzeuger eines Unternehmens, wenn es gelingt, mit ihnen eine führende Marktstellung zu erobern. Dies wird nicht immer und für alle Nachwuchsprodukte möglich sein; deshalb gilt es, zwischen offensiver Wachstumsstrategie und Rückzug abzuwägen.

- **Stars** sind Produkt-Markt-Kombinationen, die in wachsenden Märkten über eine dominante Marktposition verfügen. Sie generieren zwar in nicht unerheblichem Maße Cash, sie benötigen aber zur weiteren Expansion sehr hohe Mittel, so dass in sie weiter investiert werden muss.

- **Cash Cows** sind SGE, die über eine gute bis führende Marktposition verfügen, die allerdings in Märkten geringen Wachstums bzw. geringer Attraktivität agieren. Hier kommt es darauf an, durch konsequentes Kostenmanagement Kostensenkungspotentiale zu nutzen und nur noch so viele Investitionen zu tätigen, wie zur Erhaltung des Marktanteils erforderlich sind. Die Cash Cows sind die Cash-Erzeuger, die die finanziellen Mittel des Unternehmens erwirtschaften müssen, deshalb empfiehlt sich hier eine Abschöpfungsstrategie.

- **Dogs** oder "arme Hunde" sind SGE, die in Märkten geringer Attraktivität über eine schwache Marktposition verfügen. Mit ihnen sind kaum Finanzmittel zu erwirtschaften und sie haben aufgrund der Marktentwicklung auch in Zukunft wenig Perspektiven, so dass sich für sie prinzipiell eine Desinvestitionsstrategie empfiehlt.

Abbildung C.18 gibt einen Überblick über die strategischen Optionen in der Marktwachstum-Marktanteil-Matrix.

Strategische Verhaltensweisen für das Marktwachstum-Marktanteil-Portfolio				
Strategisches Element	Portfolio-Kategorie			
	Question Marks	Stars	Cash Cows	Dogs
Zielvorstellung	Selektiver Abbau bzw. Ausbau des Marktanteils	Halten bzw. leichter Ausbau des Marktanteils	Halten bzw. leichter Abbau des Marktanteils	Abbau des Marktanteils
Investitionen	Hoch: Erweiterungsinvestition oder Verkauf	Hoch: Reinvestition des Netto-Cash-Flow	Gering: ausschließlich Rationalisierungs- und Ersatzinvestitionen	Minimal: Verkauf von Anlagen bei Gelegenheit, möglicherweise Stillegung
Risiko	Akzeptieren		Ein-schränken	Stark reduzieren

Abb. C.18: Strategische Optionen im Marktwachstum-Marktanteil-Portfolio (Quelle: vgl. Dunst, 1983, S. 100)

In anderen Portfolio-Ansätzen, beispielsweise von *McKinsey & Co* oder *Pümpin*, wird die Beurteilung der strategischen Ausgangslage differenzierter vorgenommen. Die Dimensionen **Marktattraktivität** und **relativer Wettbewerbsvorteil** beinhalten eine Vielzahl von Einzeldimensionen, die mit Hilfe von Punktwertverfahren in Attraktivitäts- und Wettbewerbsvorteilsindizes umgerechnet werden. Die anhand dieser Vorgehensweise bewerteten SGE werden dann in einer **Neun Felder-Matrix** positioniert.

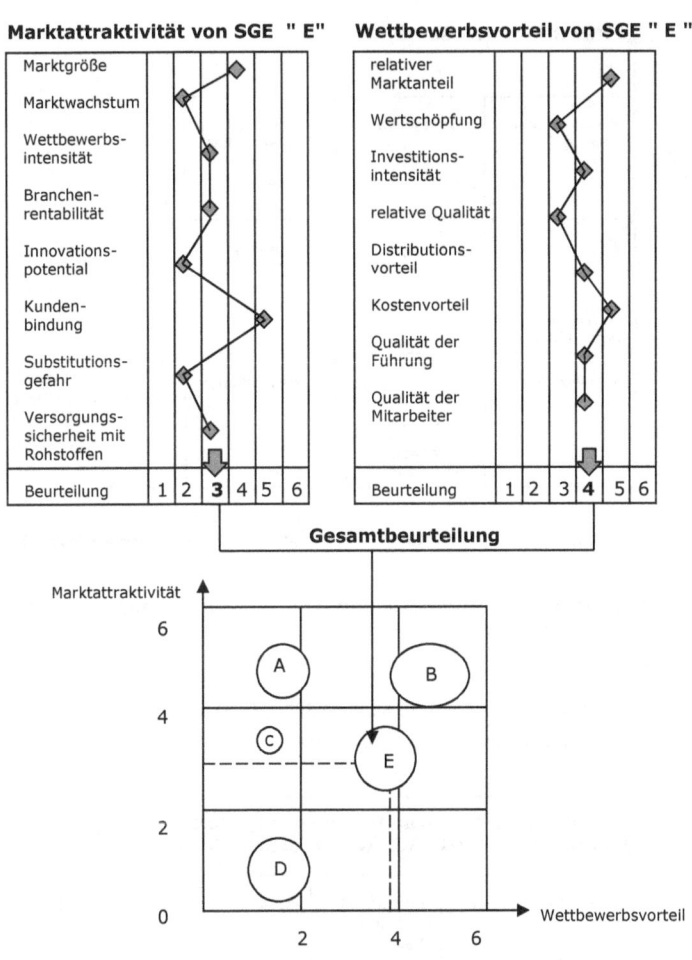

Abb. C.19: Positionierung von SGE in der Portfolio-Matrix
(in Anlehnung an Weis, 2003, S.572)

Die **Neun-Felder-Matrix** verzichtet auf die plakative Bezeichnung der Portfolio-
Kategorien, aber auch bei ihr kommt man über die Positionierung in der Matrix
zu strategischen Ausgangspositionen und damit verbunden zu strategischen Ver-
haltensempfehlungen.

Marktattraktivität

	Niedrig	Mittel	Hoch
Hoch	Investition oder Rückzug	Investition	Investition/ Position halten
Mittel	Abschöpfung / Stufenweise Desinvestition	◄ Übergang ►	Investition
Niedrig	Desinvestition	Abschöpfung / stufenweise Desinvestition	Abschöpfung

Niedrig Mittel Hoch **Wettbewerbsvorteil**

Abb. C.20: Das Marktattraktivitäts-Wettbewerbsvorteils-Portfolio

Im Einzelnen lassen sich folgende strategische Optionen für das Marktattraktivitäts-Wettbewerbsvorteils-Portfolio festhalten:

Strategische Verhaltensweisen für das Marktattraktivität-Wettbewerbsvorteils-Portfolio				
Strategische Optionen	Investition	Investition Position halten	Abschöpfen	Desinvestition
Zielvorstellung	Ausbau d. Marktposition; Ausrichtung auf langfr. Gewinn	Stabilisierung des Marktanteils	Generierung eines max. Cash-flow	Rückzug der SGE Mittelfreisetzung/ Verlustreduzierung
Investitionsaufwand	hoch	mittel - hoch	niedrig - minimal	minimal - null

Abb. C.21: Strategische Optionen im Marktattraktivitäts-Wettbewerbsvorteils-Portfolio

Das Portfolio-Konzept ist leicht einsichtig und deshalb ein sehr verbreitetes Instrument der strategischen Analyse. Allerdings ist die praktische Umsetzung zum Teil schwierig. Die Auswahl und Operationalisierung der Kriterien sowie die Erlangung der notwendigen Informationen ist mit vielfältigen Schwierigkeiten verbunden, insofern ist eine stets kritische Reflexion des Instrumentes angezeigt. Dies ändert jedoch nichts an der großen Bedeutung der Portfolio-Analyse für das strategische Marketing.

2.3.2. Projektionen

Im Rahmen von strategischen Überlegungen spielen zunehmend so genannte Projektionen eine gewichtige Rolle. Dabei handelt es sich um komplexe, wissenschaftlich begründete Voraussagen über "Inhalt, Umfang und Richtung von Entwicklungsprozessen, denen reale oder abstrakte Systeme im Zeitablauf unterworfen sind." *(Marr, 1974, Sp. 1783).* Typische strategische Fragestellungen in diesem Zusammenhang sind u.a. beispielsweise:

- Welche Konsequenzen resultieren aus der Veränderung der Altersstruktur in unserer Gesellschaft?

- Wie wird die Verkehrssituation in 30 Jahren aussehen und welche Konsequenzen ergeben sich daraus für die Automobilindustrie?

- Welchen Einfluss hat die Veränderung unserer Lebensformen auf unsere Konsumgewohnheiten?

Zielsetzung der Projektionen ist es nicht – im Gegensatz zu den traditionellen Prognoseverfahren –, die Zukunft vorauszusagen, wie sie sein wird, sondern es geht darum aufzuzeigen, wie sie sein könnte. So gesehen dienen Projektionen auch weniger einer konkreten, langfristigen Marketing-Planung, sondern eher einem gedanklichen Antizipieren möglicher Markt- und Umfeldentwicklungen mit dem Ziel, die Zukunft besser und früher verstehen zu können.

Im Zusammenhang mit dieser Form der Prognose haben vor allem die von der *Rand Corporation* kreierte **Delphi-Methode** und die von *Kahn* und *Wiener* vorgeschlagene **Szenario-Technik** Bedeutung erlangt.

Bei der weit verbreiteten **Delphi-Methode** handelt es sich um eine schriftliche **Expertenbefragung**, bei der zur Vermeidung von Gruppendruck die Anonymität der Mitwirkenden gewahrt wird. Ziel des Verfahrens ist es, ein Gruppenvotum von Fachleuten zu einem Prognosegegenstand sowohl inhaltlich als auch zeitlich zu erlangen. Das Besondere an der Delphi-Methode ist, dass die Prognose in mehreren Schritten oder Phasen erarbeitet wird, wobei nach jeder so genannten Delphi-Runde die Prognoseergebnisse allen Experten zugänglich gemacht werden, so dass diese die Gelegenheit haben, ihre eigene Vorhersage noch einmal zu überdenken.

Bei der **Szenario-Technik** versucht man, auf der Basis der gegenwärtigen Unternehmens- und Markt- bzw. Umfeldsituation und der Annahme möglicher Entwicklungen relevanter externer Einflussfaktoren, in sich **stimmige Zukunftsbilder,** so genannte Szenarien, zu **schaffen**. Im Allgemeinen werden auf diese Weise zwei bis drei Szenarien erarbeitet, von denen eines auf der Basis von sehr optimistischen und eines auf der Grundlage eher pessimistischer Annahmen entwickelt wird.

In der Regel erfolgt die Erarbeitung in acht aufeinander aufbauenden Schritten (s. Abb. C.22).

Phasen der Szenario-Erstellung
1. Definition und Strukturierung des Untersuchungsfeldes
2. Identifizierung und Strukturierung der wichtigsten, das Untersuchungsfeld beeinflussenden Faktoren
3. Ermittlung von Entwicklungstendenzen und kritischen, schlecht vorhersagbaren Faktoren (= kritische Deskriptoren)
4. Bildung von ersten szenarioartigen Annahmebündeln
5. Einführung und Analyse der Auswirkungen nachhaltiger positiver und/oder negativer Störergebnisse   (gut prognostizierbare Faktoren werden mit kritischen Faktoren verknüpft: a) positive Annahmebündel: kritische Faktoren werden in positiver Ausprägung unterstellt   b) negatives Annahmebündel: kritische Faktoren werden in negativer Ausprägung unterstellt)
6. Interpretation und Bewertung der ermittelten Szenarien
7. Ausarbeitung der Szenarien und Ableitung der Konsequenzen für die als wahrscheinlich angenommenen Szenarien
8. Konzeption von Marketing-Maßnahmen auf der Basis der Szenarien

Abb. C.22: Phasen der Szenario-Erstellung

Auch wenn die Projektionen keineswegs unumstritten sind, stellen sie vor dem Hintergrund der immer komplexer werdenden Markt- und Umfeldentwicklung einen wichtigen weiterzuentwickelnden Ansatz im Rahmen strategischer Marketing-Überlegungen dar.

3. Ziele- und Strategiengenerierung

3.1. Marketing-Ziele

3.1.1. Bestimmungsgrößen der Zielsetzung

Ist die Situationsanalyse abgeschlossen, werden in einem nächsten Schritt die **Marketing-Ziele** für die Planungsperiode festgelegt. Unter einem Ziel wird dabei ein angestrebter zukünftiger Zustand verstanden, den ein Unternehmen als Erfolgskriterium seines Handelns definiert. Maßgeblich beeinflusst werden die Marketing-Ziele durch

- den **Unternehmenszweck** (Art der Leistungen, die das Unternehmen erbringt bzw. erbringen will)

- die **Visionen**, die verwirklicht werden sollen

- die **Unternehmenskultur** (historisch gewachsene Denk- und Verhaltensmuster)

- die **Unternehmensphilosophie** (Wert- und Normbasis der Unternehmenskultur)

- die **Hauptziele der Unternehmung** (Marktstellungsziele, Rentabilitätsziele, finanzielle Ziele, soziale Ziele etc.)

- die **Ergebnisse der Situationsanalyse**, wobei insbesondere die aktuellen und zukünftigen Entwicklungen im marktlichen Umfeld eine entscheidende Rolle spielen.

3.1.2. Prozess der Zielbildung

Die konkrete Festlegung der zu realisierenden Ziele erfolgt im Rahmen eines **Zielbildungsprozesses**, der aus einer Abfolge von einzelnen Entscheidungen verstanden werden kann.

Am Beginn des Zielbildungsprozesses steht die **Suche und Auswahl der Ziele,** die realisiert werden sollen. Im Marketing wird dabei üblicherweise zwischen sogenannten **ökonomischen** und **vorökonomischen oder psychographischen Zielen** unterschieden.

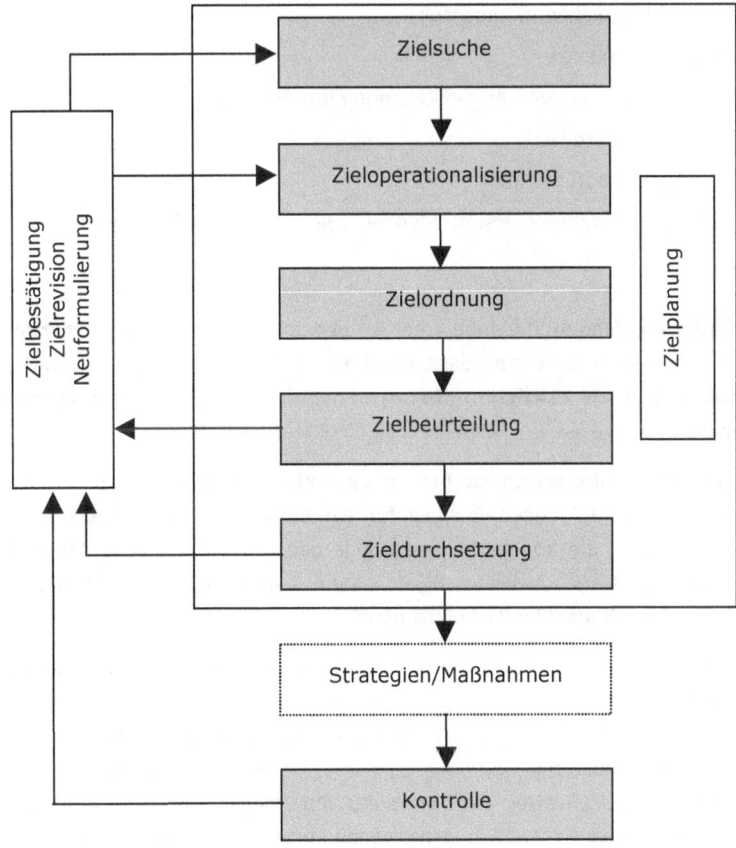

Abb. C.23: Prozess der Zielbildung

Typische **ökonomische Ziele** sind die positive Veränderung von:

- Umsatz/Absatz
- absoluter/relativer Marktanteil
- Deckungsbeitrag
- Distributionsgrad (numerisch und gewichtet)
- Gewinn

u.a.m.

Vorökonomische oder **psychographische** Ziele sind:

- Steigerung des Bekanntheitsgrads
- Wissen über Produkte
- Positive Veränderungen von Einstellungen und Images
- Aufbau von Präferenzen
- Erzielung von Kaufabsichten
- Verbesserung/Erhöhung von Kundenzufriedenheit/Kundenbindung

u.a.m.

Sind die Ziele gefunden, die angestrebt werden sollen, müssen sie **operationalisiert** werden. Dies bedeutet, dass die Ziele im Hinblick auf ihren **Inhalt**, ihr **Ausmaß** und ihren **zeitlichen Bezug** sowie im Hinblick auf das **relevante Marktsegment** präzise und konkret festgelegt werden müssen.

Diese **Operationalisierung** ist für die ökonomischen Ziele in der Regel kein Problem. Am nachfolgenden Beispiel für ein Umsatz-Ziel wird diese Sachlage deutlich. Die Vorgabe könnte lauten: Steigerung des *Umsatzes* = Menge×Preis (Zielinhalt) *um 10 %* (Zielausmaß), *in einem Jahr* (Zielperiode) im Markt für *Tennisschuhe in Deutschland* (Zielsegment).

Schwieriger ist die Operationalisierung hingegen bei den qualitativen oder psychographischen Zielen. Einstellungen bzw. Images oder Kundenzufriedenheit lassen sich nur sehr bedingt durch exakte Messvorschriften operationalisieren. Hier kann man sich jedoch mit Methoden behelfen, wie sie von der **empirischen Sozialforschung** beispielsweise zur Messung von Images entwickelt wurden. Besonders geeignet erweisen sich dabei sogenannte **Polaritätenprofile** oder **semantische Differentiale**, bei denen das qualitative Ziel in eine Vielzahl von einzelnen Komponenten zerlegt wird, die mit Hilfe von Befragungen bewertet werden. Zielsetzung könnte es jetzt beispielsweise sein, das Image eines Produktes in Bezug auf ein Idealprofil oder im Hinblick auf ein Wettbewerbsprofil zu verändern. Abb. C.24 gibt beispielsweise das Ist-Image eines Produktes wieder, das in Richtung eines Soll- oder Wunsch-Images verbessert werden soll.

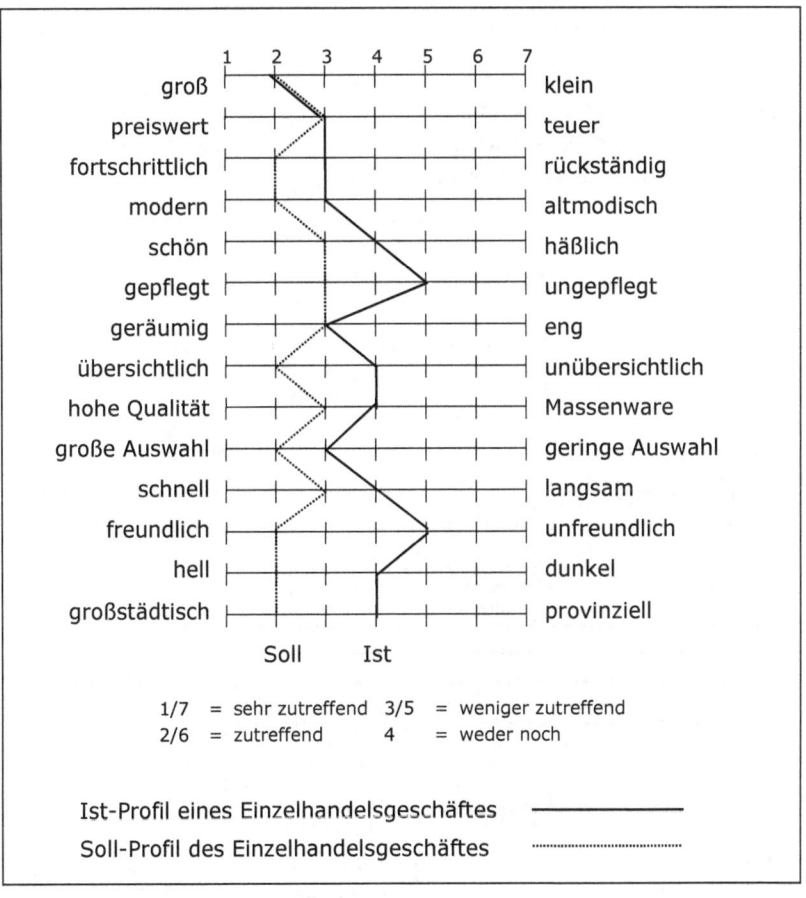

Abb. C.24: Darstellung eines Ist- und Soll-Images

Im Marketing – wie im Unternehmen insgesamt – werden üblicherweise eine Vielzahl von Zielsetzungen gleichzeitig verfolgt. Auf diese Weise entsteht ein **Zielsystem**, in dem sich **Zielhierarchien** und **Zielbeziehungen** unterscheiden lassen.

Im Hinblick auf die **Zielhierarchie** kann zwischen **Ober- und Unterzielen**, gemäß der Prüfung zwischen **Haupt- und Nebenzielen** differenziert werden. Die Hierarchisierung in Ober- und Unterziele ist dabei von einer Mittel-Zweck-

Beziehung geprägt, d.h. ein bestimmtes Ziel hat im Hinblick auf die Realisierung des Oberzieles Mittelcharakter.

Dagegen drückt die Einteilung in Haupt- und Nebenziele eine Zielgewichtung des Entscheidungsträgers im Hinblick auf die Priorität der Zielerreichung aus. Abbildung C.25 gibt modellhaft ein Zielsystem wieder.

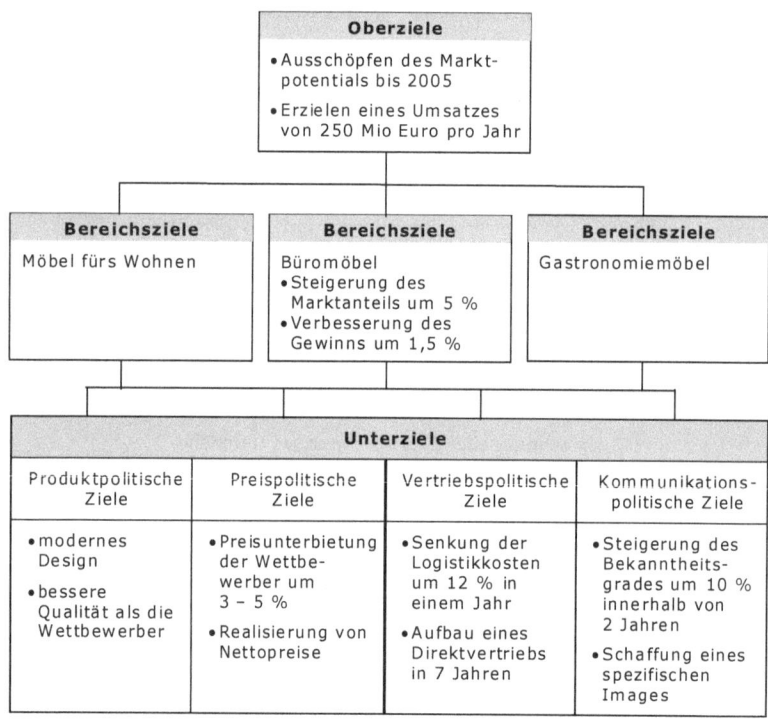

Abb. C.25: Zielsystem für einen Möbelhersteller

Im Hinblick auf die Zielbeziehungen kann wie folgt unterschieden werden:

• komplementäre Ziele	(Ziel 1 und Ziel 2 ergänzen sich; z.b. Qualität und Image)
• indifferente Ziele	(Verwirklichung von Ziel 1 steht in keiner Beziehung zu Ziel 2; z.b. Steigerung des Bekanntheitsgrades und Reduktion der Packungskosten)
• antinome Ziele	(Realisierung von Ziel 1 macht die Verfolgung von Ziel 2 unmöglich; z.b. Anbieter mit höchster Produktqualität und niedrigstem Preis am Markt)
• konfliktäre Ziele	(die Realisierung von Ziel 1 reduziert den Zielerreichungsgrad von Ziel 2; z.b. Erhöhung des Preises bremst die Marktdurchdringung)

Abb. C.26: Zielbeziehungen

Als mögliche Lösungswege zur Konfliktbewältigung bieten sich die **Konzepte** der **Zieldominanz**, der **Zielrestriktion** und des **Zielschismas** an.

Im Fall der Zieldominanz wird ein Ziel als beherrschend eingestuft, und es wird versucht, dieses Ziel zu maximieren bzw. zu minimieren. Die anderen Ziele werden vernachlässigt. Diese Vorgehensweise ist vor allem in existentiellen Krisensituationen vorzufinden. Im Falle der Zielrestriktion wird ein als dominant erkanntes Ziel maximiert bzw. minimiert unter der Bedingung bestimmter Mindesterfüllungen der anderen Ziele. Beim Zielschisma wird je nach Entscheidungssituation mal das eine, mal das andere Ziel stärker realisiert.

Die **Zielbeurteilung** dient der Überprüfung des Zielsystems **im Hinblick auf inhaltliche und formale Gesichtspunkte.** Im Rahmen der inhaltlichen Prüfung geht es vor allem darum festzustellen, inwieweit die formulierten Ziele mit den nachfolgenden Dimensionen im Einklang stehen:

- Unternehmenskultur und Unternehmensphilosophie

- Visionen und Unternehmensziele

- Ergebnisse der Situationsanalyse

- Realisierbarkeit

Bei der Evaluierung der formalen Dimensionen geht es vor allem um die Fragen,

- ob eine korrekte Operationalisierung der einzelnen Ziele
- und ob ein konsistentes Zielsystem insgesamt vorliegt.

Die Verwirklichung einer zielorientierten Vorgehensweise hängt letztlich davon ab, ob und inwieweit die Mitarbeiter die Ziele akzeptieren und realisieren wollen. Um diese Akzeptanz in höchstmöglichem Maße zu erreichen, empfiehlt es sich, die Mitarbeiter am Zielbildungsprozess zu beteiligen.

Der Zielplanungsprozess sollte einer permanenten **Kontrolle** unterworfen werden, bei der vor allem zwei Fragen im Vordergrund stehen:

1. Inwieweit ist das angestrebte Ziel erreicht?

2. Ist das Ziel bzw. das Zielsystem so, wie es ausgearbeitet wurde, überhaupt zweckmäßig und sinnvoll konzipiert?

3.2. Marketing-Strategien

3.2.1. Charakteristika und Bestimmungsgrößen von Marketing-Strategien

Marketing-Strategien sind **Verhaltenspläne**, denen die Aufgabe zukommt, den Einsatz der Marketing-Instrumente unter Berücksichtigung der Ergebnisse der Situationsanalyse und der Marketing-Ziele **längerfristig** zu steuern. Im Mittelpunkt der Strategien-Entwicklung steht das Bemühen im Markt, " das Richtige zu realisieren " (Orientierung am Effektivitätskriterium). Die Marketing-Taktik ist hingegen darauf gerichtet, das Gewollte " richtig zu machen " (Orientierung am Effizienzkriterium).

Marketing-Strategien sind grundsätzlich mehrdimensionale Verhaltenspläne. Sie beinhalten vor allem folgende Entscheidungen:

- Wahl des Marktes und Festlegung der Marktfeldstrategie
- Art und Umfang der Marktbearbeitung
- Festlegung des primären Leistungsinhaltes
- Verhalten gegenüber Absatzmittlern und Wettbewerbern

Jede Strategie ist durch eine Kombination dieser Dimensionen gekennzeichnet. Dabei spielen im Allgemeinen einzelne Dimensionen eine größere Rolle als andere. Sie dienen zur Profilierung des Angebots bei den Kunden und zur Abhebung von den Wettbewerbern (z.b. unique selling proposition, differential advantage), und sie geben der Strategie häufig auch ihren Namen (z.b. Discount-Strategie, Präferenz-Strategie, Wettbewerbs-Strategie, Global-Strategie).

3.2.2. Entscheidungsbereiche der Strategien-Entwicklung

3.2.2.1. Marktwahl und Marktfeldentscheidung

Sind die aktuellen und potentiellen Märkte definiert und im Rahmen der Situationsanalyse evaluiert, wie es in den Abschnitten B1, C1 und C2 dieses Buches dargelegt wird, ist die sogenannte Marktfeldstrategie festzulegen.

Dabei gilt es zu prüfen, ob man den angestammten Markt durch eine Intensivierung der Marketing-Aktivitäten (Verkaufsförderung, Preissenkung, Werbung) noch besser ausschöpfen kann bzw. will. Diese strategische Option wird im Allgemeinen als **Marktdurchdringung** oder Penetration bezeichnet. Kommt man zu dem Ergebnis, dass eine weitere Penetration des Marktes nicht erfolgversprechend einzustufen ist, bietet sich die Möglichkeit an, durch neue innovative Produkte Absatzchancen zu schaffen. So bietet beispielsweise die Einführung von audiovisuellen Medien im Verlagswesen neue Chancen im Vergleich zum klassischen Printmedienbereich. Neben dieser Strategie der **Produktentwicklung** hat das Unternehmen die Möglichkeit, geographisch neue Märkte zu erschließen. Nicht selten ist es auch, dass man gewisse Basistechnologien oder Produkte für die Erfüllung anderer Funktionen nutzt. So werden beispielsweise die Kenntnisse der Filtertechnik aus dem Bereich Kaffeefilter auf die Filtersysteme von Staubsaugern angewendet, oder das für die Raumfahrt entwickelte *Teflon* wird zur Beschichtung von Töpfen und Pfannen benutzt. Bei dieser Strategie handelt es sich um die sogen. **Marktentwicklung**.

Die bislang angesprochenen Strategien sind dadurch gekennzeichnet, dass man entweder im Bereich des Produktes (Funktion und/oder Technologie) oder bei den Kundengruppen in mehr oder minder bekanntem Terrain bleibt. Anders ist dies jedoch bei der sogenannten **Diversifizierung**. Hier werden angestammte Geschäftsbereiche verlassen beispielsweise aus Gründen der Risikostreuung oder, weil man die Wachstumsmöglichkeiten in den bisherigen Märkten für erschöpft hält. Im Rahmen der Diversifikation wird üblicherweise zwischen der horizontalen, vertikalen und lateralen Variante unterschieden:

- Unter **horizontaler Diversifikation** versteht man das Ausweiten des Engagements auf derselben Wirtschaftsstufe. Typische Beispiele für horizontale Diversifikation liegen vor, wenn Brauereien sich mit dem Absatz alkoholfreier Getränke beschäftigen oder wenn Großbetriebe des Handels im Touristikgeschäft aktiv werden.

- Unter **vertikaler Diversifikation** versteht man das Aktivwerden in vor- oder nachgelagerten Wirtschaftsstufen, also beispielsweise wenn ein Hersteller von Lederwaren im Gerbereibereich aktiv wird oder wenn er sich eine Handelskette zulegt.

- Von einer **lateralen Diversifikation** spricht man, wenn zu den bisherigen Aktivitäten kaum ein Zusammenhang besteht, also wenn beispielsweise ein Unternehmen wie Yamaha sowohl Musikinstrumente, Motorräder und Großtanker herstellt.

3.2.2.2. Art und Umfang der Marktbearbeitung

Eine weitere wichtige strategische Entscheidung ist die Frage, ob der Gesamtmarkt **undifferenziert** mit einem einzigen Marketing-Konzept bearbeitet werden soll oder ob es zweckmäßig ist, für einzelne Teilmärkte **differenzierte Strategien** zu realisieren. Der differenzierten Vorgehensweise liegt das Konzept der **Marktsegmentierung** zugrunde. Dabei wird davon ausgegangen, dass die Abnehmer eines Unternehmens im Allgemeinen keine homogene Einheit bilden, sondern sich hinsichtlich bestimmter nachfragerelevanter Kriterien (zum Beispiel Einkommen, Alter, Lebensstil u.v.a.) unterscheiden. Diesen Merkmalen kann man durch spezielle Marketing-Aktivitäten Rechnung tragen, wobei eine möglichst hohe Identität zwischen Absatzleistung und Kauferwartung angestrebt wird.

In aller Regel ist – wenn man von wichtigen Großkunden einmal absieht – eine individuell ausgerichtete Marketing-Politik zu aufwendig und kann aus diesem Grund nicht realisiert werden. Deshalb bildet man Gruppierungen von Abnehmern – zumeist als **Cluster** oder **Segment** bezeichnet, – die im Hinblick auf ihr Kaufverhalten in sich möglichst homogen sind, die sich jedoch von den anderen Clustern deutlich unterscheiden. Ziel der Marktsegmentierung ist, die Marketinginstrumente so einzusetzen, dass sie den selektierten Käufersegmenten und deren Bedürfnisstrukturen möglichst optimal entsprechen. Jedes Käufersegment kann als Zielgruppe bezeichnet werden.

Die Segmentierung eines Marktes erfolgt üblicherweise in zwei Stufen, die als **Markterfassung** und **Marktbearbeitung** bezeichnet werden.

Zur Markterfassung sind in Theorie und Praxis eine Reihe unterschiedlicher Kriterien entwickelt worden, die man etwas vereinfachend in **(sozio-)demographische** und **psychographische Kriterien** differenzieren kann. Dabei ergänzen sich die Kriterien dergestalt, dass die demographischen Bestimmungsfaktoren in der Regel die Basis für die psychographische Segmentierung bilden.

Im Rahmen der **demographischen Marktsegmentierung** auf Konsumentenebene werden vorwiegend **sozioökonomische Kriterien** wie zum Beispiel Geschlecht, Alter, Familienstand, Einkommen, Beruf, Ausbildung, Haushaltsgröße, Hauseigentum, Autobesitz verwandt. Daneben werden auch **geographische Kriterien** zur Segmentierung herangezogen wie zum Beispiel städtische Region, ländliche Region, Bevölkerungsdichte, Größe von Städten. Außerdem können zur **Segmentbildung bei gewerblichen Abnehmern** Kriterien wie Umsatzgröße, Mitarbeiteranzahl, Nachfrageschwerpunkte, aktuelle oder zukünftige Marktbedeutung u.v.a. herangezogen werden. Der grundsätzliche Vorteil dieser **demographischen Größen** liegt in ihrer relativ leichten Erfassung durch die Marktforschung. Sie sind besonders wichtig bei der Bestimmung des Marktpotentials von Produkten, andererseits erweisen sie sich heutzutage zumeist als wenig geeignet zur Erfassung von Produktpräferenzen. Das heißt, demographisch definierte Abnehmer – zum Beispiel über das Einkommen – zeichnen sich nicht selten durch ein sehr unterschiedliches Konsumverhalten aus. Hier sind psychographische Kriterien erforderlich, um differenzierte Marketingmaßnahmen erfolgreich einsetzen zu können.

Zur primär **kaufverhaltensorientierten Zielgruppenfestlegung** werden u.a. folgende psychographische Dimensionen herangezogen: allgemeine Persönlichkeitsmerkmale (Machtstreben, Geselligkeit etc.), Einstellungen, Nutzenerwartungen, Motivstrukturen, Wahrnehmungsverhalten. Durch Meinungs- und Einstellungstests lassen sich anhand dieser Kriterien sogenannte **Verbrauchertypologien** bilden, mittels derer die Abnehmer in psychographisch charakterisierte Typen wie zum Beispiel die "passiven grauen Alten" im Gegensatz zu den "selbstbewusst kritischen jungen Alten" unterteilt werden können. Neueren Datums sind die sogenannten **Lifestyle-Konzepte** (Lebensstile), in denen demographische und psychographische Kriterien zusammengefasst werden. Diese heben darauf ab, dass ein bestimmter Lebensstil die Präferenzen eines Individuums für ein bestimmtes Produktspektrum determiniert. Besonders charakteristisch für den aktuellen Konsumenten ist dabei der sogenannte **"hybride Käufer"**, dem es beispielsweise gefällt, sowohl einen Designermaßanzug als auch alte zerrissene Jeans zu kaufen bzw. je nach Anlass und Lust sowohl in einem Fastfood-Restaurant als auch in einem Gastronomiebetrieb der Haute-Cuisine zu essen. Als populäre Beispiele sind zu erwähnen: **Yuppies** (young urban professionals), **dinks** (double income no kids), **woopies** (well off older people), **BoBos** (bourgoise bohemian), **LOHAS** (Lifestyle of Health and Sustainability)

Ergänzend zu den genannten Kriterien, die im Kern an Verhaltensdispositionen anknüpfen, ist als ein weiterer Kriterienbereich das **tatsächlich beobachtbare Verhalten** der Abnehmer (Markenloyalität, Mediennutzung, Einkaufsstellentreue etc.) für die Segmentierung relevant.

In der zweiten Stufe der **Marktbearbeitung** geht es um die Frage, wie viele Segmente bearbeitet werden sollen. Es bestehen prinzipiell folgende Möglichkeiten:

Grad der Differenzierung / Marktabdeckung	undifferenziert	differenziert
vollständig	undifferenziertes Marketing	differenziertes Marketing (totale Marktabdeckung)
teilweise	konzentriertes Marketing (Marktnischen-Strategie)	differenziertes Marketing (partielle Marktabdeckung)

Abb. C.27: Marktbearbeitungsstrategien
(in Anlehnung an Freter/Diller/Köhler)

Voraussetzung für die Realisierung der Segmentierung bleibt allerdings stets, dass nachfragerelevante Unterschiede zwischen den einzelnen Clustern mit Hilfe der Marktforschung ermittelt werden können und dass sich eine differenzierte Marktbearbeitung finanziell lohnt (z.B. Größe des Segments).

3.2.2.3. Festlegung des primären Leistungsinhalts

Eine Basisentscheidung jeder Strategienentwicklung ist die Festlegung des **primären Leistungsinhaltes**. Dabei geht es um die Bestimmung der Art und Weise, wie auf den Markt eingewirkt werden bzw. wie er im Sinne des Unternehmens stimuliert werden kann. Grundsätzlich können zwei Ansätze unterschieden werden: die **Preis-Mengen-Strategie** und die **Präferenz-Strategie**.

Entscheidet sich ein Unternehmen für das **Preis-Mengen-Konzept**, dann ist das Kernstück der Marketing-Strategie der **aggressive Einsatz des Preises und der Konditionen**. Der niedrige Preis ist der Wettbewerbsvorteil, auf dem die Strategie aufgebaut wird. Die anderen Marketing-Maßnahmen spielen nur eine untergeordnete Rolle, das bedeutet beispielsweise auch den Verzicht auf Markenpräferenzen. Als Zielgruppe dieser Strategie kommen vor allem die sogenannten **Preis-Käufer** in Betracht, die in fast jedem Markt 10 % - 30 % der potentiellen Kunden ausmachen. Voraussetzung für die Realisierung einer erfolgreichen Preis-Mengen-Strategie ist allerdings, dass es gelingt, große Mengen abzusetzen, um niedrige Stückkosten zu realisieren. Außerdem ist ein **konsequentes Kostenmanagement** erforderlich, um die Kosten und damit die Preise niedrig halten zu können. Zweifellos hat die **Preis-Mengen-Strategie** eine Reihe von Vorteilen:

- sie lässt sich leicht kommunizieren

- sie wirkt i.d.R. rasch

- und sie erfordert kein kreatives und aufwendiges Marketing-Konzept.

Aber sie hat auch eine Reihe von nicht unerheblichen Nachteilen:

- Man benötigt zunächst relativ viel Kapital, um einen ausreichend großen Marktanteil zu erreichen, der entsprechend niedrige Stückkosten ermöglicht

- es ist außerdem wahrscheinlich, dass früher oder später ein Wettbewerber auftritt, der zu noch niedrigeren Preisen anbietet

- und schließlich sind die Kunden meistens nur begrenzte Zeit mit einem niedrigen Preis alleine zufrieden, sie wollen dann auch mehr Qualität, breitere Sortimente und mehr Service.

Dennoch gilt, dass die Preis-Mengen-Strategie eine erfolgversprechende Konzeption darstellt, wenn die oben genannten Voraussetzungen erfüllt sind.

Die **Präferenz-Strategie** basiert auf dem Einsatz der nicht-preislichen Elemente des Marketing-Mix. Sie richtet sich vor allem an sogenannte **Marken- und Qualitätskäufer**. Als Ansatzpunkte zum Aufbau der Wettbewerbsvorteile kommen bei diesem Konzept im Prinzip alle Instrumentalbereiche in Betracht: So können die zentralen **Wettbewerbsvorteile im Bereich der Produktpolitik** in einer überdurchschnittlichen Qualität (*Mercedes Benz*), in den Serviceleistungen (*Singapore Airlines*), im Design (*Braun*) oder in der Packung (*Maggi-Flasche*) begründet sein. Aber auch der **Distributions- bzw. Vertriebsbereich** bietet entsprechende Ansatzpunkte, wie Unternehmen wie *Avon Cosmetics, Bo-Frost* oder *Vorwerk* belegen. Besondere Bedeutung haben in den letzten Jahrzehnten auch **psychologische Präferenzen** erlangt: so werden bestimmte Konsumgütermarken gekauft, weil mit ihnen ein bestimmtes emotionales Erlebnis verbunden wird (*Marlboro* vermittelt das Gefühl von Freiheit und Abenteuer oder wer *Ferrero Rocher Pralinen* isst, gehört zu den Schönen und Reichen).

Die Realisierung von Präferenzen erfordert ein kreatives Marketing-Konzept. Sie erlauben den Aufbau einer relativ stabilen Marktposition, weisen hohe Ertragschancen auf, und sie sind auch für kleinere Unternehmen geeignet, weil hier mit geringen Mengen operiert werden kann. Nachteilig ist jedoch, dass der Präferenzaufbau teuer und nur längerfristig zu verwirklichen ist.

In der Vergangenheit konzentrierten sich die Unternehmen in vielen Fällen auf eine der beiden Ansätze zum Aufbau von Wettbewerbsvorteilen. In jüngerer Zeit wird allerdings deutlich, dass weder eine einseitige Preis- noch eine Präferenzorientierung dauerhaft Erfolg verspricht. Die Abnehmer fordern zunehmend hohe Qualität bei niedrigem Preis (vgl. beispielsweise die Unterhaltungselektronik). Es wird in Zukunft für den Unternehmenserfolg wichtig sein, inwieweit es gelingt, die beiden Konzepte im Zeitablauf zweckmäßig und sinnvoll zu kombinieren.

3.2.2.4. Verhalten gegenüber Handel und Wettbewerb

Die Entscheidungen der Marktwahl, der Marktbearbeitung und des Leistungsinhalts beziehen sich in erster Linie auf die Kundengruppen des Unternehmens. Darüber hinaus ist es aber auch notwendig, das Verhalten gegenüber den Händlern und Konkurrenten festzulegen.

Im Rahmen der **absatzmittlerorientierten Strategien** wird traditionellerweise zwischen **Push- und Pullstrategien** unterschieden. Im ersten Fall wird versucht, mit Hilfe von günstigen Rabatten, **Werbekostenzuschüssen** usw. den Handel zur Listung möglichst großer Abnahmemengen zu bewegen. Bei der Pull-Strategie hingegen wird durch intensive **Endverbraucherwerbung** ein Nachfragesog ausgelöst, der den Handel zum Führen eines Produktes veranlasst. In vielen Fällen werden auch beide Strategien miteinander kombiniert. Diese Vorgehensweise kann allerdings nur dann realisiert werden, wenn der Hersteller über die Macht im Absatzkanal verfügt, um den Handel in seinem Sinne zu bearbeiten.

Ist der Hersteller jedoch – wie heute die Regel – in der schwächeren Marktposition, so ist er gezwungen, sich den Wünschen und den Forderungen der Absatzmittler bzw. den Branchengepflogenheiten anzupassen (Anpassungsstrategie), wenn er nicht erhebliche Konflikte riskieren will.

Eine Alternative zur **Anpassungsstrategie** kann die **Kooperation** mit Händlern darstellen (z.B. Vertragshändlersysteme, Alleinvertrieb oder Franchising). Allerdings bleibt auch bei Kooperationsbereitschaft beider Seiten das Problem bestehen, dass das produktorientierte Interesse des Herstellers und die Sortimentsorientierung des Handels zwei divergierende Motive darstellen, die systemimmanent zu Konflikten führen. Letztlich werden **Kooperationsstrategien** nur dann erfolgreich sein, wenn beide Partner in für sie ausreichendem Maße profitieren.

Aufgrund der wachsenden Probleme und Konflikte im Absatzkanal versuchen Hersteller zunehmend, den Handel zu umgehen und **Direktvertrieb** zu realisieren. Neben den fast schon als klassisch zu bezeichnenden Vertriebs-Konzeptionen von *Bo Frost, Avon, Vorwerk* etc. gilt die Errichtung von **Factory Outlet Centren (FOC)** als neueste Entwicklung.

Seit geraumer Zeit werden auch **Konkurrenzstrategien** immer wichtiger, mit denen sich das Unternehmen im Wettbewerb zu profilieren sucht. Je nach Marktstellung kommen unterschiedliche strategische Verhaltensweisen in Betracht. So können sowohl in bezug auf die Wettbewerber als auch im Handelsbereich **Anpassungs- oder Ausweichstrategien** verwirklicht werden. Von besonderer Bedeutung sind jedoch **Konfliktstrategien**, die darauf abzielen, Marktanteile zu gewinnen oder gar die Marktführerschaft zu erreichen. In Anlehnung an militärstrategische Überlegungen wird zwischen dem Direktangriff, der Umzingelung, dem Flankenangriff und der Guerillataktik unterschieden.

Beim **Direktangriff** wird der Konkurrent in seinem Hauptproduktbereich attackiert, z.B. mit neuen besseren und/oder preisgünstigeren Angeboten. Die **Umzingelungsstrategie** zielt darauf ab, nicht den Kernbereich des Wettbewerbers anzugreifen, sondern sein Angebot durch billigere Produktvarianten und/oder **Premiumprodukte** quasi zu umstellen. Der **Flankenangriff** hat zum Ziel, Schwachstellen des Konkurrenten zu nutzen, um sich dort zu profilieren (z.B. Angriff eines Konkurrenten, der Tiefkühlkost in Familienpackungen anbietet, mit Packungen, die für Single-Haushalte konzipiert sind). Für die **Guerilla-Taktik** ist kennzeichnend, dass der Wettbewerber fortlaufend durch ungewöhnliche überraschende Aktivitäten (Prosecco in Dosen, Harry-Potter-Verkauf beginnt um Mitternacht) an einer kontinuierlichen Marketing-Politik gehindert wird.

Grundsätzlich sollte dabei aber stets bedacht werden, dass Konfliktstrategien zu erheblichen Reaktionen der Wettbewerber führen können und dass sie nur erfolgreich durchgeführt werden können, wenn man über ausreichend große und/oder viele Wettbewerbsvorteile und genügend Ressourcen verfügt.

In jüngerer Zeit nehmen auch im wettbewerblichen Bereich **Kooperationen** zu. War dies früher vor allem Unternehmen vorbehalten, die im jeweiligen Markt nicht unmittelbar in Konkurrenz miteinander standen, so kooperieren heute in zunehmendem Maße auch direkte Konkurrenten bei bestimmten Projekten miteinander (z.B. bei Forschung und Entwicklung, bei der Produktion einzelner Bauteile oder bei der Erschließung bestimmter Märkte). Die Formen der Kooperation sind recht vielfältig. Sie reichen vom Lizenzvertrag über die sogenannte **strategische Allianz** bis zum **Joint Venture.**

Obige Darlegungen verdeutlichen die Vielschichtigkeit und Mehrdimensionalität der Marketing-Strategie. Die Aufgabe des Marketing-Managements besteht vor allem darin, diese strategischen Dimensionen zu einer in sich geschlossenen Strategie zusammenzufügen, die Grundlage und Richtschnur für die Erarbeitung eines optimalen Marketing-Mix sein kann. Welche Probleme und Möglichkeiten in diesem Zusammenhang auf der Ebene der **Marketing-Instrumente** bestehen, ist Gegenstand der Ausführungen in den folgenden Abschnitten.

Quellen und Literaturempfehlungen

Abell, D.F. (1980), Definig the Business, Englewood Cliffs

Abell, D./Hammond, J.S. (1979), Strategic Market Planning, Englewood Cliffs

Backhaus, K. /Schneider, H. (2007), Strategisches Marketing, Stuttgart

Benkenstein, M. (2002), Strategisches Marketing 2. Aufl. Stuttgart

Becker, J. (2006) Marketing-Konzeptionen, 6. Aufl., München

Berekoven, L./Eckert, W./Ellenrieder, P. (2006), Marktforschung, 11. Aufl., Wiesbaden

Bruhn, M. (2008), Marketing, 8. Aufl. Wiesbaden

Dunst, K. (1983), Portfolio-Management, 2. Aufl. Berlin

Freter, H./Diller, H./Köhler, R. (2008), Markt- und Kundensegmentierung, 2. Aufl., Stuttgart

Froböse, M./Kaapke, A. (2000), Marketing, Frankfurt

Hammann, P./Erichson, B. (2006), Marktforschung, 4. Aufl., Stuttgart

Hörschgen, H./Kirsch, J./Käßer-Pawelka, G. /Grenz, J, (1993) Marketing-Strategien, 2. Aufl., Ludwigsburg/Berlin

Kamenz, U. (2001), Marktforschung, 2, Aufl., Stuttgart

Kroeber-Riel, W./Weinberg, P./Gröppel-Klein, A. (2008), Konsumentenverhalten, 9. Aufl., München

Meffert, H./Burmann, Ch. /Kirchgeorg, M. (2008), Marketing- Management, Wiesbaden

Nieschlag, R./Dichtl, E./Hörschgen , H. (2002), Marketing, 19. Aufl., Berlin

Porter, M.E. (2008); Wettbewerbsstrategie 11. Aufl., Frankfurt a.M.

Reibnitz, U. v. (1993), Szenario-Technik, Wiesbaden

Vollmer, M. (2008), Einsatz der Szenario-Technik zur Planung unternehmerischer Entscheidungen, München

Weis, H./Steinmetz, P. (2008), Marktforschung, 7. Aufl. Ludwigshafen

4. Marketing-Maßnahmen

4.1. Überblick über die Marketing-Instrumentalbereiche

Wie bereits erwähnt, stehen dem Unternehmen prinzipiell vier Instrumentalbereiche zur Verfügung, um eine aktive Marketing-Politik, d.h. eine konsequente, zielorientierte Bearbeitung seiner Märkte zu betreiben, nämlich:

- Produktpolitik (bzw. Sortimentspolitik)
- Kontrahierungspolitik
- Distributionspolitik/Vetriebspolitik
- Kommunikationspolitik

Diese absatzpolitischen Instrumentalbereiche setzen sich wiederum jeweils aus einer Vielzahl von Einzelmaßnahmen zusammen, die der Marketing-Entscheidungsträger auszuwählen, zu gestalten, zu kombinieren und aufeinander abzustimmen hat.

Abb. C.28: Das Marketing-Instrumentarium

4.2. Produktpolitik

4.2.1. Überblick

Die **Produktpolitik** umfasst alle Entscheidungen, die im Zusammenhang mit dem Leistungsangebot einer Unternehmung stehen. Im Wesentlichen geht es um folgende Aspekte:

- Produkt- und Verpackungsgestaltung
- Markenbildung
- Produktneuentwicklung
- Produktelimination
- Festlegung des Produktionsprogramms (Industrie) bzw. des Sortiments (Handel).

Darüber hinaus werden der Produktpolitik auch alle Maßnahmen zugeordnet, die

- den Kundendienst (Service) und
- die Gewährung von Garantieleistungen betreffen.

4.2.2. Produktbegriff und Produktarten

Ein **Produkt** stellt eine von einem Unternehmen geschaffene Leistung dar, die auf dem Markt angeboten wird (= Leistungsangebot) und der Befriedigung von einem oder von mehreren Bedürfnissen beim Nachfrager dient.

Aus der Sicht des Kunden soll es durch die Nutzung eines Produktes zu einer **Problemlösung** kommen. Diese ergibt sich allerdings nicht allein durch den **Produktkern** (z.B. soll ein Mantel wärmen bzw. ein Kühlsystem kühlen), sondern oft in entscheidendem Maße durch **ergänzende Leistungen** wie z.B. Design, Service oder Markenbildung, Aspekte, die als "software-Kranz" eines Produktes bezeichnet werden können.

Dies bedeutet, dass der Verbraucher beim Kauf eines Mantels z.B. nicht nur darauf Wert legt, dass dieser wärmt, sondern vor allem darauf achtet, dass dessen äußere Erscheinung der aktuellen Mode entspricht. Und dem Käufer einer Kühlanlage wird es im wesentlichen darauf ankommen, dass ihm der Anbieter einen reibungslosen Reparaturservice garantieren kann, sollte das System einmal ausfallen; dass die Anlage eine entsprechende Kühlleistung erbringt, dürfte in diesem Fall als Grundvoraussetzung für eine Kaufentscheidung angesehen werden.

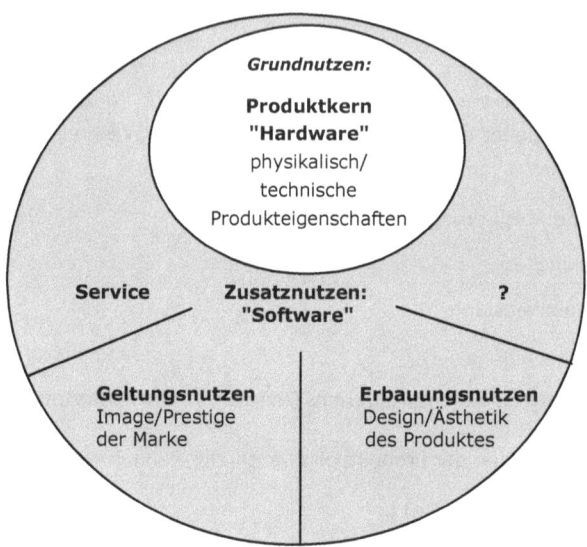

Abb. C.29: Hardware und Software-Kranz eines Produktes

Man kann auch sagen, dass der **Nutzen**, den ein Produkt seinem Verwender spendet, sich aus einem **Grundnutzen** (= objektiv technische Gebrauchseigen-schaften) und einem **Zusatznutzen** zusammensetzt. Im Rahmen des Zusatznut-zens wird vielfach noch zwischen dem **Erbauungsnutzen** (= Design, Ästhetik, Emotionalität u.a.m.) und dem **Geltungsnutzen** (= Prestigewert, Image des Produktes) unterschieden, wobei – je nach Produktart – der eine oder andere Nutzen im Vordergrund stehen kann.

Das Produkt bzw. die **Produktart** bestimmt in hohem Maße die Gestaltung der anderen absatzpolitischen Aktionsparameter, wie insbesondere die Absatzwege-wahl, die Werbung oder die Verkaufsförderung.

Fasst man Produkte als physisch existierende Produkte **(= Produkte i.e.S.)** auf, so lassen sich diese u.a. nach folgenden Kriterien unterscheiden:

- **nach der Verwendungsreife**

  * Rohstoffe

  * Halbwaren + Halbfertigerzeugnisse

  * Fertigerzeugnisse

- **nach dem Verwendungszweck**

  * Konsumgüter

    = Verbrauchsgüter (einmalige Verwendung)

    = Gebrauchsgüter (mehrmalige Verwendung)

  * Produktions- /Investitionsgüter

- **nach der Zahl der Bedarfsträger**

  * Individualgüter

  * Massengüter

- **nach der Selbstverkäuflichkeit**

  * problemlose Güter (SB-fähig)

  * problemvolle Güter (Bedienung notwendig)

- **nach der Art der Nachfrage**

  * convenience goods (werden häufig und mit einem Minimum an
    Zeitaufwand und Engagement, aber mit ausgeprägten Präferenzen
    gekauft)

  * shopping goods (werden seltener und erst nach reiflicher
    Überlegung weitgehend ohne vorherige Präferenzen gekauft)

  * speciality goods (werden vereinzelt mit einem sehr hohen Maß
    an Zeitaufwand, Engagement und ausgeprägten Präferenzen gekauft)

In einer weiten Interpretation können alle Leistungen, die ein Unternehmen seinen Kunden anbietet, also auch solche, die nicht materiell existieren, als **Produkte i.w.S.** interpretiert werden. Unter diese weite Begriffsinterpretation fallen
vor allem Dienstleistungen, die z.B. Banken, Versicherungen oder Messegesellschaften ihrer jeweiligen Klientel anbieten. Die Entscheidungsträger in diesen
Wirtschaftszweigen sprechen von ihren jeweiligen "Produkten", worunter sie einzelne Leistungsangebote innerhalb ihres gesamten Leistungsspektrums verstehen, wie z.B. Baufinanzierungen, Lebensversicherungen oder spezielle Messen.

4.2.3. Produkt- und Verpackungsgestaltung

Die Festlegung der **Produktqualität** und die Bestimmung des **äußeren Erscheinungsbildes** eines Produktes bilden wichtige produktpolitische Gestaltungsparameter für den Marketing-Entscheidungsträger.

Die **Produktqualität**, worunter im Wesentlichen die objektiv-technischen Gebrauchseigenschaften eines Produktes zu verstehen sind, steht in engem Zusammenhang zum Grundnutzen eines Produktes. Eine **Verbesserung** der Produktqualität liegt u.a. dann vor, wenn das Produkt

- eine geringere Störanfälligkeit aufweist
- eine längere Lebensdauer erhält
- haltbarer wird
- bedienungs- und/oder verwendungsfreundlicher wird (z.B. bügelfreie Stoffe)
- zusätzliche Funktionen erhält, die es bisher nicht hatte (z.B. SMS beim Mobiltelefon).

Grundsätzlich stellt jede Produktverbesserung ein wichtiges Kaufargument gegenüber dem Kunden im Rahmen der Werbung oder des Verkaufsgesprächs dar. Allerdings gilt es dabei, zwei Effekte zu beachten:

- Durch eine Anhebung der Qualität eines eingeführten Produktes kommt es automatisch dazu, dass noch am Markt befindliche frühere Versionen dieses Produktes rasch veralten, was insbesondere bei hohen eigenen Lagerbeständen oder bei noch vorhandenen großen Beständen im Handel zu erheblichen Problemen für den Hersteller führen kann (z.B. kostenintensive Rücknahme vorhandener "Altprodukte" aus dem Handel).
- Sofern die Verbesserung eines Produkts eine längere Lebensdauer mit sich bringt, wird es zwar kurzfristig durch diese Qualitätssteigerung zu einem höheren Absatz des Produktes, längerfristig betrachtet jedoch – ceteris paribus – zu einem Rückgang der Absatzzahlen kommen. Typische Beispiele sind weitgehend reißfeste Damenstrümpfe, langlebige Autoreifen oder rostfreie PKW.

Letztgenannter Problemaspekt verdeutlicht, dass es aus absatzpolitischen Gründen vielfach sinnvoll ist, den umgekehrten Weg zu beschreiten, d.h. eine bewusste **Verminderung** der Produktqualität i.S. **einer Verkürzung der Lebensdauer** von Produkten zu betreiben. Man spricht in diesem Fall von einer **künstli-**

chen Veralterung bzw. von den sogenannten **Obsoleszenz-Strategien**. Letztere lassen sich in zwei Arten differenzieren:

- **planned obsolescence**: hierunter fallen die bewusste **technische Veralterung** – hervorstechendstes Beispiel sind die rasche Folge der verschiedenen Entwicklungsstufen von PC's – sowie die **psychologische Veralterung**, deren wichtigstes Element die **Mode** bildet

- **built-in obsolescence**: gemeint ist hier der bewusste Einbau von Sollbruchstellen in Produkte (z.B. Durchrosten eines Auspuffs).

Die Verkürzung der Lebensdauer von Produkten muss heutzutage neben dem **absatzwirtschaftlichen** stets auch aus dem **ökologischen** Blickwinkel betrachtet werden, wobei vor allem Aspekte des Recycling bzw. der Abfallbeseitigung Entscheidungsrelevanz aufweisen können. Marketing- und Ökologieanforderungen müssen dabei nicht notwendigerweise Gegenpole bilden, sondern können sich durchaus ergänzen. So kann beispielsweise eine strikte Ökologieorientierung mit der Folge teurerer, aber umweltverträglicherer Produkte über eine entsprechende Werbeaussage absatzsteigernd wirken.

Die Variation des **Produktäußeren** ist nicht selten eng mit dem Zusatznutzen des jeweiligen Produktes verbunden. Die äußere Erscheinung des Produktes soll beim Betrachter, vor allem beim (potentiellen) Kunden angenehme Empfindungen hervorrufen. Zu den zentralen Gestaltungsparametern gehören:

- Formgebung, Design

- Farbgebung

- Materialwahl

- Geruch

Der **äußeren Präsentation** der Produkte kommt in den westlichen Industrienationen deshalb eine so herausragende Rolle zu, weil in vielen Branchen die Produkte technisch-funktional weitgehend gleichwertig sind, so dass einer Differenzierung über die Produktqualität die Grundlage entzogen ist. Differenziert wird heute häufig über das Äußere des Produktes. Differenzierungsansätze bilden das ästhetische oder ergonomische Design in entsprechenden Farben und Materialien. Wichtig ist dabei, dass das äußere Bild des Produktes dem **"Zeitgeist"** bzw. der aktuellen **Mode** entspricht, wobei dieser Anspruch je nach Zielgruppe differieren kann.

Darüber hinaus gewinnt die **emotionale Differenzierung** der Produkte immer mehr an Bedeutung, d.h. dass sich das jeweilige Produkt beim Konsumenten empfindungs- und gefühlsmäßig von dem der Konkurrenzangebote unterscheidet. Erreicht wird dies vor allem durch emotionale Werbung.

Zunehmend wird der über das äußere Erscheinungsbild bzw. eine emotionale Ansprache aufgebaute Zusatznutzen anstelle der eigentlichen Produktfunktion zum kaufentscheidenden Faktor beim Verbraucher.

Produktpolitische Entscheidungen müssen im Laufe des Lebenszyklusses eines Produktes im Allgemeinen verändert werden, weil dies beispielsweise durch den technischen Fortschritt oder veränderte Konsumentenwünsche erforderlich wird. Diese **Modifikation** von am Markt befindlichen Produkten kann sich in zwei produktpolitischen Entscheidungtatbeständen niederschlagen:

- **Produktvariation:** bewusste Veränderung der Gebrauchseigenschaften oder des äußeren Erscheinungsbildes eines vorhandenen Produktes, um es beim Kunden attraktiver erscheinen zu lassen (i.a.R. wird eine **Produktaktualisierung** angestrebt)

- **Produktdifferenzierung:** neben die ursprüngliche Variante eines Produktes tritt ein weiteres Modell, das auf bestimmte, i.a.R. neue Marktsegmente (= Zielgruppen) ausgerichtet ist.

Ein weiterer produktpolitischer Gestaltungsbereich ist die **Verpackung**. Darunter wird üblicherweise ein Sammelbegriff für jegliche Umhüllung eines oder mehrerer Produkte verstanden. Mit dem Terminus **Packung** ist hingegen die einzelne Produkteinheit gemeint, in der das Produkt im Konsumgüterbereich in den Regalen des Handels präsentiert wird.

Insofern ist die **Packungsgestaltung** unmittelbar mit der Variation des Produktäußeren verbunden; in konsumnahen Produktbereichen, wenn man z.B. an Zigaretten, Waschpulver, Parfüm oder Zahncreme denkt, ist sie mit dieser quasi sogar funktionsidentisch. Denn wenn der Verbraucher von seiner Zigaretten- oder seiner Waschmittelmarke spricht, denkt er nicht an den reinen Tabak oder die Waschmittelkörner, sondern es erscheint die Packung vor seinem inneren Auge. Insofern gelten für die **Packungsgestaltung** die meisten **Erkenntnisse** der **Produkt-** und **Werbemittelgestaltung** in gleicher oder leicht modifizierter Weise.

Der (Ver-)**Packung** kommen grundsätzlich folgende **Funktionen** zu:

- Schutz des Produktes vor Beschädigungen (insb. beim Transport)

- Dimensionierung der Menge beim Kaufakt (z.b. Familienpackung)

- Information des Verbrauchers (z.b. Name, Inhaltsangaben, An- bzw. Verwendungshinweise, Haltbarkeit)

- Qualitätsbestandteil und Imagebildung (z.b. Parfümflakon)

- Träger von Werbung (insb. bei Markenbildung)

- Selbstverkäuflichkeit der Ware am POP (= point of purchase)

Die Realisierung der letztgenannten verkaufsfördernden Funktion (Selbstverkäuflichkeit der Ware am Ort des (Ver-) Kaufs) war zwingende Voraussetzung, um das **Prinzip der Selbstbedienung** (= SB-Prinzip) im Einzelhandel zu etablieren.

Schließlich müssen in zunehmendem Maße Recycling-, Weiterverwendungs- und Entsorgungsüberlegungen im Rahmen der Verpackungsgestaltung Berücksichtigung finden.

4.2.4. Markenbildung

Zu den klassischen produktpolitischen Vorgehensweisen im Marketing zählt die **Markenpolitik**, worunter man den systematischen Aufbau und die kontinuierliche Pflege von **Marken** versteht.

Grundlage der Markenpolitik ist die Marketing-Technik der **Markierung**, mittels derer an sich homogene Güter wie z.b. Bananen, Zigaretten, Bekleidung, Erfrischungsgetränke, Porzellan oder Uhren durch präferenzbildende Maßnahmen – wie insbesondere Namensgebung, Werbung und Verpackungsgestaltung – heterogenisiert werden.

Eine **Marke** entsteht durch die Kreierung eines Namens, einer Bezeichnung, eines Symbols, einer Graphik, eines Schriftzugs oder durch eine Kombination dieser Elemente. Die Marke besteht in aller Regel aus einem **Markennamen** und einem **Markenzeichen**. Der Markenname ist der verbale, aussprechbare Teil der Marke (z.b. *Chiquita, Marlboro, Coca Cola*), wohingegen das Markenzeichen der visuellen Identifikation der Marke (z.b. zwei gekreuzte Schwerter für *Meissen*, grün-rotes Krokodil für *Lacoste*) dient.

Die bewusste oder intuitive Bildung von Marken ist allerdings nicht nur auf den **Konsumgüterbereich** beschränkt – man spricht hierbei zumeist von **Marken-**

artikeln –, sondern kann sich auch auf den Investitionsgüter und den Dienstleistungsbereich erstrecken. Im Unterschied zum Konsumgüterbereich werden im Investitionsgütersektor die Hersteller zumeist selbst zu Marken (z.b. *STIHL-Profisägen*) bzw. stehen im Dienstleistungssektor die Markennamen für spezielle Leistungsangebote, herausragendes Image und vor allem für besonderen Service; als Beispiele können die *"Ambiente"* und *"Tendence"* (weltweit bedeutendsten Design-, Geschenk- u. Hausratsmessen, veranstaltet von der Frankfurter Messegesellschaft GmbH), *Moevenpick, McDonalds* (Gastronomiesysteme), *UPS* (Logistik-System) oder *Eurocard* (Kreditkartensystem) dienen. Wenn der Name eines (Einzel-)Handelsgeschäfts zur Marke avanciert, mit der die Abnehmer ein ganz spezifisches Leistungsangebot und Imagevorstellung verbinden, spricht man von einem **Retail Brand** bzw. dem **Retail Branding** (z.B. *ALDI, Douglas* oder *H&M*). Und schließlich kann sich die Markenpolitik auch auf **Produktionsgüter** als Markierungsobjekte beziehen. Man spricht in diesem Fall von **Ingredient Branding**. Als Beispiel für Rohstoffe kann IWS (*"Wollsiegel"*), für Einsatzstoffe *Gore-Tex* und für Teile *Intel inside* gelten. Das Ingredient Branding weist einige Berührungspunkte zum im Prinzip davon völlig unabhängigen Markenkonzept des **Co-Branding** auf. Dieses ist dadurch charakterisiert, dass zwei oder mehr Unternehmen ihren Markennamen gemeinsam beim Marktauftritt einsetzen, um auf diese Weise Synergieeffekte zu nutzen und die Marktpräsenz zu erhöhen (z.B. *Schiesser & Ariel* oder *Intel & Vobis*).

Der Marketing-Entscheidungsträger verfolgt also mittels der Etablierung einer Marke bzw. eines Markenartikels das Kernziel, seinem Produkt eine **eigenständige Markenpersönlichkeit** zu verschaffen, die dieses von Konkurrenzprodukten unterscheidet und bei den relevanten Abnehmerkreisen interessant macht. Im Einzelnen geht es um die Erreichung folgender Detailziele:

- Verbraucher soll Marke **identifizieren** können
- Identifikation soll zu **Präferenzen** für die Marke führen
- **Zusatznutzen** (z.B. Prestige, Sicherheit) soll vermittelt werden
- Aufbau von **Markentreue** soll erreicht werden
- **USP (= unique selling proposition)**, d.h. ein einzigartiges Nutzenversprechen soll mit dem Produkt verbunden werden
- Marke soll gewissen **Preisspielraum** gegenüber Handel und Verbraucher ermöglichen

Um diese Ziele zu erreichen bedarf es zunächst einmal erheblicher Werbeanstrengungen, d.h. der Aufbau bzw. die längerfristige Etablierung einer Marke bzw. eines Markenartikels setzt eine intensive und kontinuierliche **letztverbraucherbezogene Werbung** voraus.

Dem **Markenartikel** können folgende drei konstitutive **Merkmale** zugeschrieben werden:

- Produktkennzeichnung
- Qualitätssicherung
- Image und Verkehrsgeltung

Zusätzlich lässt sich in sehr vielen, allerdings nicht in allen Fällen das Merkmal der

- **Ubiquität (= Überallerhältlichkeit)**

heranziehen, da bei sehr hochwertigen Marken – man spricht auch von **Edel**- und/oder **Designermarken** – auf die Ubiquität bewusst, zu Gunsten einer erwünschten Exklusivität verzichtet wird (z.B. *J. P. Gaultier*-Designermode, *Cartier*-Uhren, *Rolls-Royce*-Autos).

Das deutsche Kartellrecht spricht in diesem Zusammenhang im § 38a Absatz 2 GWB (= Gesetz gegen Wettbewerbsbeschränkungen) von **Markenwaren**, die dann vorliegen, wenn die Forderungen

- Vorhandensein einer die Herkunft verdeutlichenden Markierung
- Lieferung in gleichbleibender oder verbesserter Qualität

erfüllt sind.

Der Markenartikel bzw. die Marke hat somit drei Funktionen zu gewährleisten: **Individualisierungs-**, **Identifikations-** und (Qualitäts-)**Garantiefunktion.**

Die **Markenstrategie** kann unterschiedliche Formen aufweisen. Wird jedes Produkt als eigenständige Marke vertrieben, spricht man von einer **Einzelmarkenstrategie**, wobei sich diese wiederum entweder auf unterschiedliche Märkte (z.B. *Rama* und *Sunlicht* von Unilever) oder auf den gleichen Markt (z.B. *Mars*, *Snickers*, *Twix* und *Bounty* von Mars) beziehen kann. Letzterer Fall wird auch als **Mehrmarkenstrategie** bezeichnet.

Daneben existieren noch die **Markenfamilien-** und die **Dachmarkenstrategie**, zwei Markenstrategien deren Abgrenzung – vor allem in der Praxis – nicht eindeutig zu fixieren ist. Bei der **Markenfamilie** werden mehrere Produkte unter der gleichen Marke geführt, wobei meistens ein gemeinsames Nutzenversprechen gewählt wird (z.B. *Tesa* – Kleben, *Nivea* – Hautpflege, *Maggi* – Suppenvielfalt).

Innerhalb eines Unternehmens können dabei mehrere Familien gleichzeitig existieren. Im Gegensatz zur Markenfamilie fasst die **Dachmarke** alle Produkte eines Unternehmens zusammen, wobei in vielen Fällen der Firmenname mit der Dachmarke identisch ist (z.B. *Kraft*-Nahrungsmittel, *Sony*-Elektronikgeräte, *Allianz*-Versicherungen).

Darüber hinaus gilt es noch den **Markentransfer** zu nennen, worunter man die Übertragung des Markennamens und -zeichens auf andere als die ursprünglich vorhandenen Produktmärkte bzw. Einsatzgebiete versteht. Als "klassische" Beispiele sind der Transfer der Modemarken *Chanel, Yves Saint Laurent u.a.* auf den Parfümsektor oder *Porsche* auf Accessoires, wie Brillen etc., anzuführen.

Schließlich bedienen sich viele Hersteller zusätzlich einer sog. **Zweitmarkenpolitik**. Hierunter ist zu verstehen, dass ein Hersteller seinen etablierten Markenartikel über den Facheinzelhandel auf hohem Preisniveau vertreibt, während er gleichzeitig dasselbe, allerdings leicht modifizierte Produkt unter anderem Namen und anderer Aufmachung zu erheblich niedrigerem Preis im Nicht-Facheinzelhandel (z.B. in Verbrauchermärkten oder Discountgeschäften) absetzt.

Im Allgemeinen wird der Begriff des **Markenartikels** mit der Marketing-Politik von (Konsumgüter-) **Industrieunternehmen** in Verbindung gebracht, weshalb man auch von **Herstellermarken** spricht. Im Unterschied dazu haben sich in den letzten beiden Jahrzehnten in immer stärkerem Maße sog. **Handelsmarken** etabliert. Hierunter fallen Fertigerzeugnisse des Konsumgüterbereichs, die der Handel quasi in Auftragsarbeit von der Industrieseite produzieren lässt, diese mit einer eigenen Marke ausstattet und dann ausschließlich in seinen angeschlossenen Einzelhandelsgeschäften vertreibt, wie z.B. *Sekt Schloß Königstein* von EDEKA (**Individualmarke**), das *Elite*-Programm der Kaufhof AG (**Warengruppenmarke**) oder *Revue* der Foto-Quelle AG (**Sortimentsmarke**). Bei Handelsmarken liegt im Gegensatz zu Herstellermarken, wo die Industrieseite das Marketing-Konzept weitgehend bestimmt, die **Marketing-Führerschaft** beim **Handel**.

Als bewusster Gegenpol zu den Herstellermarken wurden vom Handel neben den Handelsmarken die **Gattungsmarken** geschaffen, für welche sich auch die Bezeichnungen " ", "weiße Ware", "generics" oder "produits libres" finden. Hierbei handelt es sich um Konsumartikel, wie z.B. Zigaretten, Milch oder Zucker, die im Einzelhandel in einfacher (zumeist "weißer") Verpackung mit dem schlichten Hinweis, um welches Produkt es sich handelt, angeboten werden und deren Preis zumeist um 25 - 50 % unter dem vergleichbarer Markenartikel liegt.

Der Bereich der **Markenartikel** ist es auch, wo erstmalig Untersuchungen darüber angestellt wurden, welchen **"Lebensweg"** Produkte zwischen ihrem Markteintritt bis zu ihrem Ausscheiden aus dem Markt durchlaufen. Man spricht in diesem Zusammenhang vom sog. **Produkt-Lebenszyklus-Konzept**, welches den Absatz, Umsatz, Deckungsbeitrag oder Gewinn eines Produktes in Abhängigkeit zur Variable Zeit betrachtet. Idealtypisch lassen sich im Rahmen des Produkt-Lebenszyklus-Modells – nach der Periode der Entwicklung eines Produktes – **5 Phasen** seiner Marktexistenz unterscheiden:

Einführung (I), Wachstum (II), Reife (III), Sättigung (IV) und Degeneration (V).

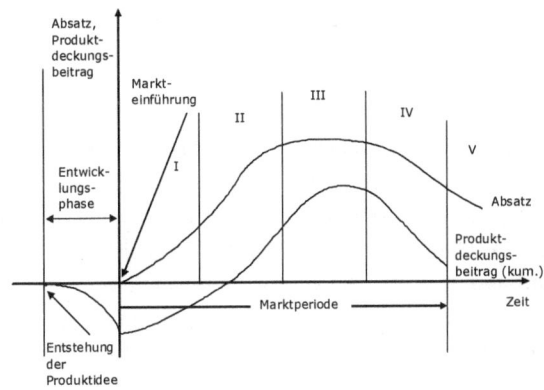

Abb. 30: Produktlebenzyklus in idealtypischem Verlauf
(Nieschlag/Dichtl/Hörschgen, 2002, S. 121)

In der ersten Phase, der **Markteinführung**, findet die eigentliche Marktinvestition statt, vor allem in Form von intensiven Werbe- und Verkaufsförderungsmaßnahmen. Hier müssen zu Beginn (hohe) kumulierte Verluste in Kauf genommen werden. Nach ersten Probekäufen nimmt allerdings das Interesse bei den Konsumenten zu, die Bekanntheit des neuen Produktes steigt, es kommt zu ersten Wiederholungskäufen, der Markterfolg stellt sich allmählich ein. Beim Erreichen der Gewinnschwelle befindet sich das neue Produkt mittlerweile in der **Wachstumsphase**. Weitere Werbe- und Verkaufsförderungsanstrengungen, unterstützt durch "mouth-to-mouth-advertising" zufriedener Kunden und/oder positive Warentestberichte, steigern den Bekanntheitsgrad weiter und lassen den Umsatz nochmals stark anwachsen. Mit dem Wendepunkt der Kurve ist die **Reifephase** erreicht, die durch ein Absinken der Wachstumsrate des Umsatzes gekennzeichnet ist. Sie wird von der Phase der **Marktsättigung** gefolgt, die den Stillstand des Umsatzwachstums markiert. Den Abschluss bildet die **Degenerationsphase**, in welcher die Umsatz- und Gewinnkurve stark abfällt. Das Produkt hat sich "überlebt" und kann auch durch intensive Marketing-Aktivitäten nicht mehr am Markt gehalten werden. Es wird in aller Regel durch ein anderes, ein neues Produkt ersetzt.

Wenngleich sich dieses Konzept – empirisch betrachtet – vielfach auf verschiedene Bezugsgrößen, wie Produktklassen (z.B. Pelze), Produktgruppen (z.B. Schmalfilmkameras) oder einzelne Produkte/Marken (z.B. Commodore PCs) übertragen ließ und lässt, so kann das Produkt-Lebenszyklus-Konzept dennoch keinen Anspruch auf Allgemeingültigkeit erheben. Im einzelnen gilt es kritisch zu konstatieren, dass

- sich weder theoretisch noch empirisch Gesetzmäßigkeiten ableiten lassen

- sich die Lebenszyklen nicht von allein aus zeitlichen Gesetzmäßigkeiten des Alterns von Produkten ergeben, sondern durch Marketing-Aktivitäten stark beeinflusst werden. So können beispielsweise außergewöhnliche und intensive Werbe- und Verkaufsförderungsanstrengungen in der **Reife-** und/oder der **Sättigungsphase** eines Produktes zu einer Verlängerung, im Extremfall sogar zu einer erneuten Zunahme des Umsatzwachstums in diesen Phasen führen. Man spricht in diesem Fall davon, einen **"relaunch"** gelandet zu haben

- es an eindeutigen Kriterien zur Abgrenzung der Phasen mangelt und

- keine zeitliche Operationalität – insbesondere was die Phasenlängen anbetrifft – gegeben ist.

Dennoch hat dieses Konzept aufgrund seiner beschreibenden Aussagekraft – gerade auch in der Praxis – nachhaltige Bedeutung für die gedankliche Durchdringung von produktbezogenen Marketing-Problemen.

4.2.5. Produktneuentwicklung und Produktelimination

4.2.5.1. Zur Notwendigkeit von Produktinnovationen

Zu den zentralen marketingpolitischen Aufgaben zählt die **Produktinnovation**, d.h. die Entwicklung von neuen Produkten und deren (erfolgreiche) Einführung in den Markt. Nur durch eine kontinuierliche Produktneuentwicklung kann langfristig die **Existenz** und das **Wachstum** eines Unternehmens gesichert werden, da die **Lebensdauer** von Produkten auf dem Markt aufgrund veränderter Konsumentenwünsche, Konkurrenzaktivitäten, technischem Fortschritt u.v.a. **begrenzt** ist. Außerdem können Produktinnovationen zur Risikostreuung, zur Senkung von Produktionskosten und zu erhöhter Auslastung vorhandener Produktionskapazitäten dienen.

Allerdings beinhalten Produktinnovationen noch keine Überlebensgarantie für das Unternehmen, da sie in aller Regel mit hohen **Forschungs-** und **Entwicklungs-** sowie erheblichen **Einführungskosten** verbunden sind und die **Flop-Rate**, d.h. die Wahrscheinlichkeit, dass das neue Produkt nie, nur kurzzeitig oder ohne jemals den Break-Even-Point zu erreichen auf den Markt kommt, sehr hoch ist. Gemeinhin rechnet man mit einer Versagerquote von ca. 75 %.

Die Bandbreite dessen, was man unter einer Produktinnovation versteht, reicht von Produkten, die sich nur in ihrer äußeren Form oder in einer etwas modifizierten Funktionserfüllung von ähnlichen, schon am Markt befindlichen Alternativen unterscheiden, bis hin zur Entwicklung von Erzeugnissen, die ein Bedürfnis befriedigen, für welches es bislang noch keine Problemlösung gab. Im letzteren Fall liegt eine **"echte" Produktinnovation** vor, die allerdings in der Praxis äußerst selten vorkommt; nur ca. 1 % an neuen Produkten kann dieser Kategorie zugerechnet werden.

4.2.5.2. Planungsprozess einer Produktinnovation

Die mit einem **Produktinnovationsprozess** verbundenen Marketing-Aktivitäten lassen sich in folgendes **Phasenschema** einreihen (*vgl. Nieschlag/Dichtl/Hörschgen, 2002, S. 694 f.*):

❶	Gewinnung von Produktideen
❷	Grobauswahl von Produktideen (Screening)
❸	Wirtschaftlichkeitsanalysen
❹	Produktentwicklung
❺	Testphase
❻	Markteinführung

Abb. C.31: Die Phasen des Innovationsprozesses

Ideen für neue Produkte können sowohl aus **internen** als auch aus **externen Quellen** stammen:

- **interne Quellen:** Forschungs- u. Entwicklungsabteilung, Patentabteilung, Produktionsabteilung, betriebliches Vorschlagswesen, Marketing-Abteilung (insb. Verkäufer, product manager, key account manager, Marktforscher) u.v.a.

- **externe Quellen:** Kundenwünsche, -reklamationen, Konkurrenzaktivitäten, wiederkehrende Reparaturen, Kritik von Verbraucherverbänden, externe Marktforschungsinstitute, Wirtschaftsverbände, Werbeagenturen u.v.a.

Zur Gewinnung von Ideen können auch spezifische **Techniken** eingesetzt werden. Man unterscheidet hier Techniken, die auf logisch-kombinativen Überlegungen beruhen – sog. **diskursive Methoden** – und Techniken, die auf spontankreativen Eingebungen beruhen; letztere werden auch als **intuitive Verfahren** bezeichnet.

Zu den wichtigsten **diskursiven** Verfahren zählen u.a. **Fragenkataloge** und die von *Zwicky* entwickelte **Morphologie**:

- **Fragenkataloge**: Produkte werden bezügl. Konstruktion, verwendetem Material etc. präzise beschrieben und durch Fragen wie "andere Verwendung?" erhält man Anhaltspunkte für neue Ideen.

- **Morphologie**: Ein Problem wird allgemein umrissen und in alle wesentlichen Komponenten zerlegt, die dessen Lösung beeinflussen (= **intensionale**

Merkmale). Zu jedem intensionalen Merkmal werden nun unterschiedliche Lösungsmöglichkeiten (= **extensionale** Merkmale) gesucht und die intensionalen und extensionalen Merkmale zu einer Matrix, dem sog. **morphologischen Kasten**, zusammengefügt. Die im morphologischen Kasten enthaltenen Lösungsalternativen werden nun kreativ kombiniert, wodurch es zu Lösungsansätzen kommt, an die vorab nicht gedacht wurde.

Im Zentrum der **intuitiven** Verfahren stehen das **Brainstorming** mit all seinen daraus abgeleiteten Subformen wie Brainwriting oder der **Methode 635** sowie die mit besonders hohem kreativen Potential verbundene **Synektik**:

- **Brainstorming**: Im Rahmen einer Brainstorming-Sitzung (Regeln: 6 bis 12 Teilnehmer, Dauer 15 bis 45 Min., Quantität an Lösungen geht vor Qualität, kein Teilnehmer hat ein Urheberrecht an einer Idee, Kritik an Ideen ist strickt verboten, Teilnehmer sollten nicht aus unterschiedlichen Hierarchiestufen stammen) soll durch das unbeschränkte Aufgreifen und Weiterentwickeln von Ideen aller Teilnehmer die volle Leistungsfähigkeit des menschlichen Gehirns genutzt werden.

- **Methode 635**: **6** Teilnehmer einer Gruppe erhalten eine schriftlich festgehaltene Problemstellung, zu der sie auf einem Blatt Papier mindestens **3** Lösungsvorschläge innerhalb von **5** Minuten niederschreiben. Danach übergeben die Teilnehmer ihr Blatt jeweils an eine andere Person, welche die ihr vorgelegten Lösungen weiterentwickelt und danach das Lösungsblatt erneut weiterreicht. Letztendlich werden auf diese Weise 18 Lösungsalternativen aus fünf unterschiedlichen Blickwinkeln angegangen.

- **Synektik**: Ein Problem wird schrittweise verfremdet, indem systematische (z.B. Natur) und/oder persönliche Analogien (z.B. "was würde ich tun?") gebildet oder Reizbegriffe gesetzt werden. Nach mehreren Stufen der Analogiebildung wird eine bewusste Rückbesinnung auf das Ausgangsproblem (sog. "force fit") vorgenommen.

Im Anschluss an die Phase der Ideenfindung muss eine **Vorauswahl** (= Vorab-Screening) der weiter zu verfolgenden Ideen durchgeführt werden. Hierzu werden einfache **Kriterienkataloge** eingesetzt, bei denen die einzelnen Ideen den Kriterien folgend in einem Skalierungsverfahren mit beispielsweise ++ bis -- oder von 1 ("sehr positiv") bis 6 ("sehr negativ") bewertet werden. Danach lässt sich für jede Produktidee ein **Profil** durch Verbindung der einzelnen Einstufungen erstellen.

Des Weiteren finden die etwas aussagekräftigeren **Scoring-Modelle** (= Punktbewertungsmodelle) Einsatz bei der Bewertung von Produktideen, deren Aufbau sich in folgenden Schritten vollzieht:

- Auswahl und Festlegung von Bewertungskriterien

- Gewichtung der Kriterien

- Ermittlung bzw. Einstufung der Kriterienerfüllung (z.B. von 0 bis 1,0)

- Bestimmung der gewichteten Gesamtpunktzahl (= Index)

Aussagefähig wird die errechnete Indexsumme allerdings erst im Vergleich zum erreichten Indexwert von anderen Produktideen bzw. erst dann, wenn man diesen gemäß subjektiv gesetzter Mindesterwartungswerte als interessant und damit als weiterverfolgbar oder als ungeeignet relativiert.

Kriterien (1)	Relatives Gewicht (2)	Bewertung (Koeffizienten) 0 0,1 0,2 0,3 0,4 0,5 0,6 0,7 0,8 0,9 1 (3)	Index (2) x (3)
1	0,25	X	0,075
2	0,15	X	0,105
3	0,20	X	0,02
4	0,10	X	0,02
5	0,30	X	0,15
	Σ 1,0	0 – 0,40 = schlecht 0,41 – 0,75 = mittel 0,75 – 1,0 = gut	Σ 0,37

Abb. C.32: Beispiel eines Scoring-Modells
(in Anlehnung an Nieschlag/Dichtl/Hörschgen, 2002, S. 702)

Diejenigen Produktideen, die das Vorab-Screening erfolgreich durchlaufen haben, werden danach einem **Konzepttest** unterzogen. Hierunter werden Gruppendiskussionen, schriftliche und mündliche Befragungen und einige Testvarianten (z.B. "wenn Sie wählen könnten, was würden Sie präferieren: die Neukonzeption – das

Konkurrenzprodukt A – den Geldbetrag X ?") verstanden, die eingesetzt werden, um die zu erwartende Akzeptanz des geplanten Produktes beim Konsumenten und damit letztendlich den späteren Markterfolge abschätzen zu können. Hierzu muss die Produktidee verbal, graphisch/bildlich, über Computerdesign oder mittels eines "Rohlings" (z.B. Holzmodell eines PKW) kommunizierbar gemacht werden.

Alle noch verbliebenen Produktideen werden nun einer **Wirtschaftlichkeitsanalyse** unterzogen, wozu vielfältige Verfahren, wie die statischen und dynamischen **Investitionsrechenverfahren** (z.B. Gewinnvergleichsverfahren, Break-Even-Analyse, Kapitalwertmethode, Methode des internen Zinsfuß) oder auch **Risikoanalysen** Einsatz finden.

Von den Produktkonzeptionen, die aus der Wirtschaftlichkeitsanalyse erfolgreich hervorgegangen sind, werden im Rahmen der **Produktentwicklung** marktreife Produkte – vielfach zuerst einmal in Form einer ausreichend großen Anzahl an **Prototypen** – hergestellt, die wiederum in der daran anschließenden Phase verschiedenen **Tests** unterzogen werden.

Mittels verschiedener **Produkttests** wird versucht, die in den Augen der (potentiellen) Kunden attraktivste Produktalternative zu ermitteln. Dabei lassen sich mehrere **Produkttestvarianten** unterscheiden.

Im Rahmen eines **Akzeptanztests** kann einmal die Beurteilung des vollständigen Produktes durch die Testpersonen (= **Volltest**) oder aber die Einschätzung verschiedener Produktvarianten in Form eines **Partialtests** festgestellt werden. Letzterer kann als **Eliminationstest** oder als **Substitutionstest** durchgeführt werden.

Beim **Eliminationstest** wird ein Produkt systematisch anonymisiert, d.h. wesentliche Produktbestandteile – wie insbesondere der Produktname, der Preis, der Hersteller, die Verpackung – werden Stufe für Stufe weggelassen bzw. neutralisiert, bis schließlich die "nackte Ware" übrig bleibt. Wenn schließlich nur noch diese – beispielsweise als reiner Zigarettentabak, Waschmittelkörner oder weiße Quarkcreme getestet wird, spricht man von einem sog. **Blindtest**. Zielsetzung des Eliminationstests ist es, den Einfluss der jeweiligen Produktbestandteile auf die Gesamteinschätzung des Produktes zu erfassen. Klassisches Beispiel stellt die zumeist extrem unterschiedliche Beurteilung des Geschmacks einer Zigarette(nmarke) mit und ohne Markenname dar.

Beim **Substitutionstest** werden hingegen die einzelnen Produktbestandteile variiert, um z.B. die attraktivste Farbe, die geeignetste Verpackung etc. zu ermitteln.

Mittlerweile haben sich die **Partialtests**, die für die wichtigsten Produktkomponenten entwickelt wurden, in Form von eigenständigen **Preis-, Namens-, Packungs-** und **Geschmackstests** verselbständigt.

Die meisten Produkttests finden im Teststudio als **Labortest** statt (= central location test), dessen zentrale Vorteile in der Beherrschung von denkbaren Störgrößen (z.B. Wetter) und der Möglichkeit des Einsatzes von apparativen Hilfsmitteln liegt. Hauptproblem, das es durch entsprechende Versuchsanordnungen auszuschalten gilt, stellt die hohe Wahrscheinlichkeit eines a-typischen Verhaltens der Testpersonen dar.

In Einzelfällen werden die Tests aber auch zu Hause (= **home-use-test**) oder als **Caravan-Test** – z.B. in Fußgängerzonen – durchgeführt.

Zu den wichtigsten **apparativen Hilfsmitteln** zählen das **Tachistoskop** (= Apparatur, mittels derer Objekte nur für kurze Zeit – von wenigen Millisekunden bis einigen Sekunden – optisch dargeboten werden), die **Schnellgreifbühne** (Vorrichtung, auf der Objekte kurzzeitig zur spontanen Wegnahme dargeboten werden) und die **Videokamera**.

Um eine größere Marktnähe zu erreichen, werden neue Produkte in ausgewählten Einzelhandelsgeschäften, also unter realen Bedingungen, eine beschränkte Zeit lang (i.a.R. ca. 4 Wochen) probeweise angeboten, um aus dem Abverkauf auf den späteren Markterfolg schließen zu können. Im Rahmen dieser als **Store-Test** bezeichneten Untersuchung können auch wesentliche Bestandteile des Produkts – wie insbesondere die Verpackung oder der Preis – nochmals variiert getestet werden.

Das umfassendste Testverfahren in Form eines **Markttests** stellt gleichsam den fließenden Übergang zur **Markteinführung** des neuen Produktes dar. Denn im Rahmen eines **Markttests** wird dieses – einschließlich aller damit einhergehenden Marketing-Aktivitäten, wie z.B. **Medienwerbung** und **Sales Promotion** – auf einem begrenzten Markt (z.B. Berlin oder Saarland) für zumeist 6 bis 12 Monate probeweise zum Kauf angeboten, um dadurch vor allem verlässliche Zahlenwerte über dessen Marktgängigkeit zu erhalten, die Hochrechnungen auf den Gesamtmarkt zulassen. Bei erfolgversprechenden Absatz- bzw. Umsatzwerten folgt die **Einführung** des Produktes auf dem Gesamtmarkt.

4.2.5.3. Produktelimination

Den letzten Entscheidungstatbestand, der im Zusammenhang mit den Produkten eines Unternehmens getroffen wird, bildet die **Herausnahme** einzelner Produkte (z.B. eine bestimmte Zahncreme), vollständiger Produktlinien (z.B. alle Artikel zur Zahnhygiene) oder ganzer Produkt-/Geschäftssparten (z.B. Aufgabe der Produktion von Körperpflegeartikeln) aus dem Markt.

Allgemein kommt es zur Herausnahme von Produkten aus dem Angebotsprogramm, wenn diese mit den Unternehmenszielen nicht mehr kompatibel sind. Hierfür können einerseits **quantitative Aspekte**, wie z.B. zurückgehende Umsätze bzw. Marktanteile (Degenerationsphase) oder sinkende Deckungsbeiträge, andererseits **qualitative Gründe**, wie beispielsweise staatliche Vorschriften (z.B. Lebensmittelrecht, Umweltrecht) oder negative Auswirkungen des Produktes auf das Image des Unternehmens als Ganzes oder auf andere Produkte im Angebotsprogramm ausschlaggebend sein. Andererseits gilt es stets auch denkbare Negativfolgen der Eliminierung eines (möglicherweise sogar unrentablen) Produktes aus dem Angebot für die Verkäuflichkeit der verbliebenen Artikel zu antizipieren. Vielfach erwarten die Kunden nämlich umfassende "Full-Service-Programme". Damit wird deutlich, dass die Elimination eines Produktes nie in einem singulären, sondern stets nur unter einem strategischen, gesamtunternehmensbezogenen Kalkül vorgenommen werden darf.

4.2.6. Festlegung des Produktionsprogramms

Als **Produktionsprogramm** bezeichnet man alle **Produktlinien** – bzw. die darin enthaltenen Produkte – , die ein **Herstellerunternehmen** seinen Kunden zum Kauf anbietet. Im **Handel** spricht man von einem **Sortiment** und meint damit die Gesamtheit aller Waren und Dienstleistungen, die eine Handelsunternehmung "führt" und den Verbrauchern offeriert.

Kernaufgabe ist es jeweils, das Angebot in **art-**, **mengen-** und **zeitmäßiger** Hinsicht festzulegen und dabei zwischen zwei divergierenden Zielsetzungen abzuwägen, nämlich zwischen dem **akquisitorischen Aspekt** (wohinter sich die Attraktivität des Gesamtangebots für den Kunden verbirgt) und **kosten- bzw. ertragswirtschaftlichen** Überlegungen. Denn letztere fordern (z.B. aus Produktions- oder Lagerhaltungskostengründen) eine Begrenzung des Angebots im Gegensatz zum akquisitorischen Gedanken, der stets eine möglichst große Auswahl für den Kunden impliziert. Einen Lösungsbeitrag liefert hierzu nicht selten die

Überlegung des **"make or buy"**, worunter man das programmpolitische Entscheidungsproblem versteht, das eigene Produktionsprogramm durch Zukäufe zu ergänzen oder dies zu unterlassen.

Wesentliche **programmpolitische** Entscheidungstatbestände umfassen zum einen die Festlegung der **Produktlinien**, d.h. die nach bestimmten Kriterien vorgenommene Zusammenfassung der Produkte (z.B. Art der Nachfrage, Produktionstechnik, Bedarfszusammenhang), zum anderen die Bestimmung der **Programmbreite** (= Anzahl der Produktlinien oder Produktarten) und der **Programmtiefe** (= Anzahl der Modelle, Typen je Produktlinie). So kann ein Hersteller beispielsweise 3 Produktlinien (z.B. Rasenmäher, Kühlschränke, Heizdecken) mit einmal 7, dann 6 oder vielleicht sogar nur 3 Typen bzw. Modellen führen.

In ähnlicher Art und Weise gilt es das **Handelssortiment** festzulegen, dessen Bausteine folgendermaßen aussehen:

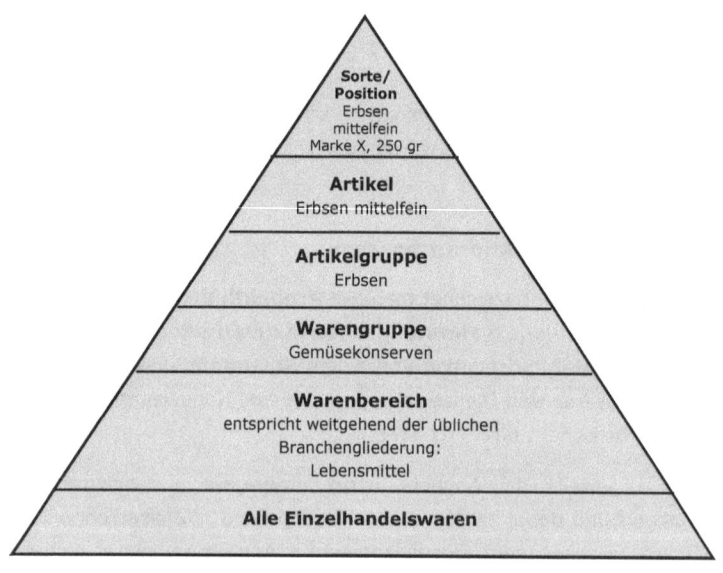

Abb. C.33: Bestandteile eines Handelssortiments
Quelle: Berekoven, 1990, S.75

Die generelle **Ausrichtung eines Handelssortiments** kann nach folgenden Kriterien erfolgen:

- Herkunft oder Material der Waren (z.b. Lederwarenfachgeschäft)

- Preislagen (z.b. Discounter oder Einheitspreisgeschäft)

- Grad der Selbstverkäuflichkeit: SB- oder nicht SB-fähig (z.B. SB-Markt)

- Bedarfskreise (z.b. "Alles für das Bad, Auto, Kind..." etc.)

- Zielgruppen (z.b. markenbewusste Teens, umweltbewusste Esser)

Zu den zentralen **Sortimentsdimensionen** zählen die **Breite** (= Anzahl an Warenbereichen) und die **Tiefe** (= Anzahl an Artikeln) des Sortiments; sie bestimmen neben der **Mächtigkeit** den **Sortimentsumfang**. So hat die Betriebsform des Warenhauses klassischerweise ein breites, zugleich aber eher flaches Sortiment, wohingegen das Spezialgeschäft (z.b. Tennisshop) ein sehr schmales, dafür aber äußerst tiefes Sortiment aufweist. Die Mächtigkeit bestimmt schließlich die Menge der vorhandenen Artikelversionen. So ist die Mächtigkeit von gängigen Konfektions- bzw. Schuhgrößen oder Farben weit größer als von seltenen Farben oder Größen.

Was die **Sortimentsstruktur** anbetrifft, lassen sich das **Basissortiment** (z.T. auch als **Kern-** oder **Standardsortiment** bezeichnet) sowie **Zusatzsortimente** und **Randsortimente** unterscheiden. Das Basissortiment umfasst alle ständig geführten Artikel, die das Zentrum des gesamten Sortiments ausmachen. Zusatzsortimente ergänzen das Basissortiment um Qualitäts- und Preisausschläge sowohl nach oben als auch nach unten, wohingegen Randsortimente kleine Teilsortimente mit ausgefallenen Artikeln (z.b. was Farben, Größen, Design oder Preise anbetrifft) im Basis- und Zusatzbereich bilden, deren Umschlagshäufigkeit (= Umsatz : ∅ Lagerbestand) sehr niedrig ist.

Bei Produktionsprogramm- oder Handelssortiment-Entscheidungen müssen stets (mögliche) **Verbundeffekte** zwischen den Produkten oder Handelsartikeln mitberücksichtigt werden. So kann eine kostenwirtschaftlich gerechtfertigte Herausnahme eines Produktes aus einer Produktlinie, z.B. wegen eines zu niedrigen oder negativen Deckungsbeitrags, dazu führen, dass der Absatz anderer Produkte mit hohem Deckungsbeitrag ebenfalls erheblich zurückgeht, da die gesamte Linie durch diese Herausnahme für die Abnehmer an Attraktivität verloren hat. In diesem Fall dürfte es unter dem Aspekt des Gesamtdeckungsbeitrags sinnvoll sein, das defizitäre Produkt "mitzuschleppen". Ähnliche Überlegungen gilt es stets auch für ein Handelssortiment anzustellen.

4.2.7. Servicepolitische Aktivitäten

Unter **Servicepolitik** (= Kundendienst) sind alle **Nebenleistungen** zu verstehen, die den Kunden angeboten werden, um den Absatz der **Hauptleistung** zu sichern oder erst zu ermöglichen. Die Hauptleistung umfasst je nach Wirtschaftsbereich

- die erzeugten Produkte (Industrieunternehmen)

- die zum Kauf angebotenen Waren bzw. das Sortiment (Handelsunternehmen)

- die (Basis-)Dienstleistungsangebote (Dienstleistungsunternehmen)

Services nehmen in den Fällen eine ganz zentrale Position innerhalb der Marketing-Bemühungen ein, in denen sich der einzelne Anbieter mittels seiner Hauptleistung nicht mehr profilieren kann, weil z.B. kein produkt- oder preisbezogener **"differential advantage"** vorhanden ist, mittels dessen er sich von seinen Konkurrenten abheben könnte.

Die Services können danach unterschieden werden, ob sie vor, während oder nach dem Kauf oder von diesem völlig unabhängig gewährt werden, wobei der Nachkaufservice bislang noch ein recht kümmerliches Dasein führt, obwohl er ein recht bedeutendes Element des **"After Sales Marketing"** darstellt und zur Kundenbindung bestens geeignet ist.

Trotz erheblicher Abgrenzungsschwierigkeiten wird üblicherweise zwischen dem **kaufmännischen** und dem **technischen** Kundendienst unterschieden; eine Auswahl an gängigen Serviceformen bzw. -angeboten findet sich nachfolgend:

kaufmännische Services:

- Beratung (insbesondere vor Ort)

- Gestaltungs-/Designvorschläge (z.B. Einbauküchenaufriss)

- Kostenvoranschläge

- großzügige Auslegung des Umtauschrechts

- Anlieferung der Ware nach Hause

- Mitgabe von Waren zur Auswahl

- Annahme von Kreditkarten oder Zahlung per EC-Cash

technische Services:

- Montage

- Wartung

- Ersatzteilversorgung

- Reparaturdienst

- Schulung und Instruktion des Kunden

Im Rahmen der Servicepolitik kommt es neben den **Formen,** die angeboten werden, vor allem auf die **Qualität** des Services an, worunter im Wesentlichen die **Schnelligkeit** und die **Art der Durchführung** des Services fallen. So nutzt einem Kunden beispielsweise das grundsätzliche Angebot der Reparaturübernahme nichts, wenn die Reparatur zu spät oder nur schleppend vor sich geht bzw. schlampig durchgeführt wird. In solchen Fällen tritt ein imageschädigender Bumerang-Effekt ein.

Schließlich kann man unter Marketing-Gesichtspunkten auch dann von einem Serviceangebot sprechen, wenn der Kunde für den Service **bezahlen** muss, sofern er dies der Art und dem Umfang nach als gerechtfertigt erachtet.

4.2.8. Garantieleistungen

Insbesondere bei höherwertigen und/oder technisch anspruchsvollen Gütern werden von Seiten der Anbieter **Garantien** in Bezug auf die Haltbarkeit und Funktionstüchtigkeit des Produktes übernommen (z.B. Durchrostgarantie beim Kauf eines Kfz). Diese Verpflichtungen können über die gesetzlichen Gewährleistungspflichten hinausgehen oder diese einschränken.

Eine Erhöhung des **akquisitorischen Potentials** (= Anziehungskraft des Unternehmens auf die Kunden bzw. aufgebauter Goodwill bei den Kunden) kann – vergleichbar dem Kundendienst – allerdings nur dann erreicht werden, wenn es für den Kunden bei Problemfällen zu einer großzügigen, schnellen und qualitativ einwandfreien Abwicklung kommt.

Quellen und Literaturempfehlungen

Becker, J. (2006), Marketing-Konzeptionen, 8. Aufl., München

Berekoven, L. (1990), Erfolgreiches Einzelhandelsmanagement, München

Brockhoff, F. (1999), Produktpolitik, 4. Aufl., Stuttgart/Jena

Bruhn, M./Stauss, B. (2008), Dienstleistungsmarken, Wiesbaden

Gausemeier, J./Ebbesmeyer, P./Kallmeyer, F. (2001), Produktinnovation,

Esch, F.-R. (2008), Strategie und Technik der Markenführung, 4. Aufl. München

Esch, F-R. (2005), Moderne Markenführung, 4. Aufl., Wiesbaden

Froböse, M./Kaapke, A. (2000), Marketing, Frankfurt/New York

Geschka, H./Herstatt, C. (1991), Kundennahe Produktinnovation. In: Die Unternehmung, Nr. 3, S. 207-219

Größer, H. (1991), Der klassische Markenartikel – Versuch einer Wesensbestimmung. In: Markenartikel, S. 200-207

Hermann, A. (1998), Produktmanagement, München

Hüttel, K. (1998), Produktpolitik, 3. Aufl., Ludwigshafen

Koppelmann, U. (2000), Produktmarketing. 6. Aufl., Berlin

Kotler, P./Bliemel, F.(2001), Marketing-Management, 10. Aufl., Stuttgart

Meffert, H./Burmann, Ch., Kirchgeorg, Manfred (2008), Marketing, 10. Aufl., Wiesbaden

Meffert, H./Burmann, Ch./Koers, (2005), Markenmanagement, 2. Aufl., Wiesbaden

Nieschlag, R./Dichtl, E./Hörschgen, H. (2002), 19. Aufl., Berlin

4.3. Kontrahierungspolitik

4.3.1. Überblick

Die **Kontrahierungspolitik** umfasst alle Entscheidungen, die das **Entgelt** des Kunden für die vom Unternehmen angebotenen Sach- und Dienstleistungen anbetreffen. Teilweise wird deshalb auch von **Entgeltpolitik** gesprochen. Im Einzelnen lassen sich folgende kontrahierungspolitischen Aktionsfelder unterscheiden:

- **Preispolitik i.e.S.**

- **Rabattpolitik**

- **Kreditgewährung**

- **Konditionenpolitik**

Grundsätzlich stellt der **Preis** die Geldsumme dar, die auf dem Markt für ein materielles oder immaterielles Gut bezahlt wird. *Den* Preis gibt es allerdings nicht, da der Preis vom Kunden stets relativ in bezog auf die Leistung, die er dafür erhält, wahrgenommen wird. Der "eigentliche" Preis ist damit immer nur *eine* Seite einer **Kosten-Nutzen-Überlegung**. Außerdem gilt es zu beachten, dass der Preis auf die **Qualitätswahrnehmung** ausstrahlt, d.h. als ein **Qualitätsindikator** vom Kunden interpretiert wird (i.d.R. hoher Preis = hohe Qualität).

4.3.2. Preispolitik i.e.S.

Die **Preispolitik i.e.S.** beschäftigt sich mit folgenden Entscheidungstatbeständen:

- **Preislage**, innerhalb derer ein Unternehmen tätig sein will

- **Preisfindung** für neue Produkte und Dienstleistungen

- **Preisänderungen** für die im Angebot befindlichen Leistungen

- **Preisoptische Aspekte**

Die **Preislagenpolitik** stellt vor allem für Industrie- und Handelsunternehmen eine strategische Grundsatzentscheidung dar, die alle anderen absatzpolitischen Instrumentalbereiche determiniert. Wenn sich z.B. eine Einzelhandelsunternehmung dazu entschlossen hat, in der obersten Preislage zu operieren, hat dies unmittelbaren Einfluss u.a. auf das Warenangebot, die Ladengestaltung und die Werbung.

Bei der praktischen **Preisfindung** können zwei grundsätzlich unterschiedliche Vorgehensweisen gewählt werden:

- **kostenorientierte** Preisbildung (über die Kalkulation, vereinfacht: Kosten + Gewinnaufschlag = Preis)

- **marktorientierte** Preisbildung (entweder abnehmer- oder wettbewerbsorientiert)

Bei der **marktorientierten** Preisbildung richtet sich der Entscheidungsträger entweder nach den Wertschätzungen, die die Kunden einem Gut entgegenbringen, und/oder nach dem Wettbewerb, d.h. nach den Preisforderungen der Konkurrenz.

Im Vordergrund der **abnehmerorientierten** Preisbildung steht der Gedanke des Ausschöpfens einer möglichen **Konsumentenrente**, worunter die positive Differenz zwischen dem, was die Kunden zu zahlen bereit wären, und dem Preis, den sie aufgrund der Marktsituation tatsächlich entrichten müssen, verstanden wird. Vor allem bei völlig neuen Produkten, bei denen die Konsumenten noch keine verfestigten Vorstellungen vom "angemessenen" Preis haben, bietet sich die Möglichkeit, über die **Forderung hoher Preise** bei der Markteinführung diese Einschätzung positiv zu beeinflussen. Man spricht hierbei von einer **Abschöpfungsstrategie** (= **scimming pricing**). Sinnvoll ist dieses Vorgehen, wenn das Marktsegment an Innovatoren groß genug ist, die bereit sind, den überhöhten Preis zu zahlen, und die Gefahr des Markteintritts von Konkurrenten aufgrund von technologischem oder sonstigem know-how-Vorsprung des Unternehmens relativ gering ist.

Im Rahmen einer **wettbewerbsorientierten** Preisbildung hat ein Unternehmen drei Möglichkeiten: sich an den Preis des Marktführers (u.U. auch an den durchschnittlichen Marktpreis) **anzupassen**, diesen zu **überbieten**, was eine wesentlich bessere Qualität und/oder ein starkes akquisitorisches Potential voraussetzt, oder diesen konsequent zu **unterbieten**.

Mit einer wettbewerbsorientierten Niedrigpreispolitik, die als **Penetrationsstrategie** (= **penetration pricing**) bezeichnet wird, können bei Neuprodukten zumeist sehr schnell hohe Marktanteile erobert werden. Zudem entsteht dadurch für Hersteller von Me-too-Produkten eine hohe Markteintrittsbarriere. Probleme können durch eine zu schlechte Qualitätseinschätzung entstehen.

Zu den häufig eingesetzten Formen einer marktbezogenen Preisbildung zählt außerdem die **Preisdifferenzierung,** worunter man die Forderung unterschiedlicher Preise für dasselbe oder nur marginal veränderte Produkt versteht. Es lassen sich unterscheiden:

- **Räumliche** Preisdifferenzierung (z.B. Inland/Ausland)

- **Zeitliche** Preisdifferenzierung (z.B. Jahreszeit, Tag/Nacht)

- **Verwendungsbezogene** Preisdifferenzierung (z.B. Vieh-/Speisesalz, Industrie-/Haushaltsstrom)

- **Personelle** Preisdifferenzierung (z.B. Studenten, Schüler, Rentner)

- **Mengenmäßige** Preisdifferenzierung (z.B. Groß-/Kleinpackungen)

Eine besondere Variante der Preisdifferenzierung ist das sogenannte **Yield Management.** Hierbei handelt es sich um ein im Dienstleistungsbereich eingesetztes Instrument zur Ertragsoptimierung. Dabei wird auf der Grundlage eines Informationssystems eine dynamische Preis-Mengen-Steuerung zur gewinnoptimalen Nutzung von Kapazitäten realisiert. Ziel des Verfahrens ist es, die Verfügbarkeit der Dienstleistung (z.B. Flüge, Hotelzimmer) für Kunden mit der höchsten Zahlungsbereitschaft zu verbessern (vgl. Nieschlag/Dichtl/Hörschgen S. 850 f.).

Sowohl die kosten- als auch die marktorientierte Preispolitik ist mit Problemen behaftet. So kann eine rein kostenorientierte Preisbildung dazu führen, dass der Preis zu hoch und am Markt nicht mehr durchsetzbar wird.

Bei einem ausschließlich marktorientierten Vorgehen kann es zu einer Kostenunterdeckung kommen. Deshalb werden die beiden Verfahren in aller Regel **kombiniert** eingesetzt, wobei vielfach der Gedanke des **kalkulatorischen Ausgleichs** zum Tragen kommt. Kernidee ist dabei, aus marktlichen Erwägungen (z.B. Preisimage, Wettbewerbsdruck) unterkalkulierte Produkte über Preise mit hoher Kostenüberdeckung bei anderen Produkten aus dem Produktionsprogramm oder Sortiment auszugleichen (= **Misch- oder Verbundkalkulation**).

Die Notwendigkeit zu **Preisänderungen** ergibt sich im Wesentlichen dann, wenn die angebotenen Leistungen nicht im erwarteten Umfang nachgefragt werden. Hier wird im Allgemeinen – gemäß der grundlegenden Preis-Absatz-Funktion – durch eine **Preisreduktion** eine Steigerung des Abverkaufs unterstellt. Im Handel fasst man dieses Vorgehen unter den Begriff der **Abschriftenpolitik.**

Allerdings kann es in Einzelfällen auch durch eine **Preiserhöhung** zu Umsatz- oder sogar Absatzsteigerungen kommen. Hier spielt der psychologische Effekt des Preises als Qualitätsindikator eine wichtige Rolle. Außerdem können hierfür die menschliche Eitelkeit, ausgedrückt im demonstrativen Kauf teurer Güter (= **Veblen-Effekt, Snob-Effekt**) sowie die Überlegung, dass steigende Preise noch weiter steigen werden und deshalb ein sofortiges "Einsteigen" notwendig erscheint, als Erklärungsansätze gelten.

Preisoptische Überlegungen zielen ebenfalls auf die (Preis-) Wahrnehmung ab. Ausgangshypothese ist, dass der Mensch über psychologische **Preisschwellen** verfügt, die er beim Kauf ungern überwindet. An erster Stelle betrifft dies die Änderung von Dezimalstellen (1, 10, 100, 1000 usw.), daneben das Überschreiten einzelner Geldeinheiten, insbesondere Geldstücke und -scheine (1, 5, 10, 20, 50, 100 € usw.). Diese Vorstellung führt zum häufig gepflegten Einsatz von **gebrochenen Preisen,** also nicht glatten Preisen, sondern solchen, die knapp unter einer der unterstellten Preisschwellen liegen (z.B. -,99, 98,- oder 19.900 €). Gebrochene Preise finden dabei nicht nur gegenüber dem Letztverbraucher Einsatz (z.B. Preisauszeichnung im Einzelhandel), sondern auch im rein kommerziellen Bereich. Dort kommt ein weiteres psychologisches Moment hinzu: der Verdacht der Übervorteilung des Geschäftspartners durch eine "über den Daumen gemachte" Kalkulation. Deshalb findet sich in einem Angebot z.B. eine Maschine für 498.760 € anstelle von u.U. kalkulatorisch exakt zutreffenden – 500.000 €. Die Einführung des Euros bzw. mögliche Doppelauszeichnungen müssen bei preisoptischen Maßnahmen mit ins Kalkül gezogen werden.

4.3.3. Rabattpolitik

Die **Rabattpolitik** umfasst die Einräumung jeglicher Art von Rabatten, wobei Rabatte **Preisnachlässe** darstellen, die – zumindest aus rechtlicher Sicht – für bestimmte Leistungen des Abnehmers gewährt werden, die mit der Ware zusammenhängen. Die Rabattgewährung steht in unmittelbarem Zusammenhang zur Preispolitik i.e.S.

Aus absatzwirtschaftlicher Sicht wirkt dieses Mittel der preispolitischen Feinsteuerung nur, wenn ein generell gültiger, "normaler" Preis (z.B. Listenpreis) vorhanden und den Marktbeteiligten bekannt ist, von dem sich das rabattgewährende Unternehmen abheben möchte.

Es gibt eine Vielzahl unterschiedlicher **Arten** von **Rabatten.** Zu den vier wichtigsten, in ihren Zielsetzungen stark differierenden Rabatten gehören:

- **Funktionsrabatt** (= Entgelt für die Übernahme der Handelsfunktionen)
- **Barzahlungsrabatt** (= Vergütung für die unverzügliche Begleichung des Rechnungsbetrags)
- **Mengenrabatt** und **Bonus** (= Entgelt für die Übernahme großer Quantitäten, beim Bonus auf die Bezüge eines Jahres berechnet)
- **Treuerabatt** (= Vergütung für den ausschließlichen oder überwiegenden Bezug beim rabattgewährenden Unternehmen)

Die Rabattpolitik spielt vor allem in den Geschäftsbeziehungen zwischen der Industrie- und der Handelsseite eine überragende Rolle. Dieser Bedeutungszuwachs steht in engem Zusammenhang zum Aufkommen der **Nachfragemacht des Handels.** So wurden im letzten Jahrzehnt unzählige Rabatt- und Bonussysteme entwickelt, die einerseits von den Herstellern im Wettbewerb zu ihren Konkurrenten den Handelsunternehmen angeboten, andererseits von den großen Handelsunternehmen von ihren Lieferanten aus der Industrie "erwartet" wurden. Wenngleich im kommerziellen Geschäftsverkehr grundsätzlich Rabattfreiheit besteht, verstoßen viele dieser Rabatte gegen wettbewerbsrechtliche Vorschriften.

Mit dem Wegfall des **Rabattgesetzes** im Sommer 2001 ergeben sich allerdings völlig neue rabattpolitische Gestaltungsmöglichkeiten gegenüber dem **Letztverbraucher**.

4.3.4. Kreditgewährung

Kreditgewährung umfasst alle Aktivitäten, die ein Unternehmen ergreift, um (potentielle) Kunden durch die Gewährung oder Vermittlung von Krediten zum Kauf zu veranlassen.

Absatzpolitische Zielsetzung ist es damit, durch die Kreditierung den Kauf eines Gutes zu einem Zeitpunkt zu ermöglichen, wo dieser ansonsten unterbleiben würde und/oder den Kundenkreis um diejenigen zu erweitern, die zwar kaufwillig sind, denen es aber – zumindest auf einen bestimmten Zeitpunkt bezogen – an der notwendigen Kaufkraft mangelt.

Die absatzwirtschaftliche Kreditierung durch ein Unternehmen erfolgt in erster Linie in Form des **Absatzgüterkredits**, bei welchem es zu einer Stundung des Kaufpreises für ein erworbenes Produkt kommt. Hierzu zählen u.a.:

- "Anschreiben" lassen

- Ratenkauf

- Kundenkarten (z.B. Abrechnung an einem monatlichen Stichtag)

- Einräumung von Zahlungszielen

- Leasingangebote

In Einzelfällen bedienen sich Unternehmen auch des **Absatzgeldkredits**, bei welchem der Kreditnehmer – in aller Regel längerfristig – einen Geldbetrag zur meist gebundenen Verwendung erhält. Typisch ist ein **Ausstattungskredit** zu einer Geschäftseröffnung wie er z.B. im Rahmen von Franchising-Systemen eingesetzt wird.

Die Kreditgewährung spielt vor allem auch für die Erschließung **ausländischer Märkte** eine bedeutende Rolle, wobei sich die Unternehmen in diesen Fällen zumeist Partner suchen (insb. Finanzierungsinstitute, Staat), um die Risiken einer Kreditgewährung nicht alleine tragen zu müssen.

4.3.5. Konditionenpolitik

Die Konditionenpolitik beinhaltet die **Gestaltung** der **Modalitäten** bzw. **Nebenbedingungen** eines Kauf- oder Dienst(leistungs)vertrags. Dabei ergeben sich in aller Regel enge Schnittstellen zu den preis- und rabattpolitischen Aktivitäten des Unternehmens.

In der Praxis schlägt sich die Konditionenpolitik vielfach in den **Allgemeinen Geschäftsbedingungen (AGB)** nieder, die den Inhalt und die Abgeltung der angebotenen oder erbrachten Leistungen detaillieren. Im Sinne des Marketing handelt es sich allerdings nur dann um ein adäquates absatzpolitisches Instrument, wenn sich die entsprechenden **Lieferungs-** und **Zahlungsbedingungen** von den Angeboten der Konkurrenten erkennbar unterscheiden.

Gestaltungsspielräume gestatten u.a. folgende Inhalte, die in den Lieferungs- und Zahlungsbedingungen geregelt werden:

- Ort u. Zeit der Warenübergabe und des Gefahrenübergangs

- Trägerschaft von Transportrisiken und Versicherungskosten

- Konventionalstrafen bei Nicht- oder verspäteter Lieferung

- Umtauschrecht

- Zahlungsweise und -abwicklung

- Inzahlungnahme gebrauchter Waren

- Zahlungsfristen und Einräumung von Skonti

Wie die Kreditgewährung spielt auch die Konditionengestaltung im **internationalen Geschäftsverkehr** eine besonders wichtige Rolle. Beispielhaft sei das Problem des Gefahrenübergangs bei Lieferungen auf dem Seeweg (z.B. Textilien aus Südost-Asien) angeführt.

Quellen und Literaturempfehlungen

Diller, H. (2007) Preispolitik, 4. Aufl., Stuttgart

Gierl, H. (1992) Eine Erklärung der Preislagenwahl bei Konsumgütern, Berlin

Homburg, Ch,; Krohmer, H., (2005), Marketingmanagement, Wiesbaden

Kailing, V. (2006), Praktische Preis- und Konditionenpolitik, Wiesbaden

Judt, E. (1989) Kreditkartenmarketing. In: Marketing, Heft 4, S. 259-266

Meffert, H./Burmann, Ch., Kirchgeorg, Manfred (2008), Marketing, 10. Aufl., Wiesbaden

Nieschlag, R.; Dichtl, E.; Hörschgen, H. (2002), Marketing, 19. Aufl., Berlin

Steffenhagen, H. (1995), Konditionengestaltung zwischen Industrie und Handel, Wien

Simon, H. ; Fassnacht, M. (2008) Preismanagement, 3. Aufl., Wiesbaden

4.4. Distributionspolitik

4.4.1. Grundlagen

In arbeitsteiligen, modernen Industrienationen bestehen in aller Regel zwischen der Produktion und der Verwendung der Güter vor allem örtliche, zeitliche und mengenmäßige Diskrepanzen, die es mit Hilfe des Marketing zu überwinden gilt. Insofern werden distributionspolitische Fragen vorwiegend aus dem Blickwinkel von **Industrieunternehmen** diskutiert, insbesondere aus der Sicht von Konsumgüter- speziell Markenartikelherstellern. In eingeschränkter bzw. modifizierter Form ergeben sich distributionspolitische Probleme allerdings auch für andere Wirtschaftssektoren, wie z.B. den Dienstleistungsbereich.

Mittels seines Distributionssystems versucht der Marketing-Entscheidungsträger sicherzustellen, dass die Kunden ein gewünschtes Produkt (eine Leistung)

- am rechten Ort
- zur rechten Zeit
- in der richtigen Menge und Qualität
- mit den gewünschten Dienst- u. Serviceleistungen sowie zum
- richtigen Preis

erhalten *(vgl. Seiler, 1991, S. 263)*.

Distributionspolitik umfasst damit alle betrieblichen Aktivitäten, die dazu dienen, ein Produkt (eine Leistung) unter Überwindung räumlicher, zeitlicher und mengenmäßiger Probleme dem Letztverwender zugänglich zu machen.

Zur Bewältigung dieser komplexen Aufgabe gilt es, eine Vielzahl von unterschiedlichen Entscheidungen zu treffen, die sich – vereinfacht und nicht völlig überschneidungsfrei – auf die drei Tätigkeitsfelder

- Absatzwegepolitik
- Management der Verkaufsorgane
- Marketing-Logistik (physische Distribution)

aufteilen lassen. Mitunter lässt sich auch die Festlegung des (geographischen) Standorts des Unternehmens aus distributionspolitischen Überlegungen betrachten. Dies gilt in besonderem Maße für Einzelhandels- und Dienstleistungsunternehmen.

4.4.2. Absatzwegepolitik

Die **Wahl des Absatzweges** stellt eine konstitutive Marketing-Entscheidung dar, die langfristig angelegt ist, sich nur schwer revidieren lässt und viele andere Marketing-Aktionsparameter determiniert.

Vereinfacht kann sich ein herstellendes Unternehmen zwischen dem

- **direkten Absatzweg** (= Direktabsatz, Direktvertrieb)

oder dem

- **indirekten Absatzweg**

entscheiden.

Beim **direkten Absatz** wendet sich der Hersteller entweder mittels eigenen Mitarbeitern (z.B. Reisenden) oder externen **Repräsentanten** (z.B. Handelsvertretern) an die Letztverbraucher (z.B. *Avon Cosmetics, Tupperware, Bo-frost*) oder er baut ein herstellereigenes **Niederlassungs-** bzw. **Filialnetz** auf. Außerdem steht ihm die Möglichkeit des **Fabrikverkaufs** (= Factory Outlets) offen. Das stärkste Wachstum erfährt der Direktabsatzes seit ca. 10 Jahren über das Internet.

Indirekter Absatz bedeutet, dass der Hersteller in seine Distributionskette rechtlich und wirtschaftlich selbständige **Absatzmittler** einschaltet, dabei handelt es sich um den **Groß-** und/oder **Einzelhandel**.

Zu den **Kriterien**, die die Wahl des Absatzweges determinieren, zählen u.a. die Art der Produkte (z.B. in Einzelfertigung erstellte Maschine ←→ Massenartikel), die Anzahl und geographische Verteilung der Nachfrager, die Konkurrenzsituation, die finanziellen Möglichkeiten der Unternehmung, rechtliche Normen u.v.a.

Typischerweise wird ein auf Einzel- oder Spezialanfertigungen ausgerichtetes Herstellerunternehmen, für das nur ein kleiner Abnehmerkreis in Frage kommt, den direkten Absatzweg präferieren, wohingegen ein Industrieunternehmen, das Massenartikel des täglichen Bedarfs produziert, seine Waren ohne Einschaltung von Handelsunternehmen kaum noch wird distribuieren können.

In die Distributionskette sind vielfach – unabhängig davon, ob ein direkter oder indirekter Absatz vorliegt – auch noch **Absatzhelfer** unterstützend involviert, Elemente der Distributionspolitik, die sowohl unter **absatzwegepolitischen** als auch unter **vertriebspolitischen** Aspekten zu sehen sind.

(a) Groß- und Einzelhandel (= Absatzmittler)

Unter **Großhandel** versteht man Betriebe, deren wirtschaftliche Tätigkeit darin besteht, Waren anzukaufen und ohne wesentliche Be- oder Verarbeitung an Wiederverkäufer (z.B. Einzelhandelsunternehmen), Weiterverarbeiter oder Großabnehmer zu veräußern.

In Deutschland sind ca. 187.000 Großhandelsunternehmen tätig, die einen Umsatz von ca. 800 Milliarden € auf sich vereinen (2008).

Großhandelsunternehmen treten – wie auch Einzelhandelsbetriebe – in unterschiedlichen **Betriebsformen** auf, worunter man die äußere Erscheinungsform des Handelsunternehmens versteht, die Art, wie es sich seinen Kunden gegenüber präsentiert. Man bezeichnet deshalb die Betriebsform auch als **"Ausdruck des Händler-Marketing"**.

Zentrale **Bestimmungsfaktoren** einer **Betriebsform** bilden die Größe (von ca. 50 qm bis ca. 120.000 qm Verkaufsfläche), das Sortiment (insb. Tiefe, Breite), die Preispolitik (z.B. aggressive Niedrigpreise ←→ Hochpreispolitik), die Bedienungsform (Fremdbedienung mittels Verkaufspersonal ←→ Selbstbedienung = SB-Prinzip), die Lage (z.B. 1a-Standort = meistfrequentierte, attraktivste City-Lage in einer Großstadt ←→ "grüne Wiese" oder Industriegebiet) sowie Art und Umfang des Kundendienstes.

Zu den klassischen **Betriebsformen des Großhandels** zählt der **Zustellgroßhandel**, dessen Geschäftsprinzip darauf beruht, dass der Kunde die gewünschte Ware beim Großhändler bestellt, dieser die Ware aus seinem Lager absortiert und kommissioniert, sie dem Kunden anliefert und eine Rechnung zur späteren Bezahlung hinterlässt.

Völlig konträr ist das Geschäftsprinzip des **Cash & Carry Großhandels** (= **C&C-Lager**). Hier kommt der Kunde (z.B. ein Einzelhändler) zum Großhändler, sortiert in dessen Lager sich selbst die Ware ab, kommissioniert diese, zahlt an der Kasse bar und transportiert die Ware selbst in sein **Outlet** (Verkaufsstelle).

Wiederum stark differenziert stellt sich der sog. **Regalgroßhändler** dar (= **Rack Jobber**). Bei dieser Betriebsform mietet sich ein Hersteller oder Großhändler in einem Einzelhandelsbetrieb ein Regalteil und betreut die dort plazierte Ware (z.B. Bestückung, Nachsortierung, Mitnahme von Altware etc.). Lediglich das Kassieren des Verkaufspreises wird durch den Einzelhändler übernommen.

In etlichen Branchen (z.B. Lebensmittel, Textilbranche) ist der **selbständige** Großhandel von **Ausschaltungstendenzen** betroffen, d.h. die Hersteller versuchen, die Absatzkette zu verkürzen, um damit die Großhandelsmarge zu sparen (s. Abb. C.31).

Unter **Einzelhandel** versteht man Betriebe, deren wirtschaftliche Tätigkeit darin besteht, Waren anzukaufen und ohne wesentliche Be- oder Verarbeitung an **Letztverbraucher** (= **Konsumenten**) zu deren privatem Ge- oder Verbrauch zu veräußern. Etliche wichtige Rechtsvorschriften (z.B. Verordnung über Sonderveranstaltungen, Ladenschlussgesetz, Preisauszeichnungsverordnung) heben auf diese Form des Handels ab, d.h. die Tätigkeit des Verkaufs an **Letztverbraucher**.

In Deutschland existieren ca. 423.000 Einzelhandelsunternehmen, deren Gesamtumsatz ca. 415 Milliarden € beträgt (2008). Zu den wichtigsten **Betriebsformen des Einzelhandels** zählen das **Fachgeschäft**, das **Discountgeschäft**, das **Warenhaus** sowie das **Versandhaus**. Weitere wesentliche Betriebsformen stellen das Einkaufszentrum, die Boutique, der Fachmarkt, das Kaufhaus sowie der Verbrauchermarkt dar. Mit dem **Flagship Store** verbinden die Hersteller schließlich besondere absatzpolitische Zielsetzungen, wie insbesondere die Stärkung des Markenimages.

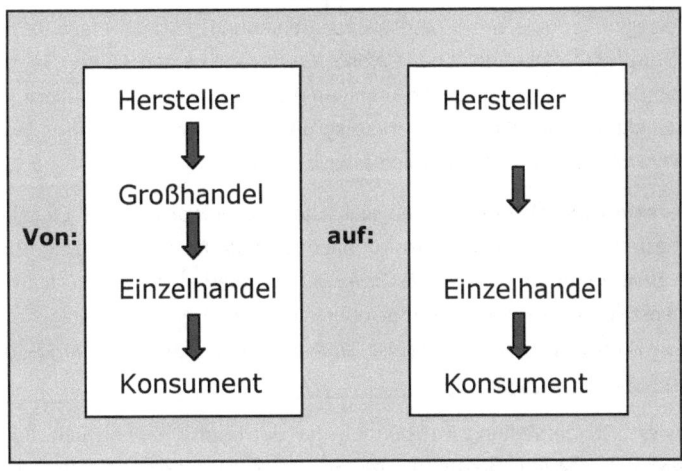

Abb. C.34.: Verkürzung der Handelskette

Das **Fachgeschäft** führt ein zumeist branchenbegrenztes, relativ breites und tiefes Sortiment in verschiedenen Preislagen. Es bietet Beratung und Bedienung sowie verschiedene Services (z.B. Zulieferung, Reparatur). Typisches Beispiel wäre ein Sportartikelfachgeschäft. Sofern lediglich ein **Ausschnitt** aus dem Sortiment eines Fachgeschäftes angeboten wird – mit ansonsten gleichen Aktionsparametern – spricht man von einem **Spezialgeschäft** (z.B. Tennisshop). Seit den 1980er Jahren nimmt der Marktanteil dieser Betriebsform ständig ab.

Das **Discountgeschäft (= Discounter)** verfolgt ein völlig anderes Geschäftsprinzip. Im Mittelpunkt steht der Einsatz niedriger bis aggressiv niedriger Preise und die Beschränkung auf schnell umschlagende, problemlose Waren, insbesondere Massenartikel des kurz- aber auch längerfristigen Bedarfs. Die Ladenausstattung ist einfach und auf Service bzw. Beratung wird verzichtet, d.h. es gilt ein striktes SB-Prinzip (z.B. Lebensmittel, Drogerie- und Textil-Discounter wie *Aldi, Schlecker, Adler*). Der Marktanteil des Discountgeschäfts steigt seit Ende der 1970er Jahren stetig an.

Das **Warenhaus** ist ein großflächiges Einzelhandelsgeschäft (in Deutschland: zwischen ca. 5.000 und ca. 60.000 qm Verkaufsfläche) in zumeist innerstädtischen 1a-Lagen. Es führt ein breites, mehrbranchiges Sortiment (Schwerpunkte: Textil, Bekleidung, Hausrat; Lebensmittel), seine Preispolitik ist niedrig- bis mittelpreisig angelegt, die **Bedienungsform** reicht von SB, über das **Vorwahlprinzip** (= Kunde informiert/bedient sich primär selbst; nur auf seinen Wunsch kommt eine Verkaufsperson hinzu) bis zur Bedienung, je nach Ware bzw. Abteilung (z.B. *Karstadt/Arcandor* oder *Galeria Kaufhof*). Seit den 1990er Jahren verliert diese Betriebsform mehr und mehr an Marktbedeutung. Vor allem die Warenhäuser kleiner und mittlerer Verkaufsgröße sind hiervon betroffen, was u.a. auf ein verändertes Konsumentenverhalten zurück zu führen ist.

Beim **Versandhandel** – der zu den nicht-stationären Formen des Einzelhandels zählt – bestellt der Kunde seine Waren nach Katalog, Prospekt, Anzeige oder per CD-Rom bzw. zunehmend über das Internet. Er erhält diese Waren dann entweder per Post, mittels Privatversender oder durch den versandhauseigenen Fuhrpark nach Hause geliefert. Die Preise sind schwerpunktmäßig niedrig- bis mittelpreisig (z.B. *Otto, Quelle*).

Eine gewisse Sonderstellung im Rahmen der Betriebsformenbetrachtung nimmt der **Flagship Store** ein. Hierunter sind äußerst repräsentativ gestaltete Läden in allerbester Geschäftslage zu verstehen. Diese großflächigen, bis zu mehreren 1000 qm Verkaufsfläche umfassenden outlets liegen an den exklusivsten Einkaufsmeilen von Weltmetropolen wie New York, Paris, Tokyo, London oder Berlin. Sie dienen in erster Linie zum Aufbau eines (exklusiven) Markenimages des Herstellers und finden sich hauptsächlich im Mode- und Sportbereich (z.b. *Nike* in New York, *Louis Vuitton* in Tokyo, *Armani* in London).

Der Einzelhandel zeichnet sich seit ca. 25 Jahren durch erhebliche **Konzentrationstendenzen** aus, wodurch sich die Machtverhältnisse im Absatzkanal – ursprünglich sahen die Herstellerunternehmen den Handel lediglich als Erfüllungsgehilfen zur Realisierung ihres Marketing-Konzeptes an – nachhaltig zu Gunsten der (Einzel-) Handelsunternehmen verschoben hat. Man spricht in diesem Zusammenhang von der **Nachfragemacht des Handels**.

Ursächlich für diese nach wie vor ungebrochenen Konzentrationstendenzen mit der Folge immer größerer Einzelhandelsunternehmen bzw. -gebilde sind das **externe** und **interne Wachstum** von (Einzel-)Handelsunternehmen.

Externes Wachstum kommt durch **Fusion** (= Verschmelzung) oder durch **Konzernbildung** (= Zusammenschluss, bei dem die Unternehmen wirtschaftlich abhängig sind, rechtlich jedoch selbständig bleiben) zustande. Typisches Beispiel für eine Fusion war der Zusammenschluss des Buchclubs Bertelsmann mit dem Buchclub Deutscher Bücherbund; letzterer ging im erstgenannten auf. Ein Beispiel für eine überaus erfolgreiche Konzernbildung stellt der *Metro-Konzern* dar, der sich mit ca. 46 Milliarden € Umsatz (2000) zum führenden deutschen Handelskonzern entwickelt hat.

Internes Wachstum im Handel äußert sich im Wesentlichen in Form der **Filialisierung** bzw. eines **Filialsystems**, worunter ein zentral geführtes Unternehmen mit räumlich getrennten Verkaufstellen zu verstehen ist. Die Anzahl an Filialen kann zwischen 5 und mehreren Tausend liegen. Als Beispiele sind *Tengelmann, H&M, Tchibo* und *Schlecker* zu nennen.

Darüber hinaus tragen auch **Kooperationen** (= freiwillige Zusammenarbeit rechtlich und – mit gewissen Einschränkungen – auch wirtschaftlich selbständig bleibender Unternehmen) sowie das **per-Saldo-Ausscheiden** von Einzelhändlern aus dem Markt (insbesondere sog. "Tante Emma-Läden") zur Konzentrationsentwicklung bei, vor allem wenn die Kooperation auf den **Einkaufsbereich** ausgerichtet ist (z.B. *EDEKA, Spar; Interfunk, Intersport*). Diese Einkaufskooperationen gehören i. d. R. zu den horizontalen Kooperationsformen, d.h. die kooperierenden Unternehmen stehen auf der gleichen Wirtschaftsstufe, d.h. im vorliegenden Fall der Einzelhandelsstufe. Von erheblicher Bedeutung sind allerdings auch vertikale Kooperationsformen, bei denen Unternehmen verschiedener Wirtschaftsstufen zusammenarbeiten, insbesondere Hersteller mit Einzel- oder mit Großhandelsunternehmen. Häufig findet die vertikale Kooperation in Form des Franchisesystems statt. Dieses ist dadurch charakterisiert, dass ein Franchisegeber (häufig auch als Systemlieferant bezeichnet) mit einem selbständigen Franchisenehmer einen Vertrag schließt, in welchem im sogen. Franchisepaket alle Rechte und Pflichten der Vertragspartner exakt regelt werden. Häufig ist beim Franchising - wie auch bei vielen horizontalen Kooperationsformen, wie z.B. im Falle von EDEKA - für die Letztverbraucher gar nicht mehr erkennbar, dass es sich um eine Kooperationsform selbständiger Partner handelt, sondern es entsteht der Eindruck eines Filialsystems. Charakteristische Beispiele sind OBI-Baumärkte, McDonalds-Fast Food Kette, Sixt-Autovermietung und Douglas-Parfümkette.

Vor diesem Hintergrund ergeben sich für Industrieunternehmen zwei grundsätzliche handelspolitische Problemfelder: die **Selektion** und **Akquisition** von Handelsbetrieben.

Vor allem Hersteller hochwertiger Markenartikel sind vielfach bestrebt, ihr Marketingkonzept durch eine strenge **Auswahl** passend erscheinender Einzelhandelsunternehmen abzusichern. Dieser sog. **selektive Vertrieb** zielt in aller Regel auf die Auswahl hochwertiger Facheinzelhändler bzw. exklusiver Boutiquen ab. Zur Absicherung dieses selektiven Konzeptes werden die u. U. auch eingeschalteten Großhändler verpflichtet, ihrerseits die erhaltenen Waren nur an systemkonforme Einzelhändler weiterzugeben (**= Vertriebsbindung**).

Auf der anderen Seite dürfte für die Mehrzahl der Herstellerunternehmen das Hauptproblem in der **Gewinnung** von Einzelhandelsunternehmen für deren Leistungsprogramm liegen, insbesondere vor dem Hintergrund der immer größer werdenden Einkaufsmacht des Einzelhandels. So gilt die Erhöhung der **Distributionsquote** (man unterscheidet **numerische** Distribution = %-Anteil der produktführenden Händler und **gewichtete** Distribution = im Verhältnis des Marktanteils der produktführenden Händler relativierter %-Anteil) für viele Industrieunternehmen als ein vorrangiges Marketing-Ziel.

Dem Hersteller stehen zur **Akquisition** der Einzelhandelsbetriebe zwei grundsätzliche strategische Stoßrichtungen zur Verfügung, die allerdings auch in kombinierter Form Einsatz finden können.

Einerseits kann sich der Hersteller bei den Letztverbrauchern mittels extremem kommunikationspolitischen Engagement, insbesondere TV-, Rundfunk- und Anzeigenwerbung – hier als sog. **"Sprungwerbung"** bezeichnet – so stark machen, dass der Handel quasi gezwungen ist, das Produkt zu führen, weil die Konsumenten dieses in seinem Sortiment erwarten. Dieses Vorgehen, das vor allem für die Hersteller sog. Topmarkenartikel gilt, wird auch als **"Pull-Konzept"** bezeichnet.

Andererseits hat der Hersteller die Möglichkeit, seine Marketing-Aktivitäten gezielt auf den Handel auszurichten, d.h. diesen mittels Werbung, Verkaufsförderung etc. von der Vorteilhaftigkeit seines Leistungsprogramms zu überzeugen. Diese Form eines streng **handelsbezogenen** Marketing trägt auch die Bezeichnung **"Push-Konzept"**.

In jüngerer Zeit wächst trotz aller Konflikte die Bereitschaft sowohl auf Seiten des Handels als auch der Industrie, neue Kooperationsformen zu realisieren. Diese Entwicklung resultiert aus der Erfahrung, dass Konflikte im Absatzkanal oft zu einer Verschlechterung der Wertschöpfung führen, die den wirtschaftlichen Erfolg beider Seiten schmälert. Vor allem der Ansatz des **Efficient Consumer Response (ECR)** hat in diesem Kontext Bedeutung erlangt. Hierunter wird ein stufenübergreifendes Kooperationskonzept zwischen Industrie und Handel verstanden, das auf die Erhöhung der Kundenzufriedenheit und die Effizienzsteigerung entlang der Wertschöpfungskette abzielt. Diese Zielsetzung wird durch eine intensive Zusammenarbeit von Industrie und Handel bei der Produktentwicklung, Sortimentsgestaltung und Verkaufsförderung erreicht. Zentrale Aufgabenstellung dieses sog. **Category Managements** ist dabei die Erhöhung des Umsatzes der einzelnen Warengruppen und das effiziente Erschließen neuer Wachstumspotentiale. Das Kooperationspotential ist dadurch aber bei weitem noch nicht erschöpft. Ergänzend zum Category Management ist das sog. **Supply Chain Management** zu nennen. Diese Komponente des ECR zielt darauf ab, die Waren- und Informationsflüsse im Sinne eines nachfragegesteuerten Warennachschubs und einer nachfragesynchronen Produktion zu optimieren. Wesentliche Voraussetzung eines Supply Chain Managements ist eine umfassende Begleitung aller Prozesse mit Hilfe der elektronischen Datenverarbeitung (z.B. geschlossene Warenwirtschaftssysteme, automatische Disposition).

(b) Absatzhelfer

Unter **Absatzhelfern** versteht man rechtlich selbständige Personen oder Institutionen, die sich um die Kontaktanbahnung und Vorbereitung von Geschäftsabschlüssen bemühen, ohne jedoch eine Handelstätigkeit in Form des gewerbsmäßigen An- und Verkaufs von Waren zu betreiben. Hierzu zählen im wesentlichen **Handelsvertreter**, **Makler**, **Kommissionäre** sowie Spediteure.

Innerhalb des Distributionssystems vieler Herstellerunternehmen spielt der Einsatz von **Handelsvertretern**, insbesondere mit Zielrichtung Einzelhandel, eine große Rolle.

Der **Handelsvertreter** ist ein selbständiger Gewerbetreibender, der ständig damit betraut ist, für ein oder in aller Regel mehrere Unternehmen Geschäfte zu vermitteln bzw. abzuschließen. Er schließt die Verträge in fremden Namen und auf fremde Rechnung *(vgl. §§ 84 ff HGB)*. Der Handelsvertreter bestimmt im Gegensatz zum Reisenden seine Tätigkeit weitgehend frei, wobei er allerdings üblicherweise keine konkurrierenden Produkte ohne Zustimmung des schon vertretenden Unternehmens aufnehmen darf. Als Vergütung erhält er zumeist eine umsatzabhängige **Provision**. Typisches Beispiel ist ein Sportartikelhandelsvertreter, der räumlich begrenzt (z.B. Postleitzahlenbereich, Bundesland) beim einschlägigen Einzelhandel für seine Industrieauftraggeber (z.B. für deren Schuhe, Bekleidung, Sportgeräte etc.) Aufträge zu erlangen versucht.

Die Aufgabe des **Maklers** besteht darin, Gelegenheiten zum Abschluss von Kaufverträgen nachzuweisen, d.h. der Makler bringt quasi die beiden Vertragsparteien an einen Tisch *(vgl. §§ 93 ff HGB)*. Von nachhaltigerer Bedeutung ist dieser Absatzhelfer nur auf dem Gebiet des Immobilienhandels und in neuerer Zeit auch bei Versicherungen.

Der **Kommissionär** tritt im Gegensatz zum Handelsvertreter im eigenen Namen für Rechnung seines Auftraggebers (= Kommittenten) auf *(vgl. §§ 383 ff HGB)*. Dafür erhält er eine zumeist umsatzbezogene Kommission bzw. Provision. Man findet diese Form des Absatzhelfers vor allem im Wertpapierhandel, im Handel mit Agrarprodukten und Rohstoffen sowie im Kunsthandel (hier zumeist als Versteigerer).

(c) E-Commerce

Extremes Wachstum erfährt seit ungefähr einem Jahrzehnt der sogenannte **E-Commerce** als alleiniger oder arrondierender Absatzweg. Unter E-Commerce versteht man jegliche Art von geschäftlichen Transaktionen, bei der die Beteiligten auf elektronischem Wege die Geschäfte anbahnen, abwickeln oder Handel mit Waren und Dienstleistungen treiben. Im Wesentlichen wird E-Commerce heute über das Internet abgewickelt. Dabei reichen die aktuellen Interaktionsformen von reiner **Informationsbereitstellung,** über die **Präsentation von neuen Produkten,** bis hin zu **Online-Auktionen** und **Online-Vertrieb** (e-shopping, Reisebuchung etc.).

Ausprägungsformen des E-Commerce sind vor allem die Kommunikation zwischen Unternehmen (Bestell-, Abrechnungs- und Materialsysteme), das sog. **Business to Business** (B2B) und zwischen Unternehmen und Konsumenten (Werbung, elektronische Kataloge, e-shopping) das sog. **Business to Consumer** (B2C). Zunehmend gewinnen aber auch die Formen **Consumer to Business** (Zahlungsverkehr, Bewerbungen u.ä.), **Business bzw. Consumer to Administration** und **Consumer to Consumer** an Bedeutung.

Im Kontext der **Consumer to Business-Aktivitäten** spielen neben dem PC immer häufiger unterschiedliche Formen von multimedialen **Kiosksystemen** am point of sale bzw. point of purchase eine Rolle. Hierunter sind rechnergestützte Informations- und/oder Transaktionssysteme an vorwiegend öffentlich zugänglichen Orten wie insb. Messehallen, Eingangsbereichen oder Verkaufsräumen zu verstehen, von denen über eine einfache Benutzerschnittstelle häufig wechselnde und meist unbekannte Benutzer überwiegend im Stehen und innerhalb einer relativ kurzen Verweildauer Informationen abrufen oder Transaktionen tätigen können (*vgl. Fischer, 2002, S. 7*). Zu den am häufigsten angebotenen interaktiven Varianten zählen Kiosksysteme im Handel, Banken und sonstigen Dienstleistungsbereich, bei denen die Eingabe durch einen touchscreen erfolgt. Seltener finden sich Eingabegeräte wie Tastatur, Maus und Joystick. Die dialogfähigen Kiosksysteme, wie z.B. Terminals von Klebemittel- und Hausgeräteherstellern oder die Fahrkartenautomaten der Deutschen Bahn, übernehmen in zunehmendem Masse neben **Informations-** und **Transaktions-** auch **Beratungsfunktionen** am point of purchase. Die Erfüllung dieser Funktionen und die Akzeptanz derartiger Terminals bei den intendierten Nutzern hängt ausschließlich davon ab, inwieweit es gelingt, diese Systeme aus Sicht der **Kunden benutzerfreundlich** zu gestalten.

Die Zahl der Nutzer des Internet steigt rasant. So sind 2009 ca. 99 % der deutschen Unternehmen mit mehr als 10 Mitarbeitern mit einem Internet-Zugang ausgestattet. Die Zahl der Nutzer liegt 2009 bei ca. 40 Mio. in Deutschland, auf dem Globus sind mittlerweile rund 1 Milliarde Menschen online. Mit 776 Millionen Besuchern im Jahr 2008 ist Google die weltweit am häufigsten besuchte Website. Auch die Umsätze, die über das Netz erwirtschaftet werden nahmen geradezu explosionsartig zu. So wurden im Jahr 2007 in Deutschland mit E-Commerce im B2C-Handel mit Produkten und Dienstleistungen rund 17,2 Mrd. € umgesetzt, was einer Verdreifachung des Umsatzes seit dem Jahr 2002 entspricht. Weltweit belief sich der über das Internet abgewickelte Umsatz in 2007 auf ca. 700 Mrd. € *(Bundesministerium für Wirtschaft), wobei ca. 87 % auf B2B-Geschäfte entfielen.*

Im B2C-Bereich werden vorrangig EDV-Produkte (Hardware, Software), Bücher, Reisen und Musik über das Internet vermarktet. Aber auch in der Bekleidungs-, Spielwaren- und Kosmetikbranche gewinnt das Netz zunehmend an Bedeutung.

Es ist davon auszugehen, dass das Internet in den nächsten Jahren und Jahrzehnten nicht nur als Kommunikations-, sondern auch als Vertriebsinstrument einen immer größeren Stellenwert erhalten wird.

4.4.3. Management der Verkaufskräfte

Die Vertriebs- oder Distributionspolitik beinhaltet auch die Anbahnung von Kontakten zu und die Pflege von Kunden mit dem Ziel, Verkaufsabschlüsse zu tätigen.

In der unternehmerischen Praxis werden hierfür unterschiedliche Begriffe wie u.a. Vertrieb, Verkauf respektive Verkaufs-, Vertriebs- oder Außendienstorganisation verwendet.

Es gibt einen **internen** und einen **externen** Personenkreis, der sich mit Vertriebs- bzw. Verkaufsaufgaben beschäftigt.

Zum den **externen** Aufgabenträgern des Vertriebs zählen vor allem die **Absatzhelfer** und in einem weiteren Sinne auch die Absatzmittler.

Intern beschäftigen sich **Verkaufsmitarbeiter** sowie in wichtigen Angelegenheiten die **Geschäftsleitung** mit Fragestellungen des Vertriebs. Besondere Bedeutung kommt schließlich den Reisenden zu, die ein zentrales Element des betrieblichen **Außendienstes** bilden.

Der **persönliche Verkauf** stellt die wichtigste **Kontaktform** im Vertrieb dar, insbesondere dann, wenn die Verkaufsaktivitäten auf gewerbliche Kunden ausgerichtet sind.

Als **Erfolgskriterien** für den persönlichen Verkauf gelten Persönlichkeitsmerkmale (z.B. äußere Erscheinung, Ausbildung) und das Verhalten des Verkäufers während des Verkaufsgesprächs. Besonders geeignet als Erklärungsansatz für den Verkaufserfolg erscheint der komplexe, sog. **dyadische Ansatz.** In diesem werden situationsbezogen Rollenerwartungen, psychologische Faktoren (z.B. Persönlichkeitsstruktur, Werte, Normen u.v.a.) sowie soziale, demographische und physische Faktoren (z.B. Ausbildung, Stressbewältigung u.v.a.) des Käufers denen des Verkäufers vergleichend gegenübergestellt und daraus schlussfolgernd verschiedene Hypothesen, wie z.B. die, dass der Verkaufserfolg um so größer ist, je stärker sich beide Seiten in ihrer Persönlichkeit ähneln, abgeleitet.

Neben Katalogen u.ä. werden zunehmend auch moderne Kommunikationsmedien zu Kontaktzwecken im Verkauf eingesetzt, wie z.B. das (Bild-)Telefon, Handys, Telefax, Kabelfernsehen oder online PC-Netze sowie rein verkaufsunterstützend Laptops.

Neben dem **Außendienst** kommt schließlich noch den sog. **Marktveranstaltungen** aus vertriebspolitischen Überlegungen eine Sonderstellung zu.

(a) Außendienst und Außendienst-Management

Außendienst umfasst alle internen und externen Personen, die sich schwerpunktmäßig außerhalb des Unternehmenssitzes mit der Anbahnung und dem Abschluss von Aufträgen beschäftigen. Hierzu zählen – neben der Geschäfts- und Verkaufsleitung in Ausnahmefällen – im wesentlichen die schon vorab charakterisierten **Handelsvertreter** und die **Reisenden.**

Im Unterschied zu Handelvertretern sind **Reisende** Angestellte eines Unternehmens mit Handlungsvollmacht *(vgl. hierzu auch §§ 59 ff. HGB, § 84 II HGB).* Damit vertreten sie ausschließlich dieses eine Unternehmen, sind unselbständig bzw. weisungsgebunden und erhalten ein Festgehalt (Fixum), das allerdings in der Praxis zumeist durch einen Provisionsanteil ergänzt wird.

Bedeutung und Kosten des Außendienstes für das Unternehmen machen es erforderlich, ein zielorientiertes **Außendienst-Management** aufzubauen, d.h. die Außendienstmitarbeiter möglichst optimal zu **führen** und zu **steuern.** In der Marketing-Praxis gehen diese beiden Maßnahmenbereiche ineinander über.

Die **Außendienstführung** zielt auf eine Erhöhung der Leistungsfähigkeit und des Leistungswillens der Mitarbeiter ab. Vor dem Hintergrund, dass der Außendienstmitarbeiter als "Einzelkämpfer" tagtäglich bei seinen Kunden um Aufträge ringen muss, gilt es diesen mittels einer geeigneten **Anreizpolitik** immer wieder neu zu **motivieren**.

Im Zentrum der Anreizpolitik steht das **Entlohungssystem**. Neben dem Festgehalt kommt den unterschiedlichen **Formen der Provisionierung** eine besondere Bedeutung zu:

- Umsatzprovision

  = linear   (z.B. 10 % v. Umsatz)

  = progressiv (z.B. bis 100.000 € Umsatz: 8 %, 100.001 – 150.000 €

                  Umsatz: 9 %, 150.001 € Umsatz u. mehr: 10 %)

  = degressiv (z.B. bis 100.000 € Umsatz: 10 %, 100.001 – 150.000 €

                  Umsatz: 8 %, 150.001 € Umsatz u. mehr: 6 %)

  = variiert   (z.B. Herrenschuhe: 8 %, Damenschuhe: 10 %,
                  Kinderschuhe: 12 %)

- Deckungsbeitragsprovision   (i.a.R. höherer Prov. Satz für Produkte
                                  mit höherem Deckungsbeitrag)

- Konditionengebundene Provision (z.B. Listenpreis: 10 %, bis 10 % Rabatt:
                                  8 %, über 10 % Rabatt: 5 %)

Ein weiteres wichtiges Instrument der Anreizpolitik sind die sog. **Außendienstwettbewerbe**, die darauf hinauslaufen, Mehr- oder Sonderleistungen des einzelnen Außendienstmitarbeiters im Konkurrenzvergleich durch zusätzliche Geldzahlungen oder sonstige Zusatzleistungen (z.B. Gewinn einer Urlaubsreise u.a.) zu honorieren. Im Gegensatz zum Entlohnungssystem sind diese Wettbewerbe zeitlich begrenzt (vielfach auf ein Viertel- oder ein Halbjahr bzw. eine Saison).

Als typische **Wettbewerbsbeispiele** gelten:

- Steigerung des durchschnittlichen Auftragswertes je Kunde

- Gewinnung von Neukunden

- Forcierte Einführung eines neuen Produktes

u. a.

Neben diesen eher monetär angelegten Anreizinstrumenten werden zu Motivationszwecken auch an das Image bzw. den Status appellierende Maßnahmen eingesetzt, wie z.b. die "Aufnahme in den Club der (Umsatz-)Millionäre", ein Artikel über den "Außendienstmitarbeiter des Monats" in einer Firmenzeitschrift oder der "Aufstieg" innerhalb der firmeneigenen Außendienst-PKWs .

Die **Außendienststeuerung** beinhaltet die Planung, Durchsetzung und Kontrolle des Einsatzes der Außendienstmitarbeiter. Hierunter fällt ein breites Aufgabenspektrum, mit u.a. folgendem Inhalt:

- Zielvorgaben/Zielvereinbarungen (z.b. Jahresumsatzziele)

- Gebietseinteilungen (z.b. räumlich, kundenbezogen etc.)

- Tourenplanungen

- Präsentationen (z.B. neue Produkte), Schulungen, Tagungen

- Informationssysteme

u.a.

Da die meisten Steuerungsgrößen des Außendienstes quantitativer Art sind, lassen sich die Leistungen der Außendienstmitarbeiter vergleichsweise einfach und exakt kontrollieren.

(b) Marktveranstaltungen

Marktveranstaltungen stellen institutionalisierte Gelegenheiten für Anbieter und Nachfrager dar, sich einen Marktüberblick zu verschaffen, Informationen auszutauschen, Kontakte anzubahnen bzw. zu vertiefen sowie Geschäfte zu tätigen.

Die Marktveranstaltungen finden zumeist turnusmäßig, allerdings teilweise in großen zeitlichen Abständen statt.

Zu den Marktveranstaltungen, die sich an den Letztverbraucher richten, zählen u.a.

- **Jahrmärkte** (z.B. Stuttgarter u. Nürnberger Weihnachtsmarkt),

- **Wochen-** und **Tagesmärkte** (insb. bäuerliche und gärtnerische Erzeugnisse)

- **Ausstellungen** (z.B. Weltausstellungen o. internationale Frankfurter Automobilausstellung).

- **Auktionen** mit Konsumentenbeteiligung (z.B. Briefmarken- u. Kunstauktionen)

Im gewerblichen Bereich sind u. a. folgende Marktveranstaltungen angesiedelt:

- **Großmärkte** (insb. landwirtschaftliche Erzeugnisse)

- **Hausmessen** (insb. große Handelsunternehmen bzw. Kooperationsgruppen veranstalten messeähnliche, hausinterne Veranstaltungen für aktuelle oder potentielle Lieferanten)

- **Auktionen** (insb. bei landwirtschaftlichen Produkten und Rohstoffen, z.B. Blumen o. Häute)

- **Warenbörsen** (z.B. Kaffee, Zucker)

- Messen

(Fach-/Muster-) **Messen** sind zeitlich begrenzte Veranstaltungen mit Marktcharakter *(vgl. AUMA = Ausstellungs- und Messeausschuss der Deutschen Wirtschaft)* und stellen sicherlich die wichtigste "Marktveranstaltung" dar, insbesondere für den Konsumgütergüterbereich.

Eine **Messe** ist im Kern ein Kommunikationsdreieck zwischen den Ausstellern, den Besuchern und der jeweiligen Messegesellschaft.

Die **Messegesellschaft** wiederum ist ein Dienstleistungsunternehmen, das für Aussteller und Besucher Kommunikationschancen gegen Entgelt bereitstellt (z.B. die *Frankfurter Messe GmbH*).

In etlichen Branchen steht für **Industrieunternehmen** die Teilnahme an den großen internationalen Messen im Zentrum ihres Marketing, um neue Abnehmer zu gewinnen bzw. alte Kunden zu binden. Und auf **Handelsseite** zählt der Besuch großer internationaler, insbesondere trendbildender und Neuheiten zeigender Messen zum Kerngeschäft der Einkaufsseite; der Messebesuch ist informatorische Grundlage einer aktuellen Sortimentsbildung.

Deutschland besitzt die meisten **Messen von Weltgeltung**. Hierzu zählen z.B.

- Ambiente und Tendence, Frankfurt, (Konsumgüter)

- IGEDO, Düsseldorf; ISH, Frankfurt, (Textil, Sanitär)

- Musikmesse, Frankfurt, (Musikinstrumente)

- Hannovermesse, (Industriesektor, insb. Investitionsgüter)

- Nürnberger Spielwarenmesse (Spiel-, Schreibwaren; Weihnachtsartikel)

- ISPO, München, (Sportbekleidung, Sportartikel)

Für Aussteller bzw. deren auf der Messe eingesetzte Mitarbeiter gilt es besonders, die Erkenntnisse des Personal Selling im Kontakt zu den Besuchern konsequent umzusetzen.

In der Marketing-Praxis werden allerdings die Begriffe **Messe** (= gewerblicher
Bereich) und **Ausstellung** (= breite Öffentlichkeit, Letztverbraucher) faktisch
nicht sauber getrennt.

4.4.4. Marketing-Logistik

Die **Marketing-Logistik** beinhaltet alle Entscheidungen, die darauf abzielen, das
Produkt physisch (= körperlich) zum Kunden zu bringen; im Wesentlichen geht
es dabei um Fragen der **Lagerung** und des **Transports**. Nicht selten wird der
Begriff physische Distribution synonym verwandt.

Im Mittelpunkt aller Überlegungen zur Marketing-Logistik steht die Frage der **Lie-
fer-** und **Servicebereitschaft**, die sich in der **Schnelligkeit**, in der die Waren
angeliefert bzw. in der z.B. eine defekte Anlage wieder in Gang gesetzt wird,
ausdrückt.

Eine möglichst kurze **Lieferzeit** – bzw. Reparaturzeit – bildet in etlichen Branchen das herausragenden Marketing-Vorgehen, um dem Unternehmen einen
USP (= unique selling proposition) und damit Wettbewerbsvorteil zu verschaffen.
Typisches Beispiel stellt der Pharma-Großhandel dar, der es aufgrund logistischer
Perfektionierung mittlerweile ermöglicht hat, die Zeit zwischen der Auftragsertei-
lung beim Apotheker und dem dortigen Erhalt der Ware für den Letztverbraucher
auf ca. 3 bis 4 Stunden zu verkürzen.

Die Minimierung von Lieferzeiten muss auch vor dem Hintergrund des **Just-in-
Time-Prinzips** in der Industrie gesehen werden, demzufolge Hersteller von ihren Lieferanten Anlieferungen in kürzesten Zeitabständen, z.T. innerhalb weniger
Stunden erwarten. Gleiches gilt – in abgeschwächter Form – auch für die Lieferanten des Handels.

Voraussetzungen einer Verkürzung von Lieferzeiten sind u. a.

- Einsatz von mehr und schnelleren Transportmitteln,

- Aufbau zusätzlicher (Zwischen-)Lager,

- Beschleunigung der Auftragsabwicklung,

Maßnahmen, die mit erheblichen, z. T. überproportionalen **Kostensteigerungen** verbunden sind.

Als **Transportmittel** kommen grundsätzlich Eisenbahn, Lastwagen, Schiffe, Flugzeuge, Pipelines sowie elektronische Kanäle (vor allem bei Dienstleistungen, z.B. Telebanking) in Frage. Die Auswahl des Transportmittels hängt u. a. von folgenden **Kriterien** ab:

- Art der Produkte (z.B. Kühlung notwendig, Gefahr des Verderbs)
- Lieferfristen
- Transportdistanzen
- Vorhandensein einzelner Transportmöglichkeiten (z.B. Pipeline)
- Kosten

Zur Feststellung des kostenoptimalen Transportmittels bzw. -weges werden **OR-Verfahren** eingesetzt, z.B. die lineare Programmierung.

Generell kann festgestellt werden, dass mit **Zunahme** von (Zwischen-) **Lagern**, die zu einer **Verkürzung** der **Transportwege** führen, die **Transportkosten** sinken, andererseits die **Lagerhaltungskosten** steigen.

Der angestrebte Grad an **Lieferbereitschaft** (= Umfang, in welchem die gewünschten Waren in der gewünschten Zeit lieferbar sind) bestimmt, in welchem Ausmaß das Unternehmen Warenvorräte auf Lager hält. Je höher die Lieferbereitschaft, desto höhere Warenvorräte sind notwendig und damit einhergehend um so höhere **Lagerkosten** zu tragen, Kosten, die sich aus folgenden wichtigen Blöcken zusammensetzen:

- Zinsen für gebundenes Kapital
- Kosten für Lagerräume (z.B. Miete, kalk. Miete)
- Lagerpersonal
- Inventurdifferenzen (Diebstahl; Schwund o. Verderb von Ware)

Diesen, mit der Höhe der Lieferbereitschaft verbundenen Kosten sind nun vor allem die sog. **Fehlmengenkosten** (= Opportunitätskosten) gegenüber zu stellen, Kosten, die dadurch entstehen, dass Aufträge nicht erteilt oder zurückgezogen werden, weil die gewünschte Ware in der gewünschten Zeit nicht lieferbar ist.

Wie bei den Transportwegen werden auch zur Bestimmung der kostenoptimalen Lieferbereitschaft bzw. Lageranzahl **Verfahren des Operation Research** eingesetzt, wie z.B. das klassische Simplex-Verfahren oder die lineare Optimierung.

Quellen und Literaturempfehlungen

Ahlert, D./Kenning, P. (2007), Handelsmarketing, Heidelberg

Ahlert, D. (1996), Distributionspolitik, 3. Aufl. Stuttgart

Barth, K./Hartmann, M./Schröder, H. (2007), Betriebswirtschaftslehre des Handels, 6. Aufl., Wiesbaden

Becker, J. (2006), Marketing-Konzeptionen, 8. Aufl., München

Falk, B./Wolf, J. (1992), Handlesbetriebslehre, 11. Aufl., Landsberg a.L.

Fischer, L. (2002), Kiosksysteme im Handel, Diss., Wiesbaden

Von der Heydt, A. (1997), Efficient Consumer Response, 3. Aufl. Frankfurt a.M.

Kirsch, J. (1987), Handelsorientiertes Herstellermarketing, Stuttgart

Lerchenmüller, M. (1992), Handelsbetriebslehre, Wiesbaden

Müller-Hagedorn, L./Toporowski, W. (2009), Der Handel, 2. Aufl., Stuttgart

Müllerschön, B. (1986), Marketing-Rechtsforschung als integraler Bestandteil des Marketing-Research, Stuttgart

Oehme, W. (1992), Handels-Marketing, 2. Aufl., München

Pfohl, H.-C. (1996), Logistik-Systeme, 5. Aufl., Berlin

Purper, G. (2007), Die Betriebsformen des Einzelhandels aus Konsumentenperspektive, Wiesbaden

Schenk, H.-O. (2007), Psychologie im Handel, 2. Aufl., München

Schröder, H. (2005), Multichannel-Retailing, Berlin

Seiler, A. (1991), Marketing, Zürich/Wiesbaden

Steiner, S. (2007), Category Management, Wiesbaden

Theis, H. J. (2006), Handbuch Handelsmarketing - Bd. 1-3, 2. Aufl., Frankfurt/M.

Tietz, B. (1993), Der Direktvertrieb an Konsumenten, Stuttgart

Vry, W. (2009), Beschaffung und Logistik im Handelsbetrieb, Ludwigshafen

4.5. Kommunikationspolitik

4.5.1. Grundlagen und Überblick

Kommunikation bezeichnet den Vorgang der Übermittlung von Informationen von einem Sender an einen Empfänger.

Kommt es zu einer Rückmeldung des Empfängers, so handelt es sich um **zweiseitige Kommunikation.** Unterbleibt diese, weil der Empfänger z.B. keine Möglichkeit zur Rückäußerung hat – typischer Fall wäre z.B. eine Anzeige in einer überregionalen Tageszeitung (= Form der Massenwerbung) – dann handelt es sich um **einseitige Kommunikation.**

Die Grundstruktur einer Kommunikation lässt sich anhand der sog. **"Lasswell-Formel"** wiedergeben *(vgl. Nieschlag/Dichtl/Hörschgen, 2002, S.1049):*

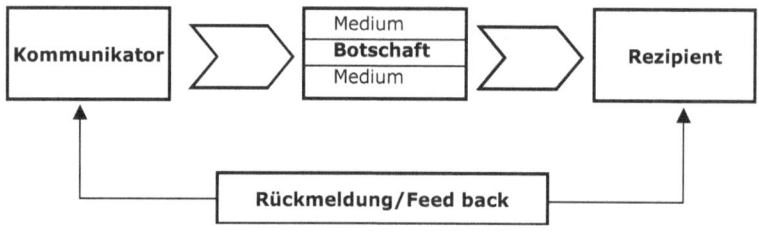

Abb. C.35: Lasswell-Formel

Quelle: Nieschlag/Dichtl/Hörschgen, 2002, S.1049

Im Einzelnen beinhaltet das Lasswell-Modell folgende kommunikationstheoretischen Aspekte: "**Wer** (Sender/Unternehmung) sagt **was** (Botschaft) über **welchen** Kanal (Medien/Informationsträger) zu **wem** (Empfänger/Zielgruppe) mit **welchem** Effekt (Erfolg/Reaktion)."

Nach der Art der Beziehung, die zwischen dem Sender und dem Empfänger besteht, lassen sich die **einstufige, direkte Kommunikation** und die **mehrstufige, indirekte Kommunikation** unterscheiden.

Bei der **direkten Kommunikation** richtet der Sender seine Botschaft **unmittelbar** an den Empfänger, bei dem er eine Reaktion (z.B. Kauf eines Produktes) erzielen möchte. Typisches Beispiel ist eine Werbeanzeige für ein Produkt (z.B. eine neue CD) in einer Publikumszeitschrift wie einem Jugendmagazin.

Bei der **indirekten Kommunikation** wendet sich der Sender nur mittelbar, d.h. unter Einschaltung eines Dritten (z.B. eines **Meinungsführers**) an die "eigentlichen" Empfänger bzw. Zielgruppen. Im obigen Beispiel richtet sich der Produzent mit seiner Werbebotschaft z.b. an Discjockeys von Radiosendern und/oder Discotheken, die dann durch das Abspielen dieser neuen CD die "eigentlichen" (Werbe-) Adressaten informieren bzw. diese – i.d.R. kaufrelevant – beeinflussen.

Der gewünschte Erfolg (final betrachtet z.b. Kauf eines Produktes oder Inanspruchnahme einer Dienstleistung) einer Kommunikation (z.B. Werbeansprache) hängt im Wesentlichen von folgenden Aspekten ab:

- Vom **Kommunikator** (Sender): Je größer die **Glaubwürdigkeit** ("Source Credibility") und die **Sympathie**, die dem Sender von den Adressaten entgegengebracht wird, sind, und je **uneigennütziger** die ihm unterstellten Motive erscheinen, desto größer ist die Erfolgswahrscheinlichkeit.

- Von der **Botschaft:** Hier stehen sich zwei Hypothesen gegenüber, der **Primacy-Effekt** und der **Recency-Effekt**. Ersterer unterstellt, dass das zuerst genannte Argument, mit dem ein Empfänger konfrontiert wird, sich am stärksten auswirkt, weil die Person zu diesem Zeitpunkt noch aufmerksamer ist. Die zweite Hypothese geht unter bestimmten Annahmen davon aus, dass sich das zuletzt verwandte Argument am besten in das Gedächtnis eingräbt.

- Vom **Medium:** Die persönliche Kommunikation ("face-to-face"-Kommunikation) ist z.B. für Einstellungsänderungen am wirksamsten. An zweiter Stelle folgt die bild-visuelle (z.B. Fernsehen), gefolgt von der auditiven (z.B. Rundfunk) Kommunikation. Am wenigsten wirksam sind Schriften (z.B. in einer Zeitschrift).

- Vom **Empfänger** (Rezipient): Die Rezeption bzw. die Akzeptanz einer (Werbe) Botschaft hängen vor allem von der Persönlichkeit bzw. dem Selbstwertgefühl des Einzelnen ab. Besonders empfänglich für kommunikative Ansprache scheinen Kinder und Jugendliche zu sein.

Die **Kommunikationspolitik** umfasst alle Aktivitäten, die eine bewusste Gestaltung von marktgerichteten **Informationen** zum Gegenstand haben und dem Ziel dienen, aktuelle und potentielle Käufer auf die eigenen Leistungen aufmerksam zu machen und deren (Kauf-)Verhalten im Sinne eigener Intensionen zu beeinflussen.

Als zentrale kommunikationspolitische Instrumente gelten:

- Werbung

- Verkaufsförderung (Sales Promotion)

- Öffentlichkeitsarbeit (Public Relations)

- Persönlicher Verkauf (Personal Selling).

Darüber hinaus gibt es eine größere Anzahl an kommunikationspolitischen **Sonderformen,** die keinem der Kerninstrumente eindeutig zugeordnet werden können, da es sich hierbei zumeist um ein Bündel an kommunikativen Maßnahmen aus verschiedenen Kernbereichen handelt. Hierzu zählen u.a.:

- Sponsoring,

- Product Placement,

- Testimonialwerbung,

- Bartering/Programming,

- Direct-Marketing.

- Internet-Werbung

Die aufeinander abgestimmte Kombination aller kommunikationspolitischen Maßnahmen zu einem bestimmten Zeitpunkt wird als **Kommunikations-Mix** bezeichnet.

4.5.2. Traditionelle kommunikationspolitische Instrumente

4.5.2.1. Werbung

Die klassische Werbung stellt nach wie vor das mit Abstand wichtigste Kommunikationsinstrument dar, wenngleich andere kommunikative Aktivitäten, wie z.B. Sponsoring und Event-Marketing, seit Jahren konstant überdurchschnittlich an Bedeutung gewinnen. 2008 betrugen die **Werbeausgaben** in Deutschland insgesamt ca. 30,87 **Mrd. €**, wovon ca. 20,36 **Mrd. €** auf die **Medienwerbung** entfielen *(Angaben ZAW)*. Im Einzelnen verteilte sich die Werbung folgendermaßen *(Angaben ZAW):*

		z.Vj. (in %)
• Tageszeitungen	4,373 Mrd. €	-4,1
• TV	4,035 Mrd. €	-2,9
• Werbung per Post	3,291 Mrd. €	-1,7
• Anzeigenblätter	2,008 Mrd. €	+1,9
• Publikumszeitschriften	1,693 Mrd. €	-7,1
• Verzeichnis-Medien	1,224 Mrd. €	+0,9
• Fachzeitschriften	1,031 Mrd. €	+1,5
• Außenwerbung	0,805 Mrd. €	-1,8
• Online-Werbung	0,754 Mrd. €	+9,4
• Hörfunk	0,711 Mrd. €	-4,3
• Wochen- u. Sonntagszeitungen	0,265 Mrd, €	-1,5
• Zeitungssupplements	0,085 Mrd. €	-3,0
• Filmtheater	0,077 Mrd. €	-27,8

Werbung stellt eine verkaufspolitischen Zwecken dienende, bewusste und zwangsfreie Einflussnahme auf Menschen mit Hilfe spezifischer Kommunikationsmittel dar.

Die Werbung bildet damit einen der wichtigsten absatzpolitischen Ansatzpunkte, um die eigenen Leistungen bei den Kunden bekannt und attraktiv zu machen, so dass die Wahrscheinlichkeit des Kaufes der offerierten Produkte bzw. die Inanspruchnahme der angebotenen Dienstleistungen steigt.

Noch vor der Phase der konkreten **Werbeplanung**, d.h. dem systematischen Prozess zur Erkennung und Lösung von zukünftigen Problemen auf dem Gebiet der Werbung, gilt es einige grundlegende Vorüberlegungen anzustellen:

- **Produkt**- oder **Firmenwerbung**?
  Diese beiden Arten der Werbung unterscheiden sich durch das **Werbeobjekt**; bei der Produktwerbung bildet ein Produkt oder eine Produktlinie, bei der Firmenwerbung das Unternehmen als Ganzes das Werbeobjekt. Bei der Firmen-

werbung entsteht ein fließender Übergang zur Public Relations; z.T. werden diese Begriffe auch synonym verwandt.

- **Kollektiv- oder Alleinwerbung**?
  Vor allem aus Kostengründen ziehen Unternehmen manchmal ein kollektives Werbeengagement dem "Werbealleingang" vor. Es lassen sich dabei vier Formen der Kollektivwerbung unterscheiden:

  * **Huckepackwerbung**: Mindestens zwei, weitgehend komplementäre Produkte werden gemeinsam beworben (z.B. Plakat mit *Coca Cola + Bacardi*)

  * **Gemeinschaftswerbung**: Kollektives werbliches Auftreten, ohne namentliche Nennung der beteiligten Firmen (z.B. Fernsehspot mit *"Kenner trinken Württemberger")*

  * **Sammelwerbung**: Kollektives werbliches Auftreten mit namentlicher Nennung der beteiligten Firmen (z.B. Anzeige in Tageszeitung mit Angeboten von Einzelhandelsunternehmen in einem Einkaufszentrum)

  * **Verbundwerbung**: Hersteller und (Einzel-)Händler werben kollektiv, um die jeweiligen Stärken (wie z.B. Marktnähe, Budgetvolumen etc.) zu nutzen

- **Direkte** oder **indirekte Werbung**?
  Sollen die Adressaten der Werbung direkt angesprochen werden oder über Personen, die diese wiederum beeinflussen (z.B. Meinungsführer)

- **Einseitige-** oder **zweiseitige Werbung/Kommunikation**?
  Die klassische Werbung in den Massenmedien stellt eine Einwegkommunikation dar, wohingegen z.B. Btx und Multimedia mit ihren Rückkoppelungsmöglichkeiten den Weg zur interaktiven Werbung öffnen

4.5.2.2. Verkaufsförderung

Unter den Begriff der **Verkaufsförderung** (= Sales Promotion) lassen sich alle Maßnahmen fassen, die dazu dienen, den Absatz der betrieblichen Leistung kurzfristig zu steigern. Im Kern handelt es sich um die Vermittlung unmittelbar wirkender Anreize zum Kauf eines Produktes bzw. zur Inanspruchnahme einer Dienstleistung.

Nach den Adressaten der Verkaufsförderungsmaßnahmen lassen sich

- **Händler-Promotions,**
- **Verbraucher-Promotions** und
- **Außendienst-Promotions**

unterscheiden.

Bei den **Händler-Promotions** können die verschiedenen Maßnahmen nochmals dahingehend unterschieden werden, ob sie das in den Handel Hineinverkaufen (= **Händler-Promotion i.e.S.**) oder das aus dem Handel Herausverkaufen (= **merchandising**) unterstützen sollen.

Zu den wichtigsten Aktivitäten, die Hersteller ergreifen, um das in den Handel Hineinverkaufen zu fördern, zählen u.a.

- Gewährung von Sonderrabatten (insb. Einführungsrabatte bei neuen Produkten),
- Leistung von Werbekostenzuschüssen,
- Zahlung von Listungsgebühren,
- Vergütungen bei Belegung von Sonderflächen;

Transaktionen, die in der Praxis Usus, aus rechtlicher Sicht allerdings großteils als zumindest fragwürdig einzustufen sind.

Das aus dem Handel Hinausverkaufen unterstützen die Hersteller u.a. durch

- Bereitstellung von Display-Material (z.B. Verkaufsständer für Sonderplazierungen am point of sale)
- Einsatz von Propagandisten
- Auslegen von Prospektmaterial
- Schulung des Verkaufspersonals
- Auslobung von Prämien für das Verkaufspersonal (= Verkäuferwettbewerbe).

Zum klassischen Instrumentarium der **Verbraucher-Promotions** zählen

- Gewinnspiele (Preisausschreiben)
- Zugaben (insb. sog. "self liquidating offers")
- kostenlose Produktproben
- Sonderpreise (z.B. bei Produkteinführungen)

Bei den **Außendienst-Promotions** wird versucht, durch zusätzliche **Incentives** die Mitarbeiter zu motivieren. Als wichtige Maßnahmen gelten

- Außendienstwettbewerbe (sind zeitlich begrenzt; z.b. zusätzliche Zahlungen für jeden neu akquirierten Kunden oder für die Forcierung neuer Produkte u.v.a.)

- Boni (= zusätzliche Vergütungen für Sonderleistungen jeglicher Art)

- Ausstattung mit Verkaufshilfen (z.B. laptop, sales folder)

- Schulungsmaßnahmen (z.B. Fachseminare, Rhetorikseminare)

Die Bandbreite an Verkaufsförderungsaktivitäten ist quasi unbegrenzt und wird im Wesentlichen durch die Kreativität der Entscheidungsträger bestimmt. Nicht selten wird jedoch dem Ideenreichtum auf diesem Gebiet durch rechtliche, insbesondere wettbewerbsrechtliche Vorschriften (insb. UWG + Nebengesetze, GWB) Schranken auferlegt.

4.5.2.3. Öffentlichkeitsarbeit

Die **Öffentlichkeitsarbeit** (= Public Relations) zielt – im Gegensatz zur Produktwerbung – nicht unmittelbar auf eine Erhöhung des Absatzes bzw. Umsatzes ab. Vielmehr wird versucht, das Unternehmen in einem positiven Licht erscheinen zu lassen, d.h. eine angenehme Atmosphäre zu allen relevanten Gruppen in der Gesellschaft (insbesondere Abnehmern, Lieferanten, Presse, Kapitalgebern etc.) aufzubauen. Im Kern geht es um die Schaffung eines **positiven Firmenimages**, wobei das **Image** die Gesamtheit aller (richtigen oder falschen) Einstellungen, Erfahrungen, Kenntnisse und Emotionen darstellt, die Menschen mit einem bestimmten Meinungsgegenstand verbinden. Der Übergang von Firmenwerbung zur Öffentlichkeitsarbeit ist fließend.

Zu den klassischen Instrumenten der Public Relations zählen:

- Interne u. externe Informationsschriften (z.B. hauseigene Zeitschriften)

- Geschäftsberichte in öffentlichkeitswirksamer Gestaltung

- Workshops, Vorträge etc.

- Presseinformationen, Pressekonferenzen, Individualkontakte zur Presse

- Betriebsführungen

- PR-Ereignisse (z.B. glanzvolle Firmeneröffnung)

Damit kann es auch Aufgabe der Public Relations sein, bewusst einzelne Produkte im redaktionellen Umfeld von Massenmedien (insbesondere Fernsehen und Radio) zu platzieren; man spricht hierbei von **Product-Publicity**. In diesem Fall besteht wiederum eine stärkere Absatzorientierung. Die Schaffung von Product-Publicity (z.B. für eine PKW-Marke) hat im Gegensatz zur Werbung folgende Vorteile: PR-Ereignisse erzielen zumeist eine hohe Aufmerksamkeit und den redaktionellen Aussagen wird ein höherer Wahrheitsgehalt eingeräumt. Außerdem erfolgt die Medienberichterstattung u.U. sogar kostenfrei, insbesondere dann, wenn die Medien ein entsprechendes Publikumsinteresse (= hohe Einschaltquote) unterstellen.

Sofern die – zumeist auch medienwirksame – Inszenierung des Unternehmens und/oder seiner Produkte dauerhaft bzw. gezielt eingesetzt und damit ein fester Bestandteil der kommunikativen Aktivitäten wird, spricht man vom sog. **Event-Marketing**.

4.5.2.4. Persönlicher Verkauf

Auch der **persönliche Verkauf** (= Personal Selling) kann als eine Form unternehmerischer Kommunikationspolitik interpretiert werden. Das Personal selling umfasst dabei alle Kontakte des Verkaufspersonals zu (potentiellen) Kunden, die darauf ausgerichtet sind, Reaktionen bei den Kunden auszulösen. Dies gilt sowohl für das interne Verkaufspersonal (einschl. Geschäfts- und Verkaufsleitung) als auch für den Außendienst (Handelsvertreter und Reisende).

Die Bedeutung des persönlichen Verkaufs liegt darin, dass es sich um eine **unmittelbare, persönliche Kommunikation** mit Rückkoppelungsmöglichkeiten handelt, einer Kommunikationsform, der eine weit höhere Wirkungsintensität zuzuschreiben ist, als allen anderen Arten massenmedialer Kommunikation.

Der Erfolg oder Misserfolg eines persönlichen Verkaufsgesprächs hängt im Wesentlichen von der Situation sowie von den Persönlichkeitsmerkmalen und dem Verhalten der Beteiligten während der Interaktion ab. Deshalb versuchen Unternehmen durch intensive Schulungen ihrer Mitarbeiter (z.B. Rhetorik, Konfliktverhalten u.v.a.) eine Erhöhung der Wahrscheinlichkeit des Kommunikationserfolgs zu erreichen.

4.5.3. Kommunikationspolitische Sonderformen

4.5.3.1. Vorbemerkung

Zu den vorhergehenden, vor allem aber zwischen den nachfolgend vorgestellten kommunikativen Maßnahmen bestehen teilweise fließende Übergänge, d.h. im Sinne eines Venn-Diagramms ergäbe sich jeweils eine mehr oder minder große Schnittmenge zwischen mehreren oder allen dieser Einzelaktivitäten. So kann beispielsweise ein großer Eröffnungstag eines Autohauses, an dem der ehemalige Formel I *Weltmeister Michael Schumacher* beteiligt ist und über den im lokalen Radio- und Fernsehsender berichtet wird, gleichzeitig unter den Gesichtspunkten des Sponsoring, einer Testimonialwerbung, der Public Relations bzw. des Event-Marketing und des Product Placement gesehen werden, wie nachfolgend zu zeigen sein wird.

4.5.3.2. Sponsoring

Der Gedanke des Sponsoring hat sich in der deutschen Unternehmenslandschaft erst in den letzten zehn Jahren etabliert. Mittlerweile betragen die Aufwendungen für Sponsoring-Maßnahmen in Deutschland 2008 ca. 4,6 Mrd. € *(vgl. Fachverband Sponsoring, 2009)* mit weiter steigender Tendenz.

Sponsoring umfasst alle Managementfunktionen, die mit der Bereitstellung von finanziellen Mitteln, Sachmitteln oder Dienstleistungen durch ein Unternehmen verbunden sind, zur Förderung einzelner Personen und/oder Organisationen, um damit gleichzeitig Ziele kommerzieller Kommunikation zu erreichen.

Im Gegensatz zum Mäzenatentum erwartet der Sponsor vom Gesponsorten eine **Gegenleistung**, die in aller Regel aus einer medienwirksamen Präsentation des Unternehmens, der Marke, seines Signets etc. im Rahmen der sog. **Sponsorships** besteht. Neben dem **werblichen Auftritt** verfolgen Unternehmen mit einem Sponsoring-Engagement zumeist auch das Ziel der **Imagepflege** sowie der **Mitarbeitermotivation**.

Folgende Arten des Sponsoring können unterschieden werden:

- Sportsponsoring
- Kultursponsoring
- Sozio- u. Umweltsponsoring.

Der **Sport** stellt mit Abstand das wichtigste Gebiet des Sponsoring dar; sein Anteil an den gesamten Aufwendungen für Sponsorships beträgt ca. 63 % *(vgl. ZAW, 2008).* Das Sportsponsoring kann in folgenden Formen stattfinden: Sponsoring von

- Einzelsportlern (z.B. Tiger Woods und Gillette)
- Mannschaften (z.B. Bayern München und Telecom)
- Veranstaltungen (z.B. die Mercedes-Benz Championship im Golf = **Titelsponsoring**, d.h. die Veranstaltung übernimmt den Namen des Sponsors)
- Programmen (insb. im Fernsehen erfolgen Einblendungen des Sponsors, z.B. bei Fußball- oder Tennisübertragungen)

Dabei schätzen Sponsoren mit großem Abstand Fußball und Tennis am meisten. Neben dem Spitzensport werden zunehmend auch Randsportarten (insbesondere Funsportarten wie Beach-Volleyball, Snow-Boarden etc.) und der Breitensport gesponsert.

Den zweiten Platz in der Bedeutungshierarchie nimmt das **Kultursponsoring** ein. Zu den geförderten Bereichen zählen vor allem die Bildende Kunst, das Theater, die Literatur und der Film. Charakteristische Beispiele bilden die Förderung von einzelnen Ausstellungen bzw. spezifischer Museen (z.B. *BOSS* und das *New Yorker Guggenheim-Museum*) oder die Unterstützung berühmter Pop-Gruppen während deren Tourneen (z.B. *VW* und *Pink Floyd* bzw. *Rolling Stones*).

Schließlich dehnen Unternehmen ihr Sponsoring-Engagement zunehmend auch auf nicht-kommerzielle Gruppen und Organisationen aus dem **Umwelt-** und **Sozialbereich** aus (Anteil zusammen ca. 11 %). Zu nennen wären beispielsweise die Unterstützung des *World Wild Fund for Nature (WWF)* durch *F.A. Brockhaus* und die *Ringfoto-Gruppe* bzw. sponserte *Reebok* eine Menschenrechtskampagne von *Amnesty International*.

4.5.3.3. Product Placement

Product Placement ist die visuelle und/oder verbale Plazierung eines Produktes, einer Marke oder einer Dienstleistung im "redaktionellen" Umfeld eines Mediums (z.B. Spielfilm im Kino oder Fernsehen), die vom werbenden Unternehmen mit vermögenswerten Leistungen (z.B. der Überlassung von PKW's) oder Geld honoriert wird.

Der Product Placement betreibende Marketing-Entscheidungsträger geht einerseits davon aus, dass durch die dramaturgische Einbindung sein Produkt bei den "Beworbenen" glaubwürdiger wird. Andererseits erhofft er sich von dessen Nutzung durch zumeist berühmte Persönlichkeiten (insb. Schauspieler) eine nachhaltige Erhöhung der Aufmerksamkeitswirkung bei den Zuschauern.

Ihren Ursprung fand das Product Placement in den frühen 60er Jahren, als bekannte Markenartikel (z.B. Uhren, Zigaretten u.a.) gegen Entgelt in den *James Bond-Spielfilmen* plakativ, d.h. in Großaufnahme von der *Titelfigur Agent 007* präsentiert wurden. Heutzutage können über spezialisierte PR-Agenturen fast alle Arten von Gütern oder Dienstleistungen in Filmen untergebracht werden. Mitunter werden sogar die Drehbücher "produktspezifisch" umgearbeitet.

In Deutschland kollidiert das Product Placement als eine Form der **Schleichwerbung** in vielen Fällen mit gesetzlichen Vorschriften, insb. mit den §§ 1, 3 des Gesetzes gegen den unlauteren Wettbewerb (UWG). Danach ist es verboten, Produkte, Marken etc. zu Werbezwecken auffällig darzubieten, ohne dass den Umworbenen die werbliche Zielsetzung deutlich wird; sie werden somit irregeführt. Eine Liberalisierug dieses Verbots, wie es die EG-Kulturminister schon vorgenommen haben, ist derzeit in Deutschland in der Diskussion. Beabsichtigt ist u. a. Product Placement in Fernsehfilmen, Serien, Sportsendungen und leichten Unterhaltungsformen grundsätzlich erlauben zu wollen. Weiterhin verboten bleibt Product Placement in TV-Formaten für Kinder und in Nachrichten- und Reportagesendungen. Unabhängig von rechtlichen Fragestellungen ist das Product Placement auch in Deutschland aus den Kino- und Fernsehfilmen nicht mehr wegzudenken.

4.5.3.4. Testimonialwerbung

Bei **Testimonials** werden mit einem Produkt hochzufriedene angebliche oder echte Verwender im Rahmen der Werbung eingesetzt, um die Umworbenen dazu zu bewegen, dieses Produkt ebenfalls zu nutzen bzw. ihren Empfehlungen zu folgen.

Mittels dieser Form der Werbung soll eine Erhöhung der **Glaubwürdigkeit** der Werbeaussage erreicht werden.

Vielfach werden im Rahmen von Testimonials auch prominente Personen, sog. Leitbilder (= **Leitbildwerbung**), als Nutzer des Produkts oder der Dienstleistung eingesetzt. Typische Beispiele sind die verschiedenen Persönlichkeiten, die sich in

Werbespots positiv über den Einsatz der American-Express-Karte äußern. Hier erwartet der Werbetreibende – zusätzlich zur Steigerung der Glaubwürdigkeit – eine überdurchschnittliche Aufmerksamkeit und eine hohe Wiedererkennung zu erzielen.

Im Rahmen der Leitbildwerbung gilt es allerdings stets zu beachten, dass es aufgrund der engen Verbindung zwischen beworbenem Produkt, Dienstleistung bzw. Unternehmung und Leitbild zu erheblichen Problemen kommen kann, wenn die berühmte Person in die "negativen Schlagzeilen gerät", eine Problematik, die auch für das personenbezogene Sponsoring gilt.

4.5.3.5. Bartering/Programming

Mit **Bartering** und **Programming** werden zwei relativ neue kommunikationspolitische Aktivitätenbündel bezeichnet, deren Voraussetzung die Veränderung der Medienlandschaft war. Gemeint ist die enorme Ausdehnung des Angebots an privaten Radio- und insbesondere Fernsehsendern. Deren Hauptaufgabe bzw. Hauptproblem ist es, die großen Mengen an Übertragungszeiten mit möglichst attraktiven, d.h. Einschaltquoten fördernden Sendungen zu füllen, und dies kostengünstig.

Hier setzten nun **Bartering** und Programming an, wobei mit ersterem der Tausch von Programmen gegen Werbezeit gemeint ist. D.h., ein Werbetreibender (z.B. ein Markenartikelhersteller oder ein Handelskonzern) produziert eine einmalige oder mehrteilige (so entwickelten sich z.B. die amerikanischen "Soap-Operas") Sendung, stellt diese einem Sender kostenlos zur Verfügung und erhält als Äquivalent vor, während und nach diesem Programmteil das **alleinige** Recht zu werben.

Ansatzweise identisch läuft das **Programming** ab, nur dass der Werbetreibende die Sendung nicht selbst produziert, sondern dem Sender die Erstellung z.B. einer Fernsehserie bezahlt. Auch hier erhält er als Gegenleistung ein **Exklusivrecht** zur Schaltung seiner Werbespots um diese Sendung herum.

4.5.3.6. Direct-Marketing

Unter **Direct-Marketing** versteht man alle Marketing-Anstrengungen, bei denen Medien und Kommunikationstechniken mit der Absicht eingesetzt werden, eine interaktive Beziehung zu den Zielpersonen herzustellen, um diese zu einer möglichst unmittelbaren, individuellen Reaktion zu veranlassen (*vgl. Deutscher Di-*

rektmarketingverband). Die Zielpersonen können dabei sowohl Endverbraucher als auch gewerbliche Abnehmer sein.

Direct-Marketing bedient sich zu ganz überwiegenden Teilen der **medialen** Ansprache. Wichtigste Formen bilden:

- **(Direct-)Mailing** (z.B. Zusendung von Werbebriefen, Broschüren, Flyern, Prospekten etc.)

- **Direktwerbung** (z.B. Coupon-Anzeigen in Zeitschriften, Beilagen mit Antwortpostkarten; Radio- u. Fernsehspots mit Adressangaben für Rückantworten u.a.)

- **elektronische Direktansprache** (z.B. Videotext, Bildschirmtext, Kabelfernsehen, u.a.)

Sofern der Focus auf eine intensive zweiseitige Kommunikation ausgerichtet ist, entwickelt sich das Direkt-Marketing zum **Dialog-Marketing,** bei dem die Zielsetzung einer dauerhaften **Kundenbindung** im Zentrum steht.

Eine zunehmend verbreitete Form des Direkt - Marketing ist das **Telefon-Marketing,** d.h. der gezielte Telefonanruf beim jeweiligen Adressaten.

Telefon-Verkauf an Endverbraucher ist in Deutschland allerdings grundsätzlich rechtlich verboten. Es sei denn, dass der Konsument explizit seine Zustimmung gegeben hat. Gewerblichen Abnehmern können hingegen telefonisch Angebote unterbreitet werden. Im Gegensatz zum Telefon-Verkauf ist Marktforschung per Telefon grundsätzlich sowohl im gewerblichen als auch im privaten Bereich zulässig.

Telefon-Marketing Aktionen werden heute i.d.R. mit Hilfe eines Call Centers umgesetzt. Unter einem **Call Center** versteht man dabei eine selbstständige Organisationseinheit in einem Unternehmen oder eine eigenständige Firma, die mit Hilfe moderner Informations- und Kommunikationstechnologien per Telefon einen verkaufs- und/oder serviceorientierten Dialog zwischen dem beauftragenden Unternehmen und (potentiellen) Kunden führt. Ruft ein Mitarbeiter des Call Centers (call center agent) potentielle Kunden an, um Aufträge zu akquirieren, spricht man von einem **Outbound Center,** werden hingegen nur Kundenanrufe angenommen und bearbeitet, spricht man von einem **Inbound Center.**

Eine der wesentlichen Grundvoraussetzungen erfolgreicher Direct-Marketing-Aktionen ist das Vorhandensein eines möglichst aktuellen, differenziert und exakt aufbereiteten Datenmaterials, insbesondere eines nach unterschiedlichen Kriterien (z.B. Alter, Geschlecht, Einkommen; Bedarfsstruktur, Interessengebiete u.v.a.) aufbereitbaren **Adressbestandes**.

Unabhängig vom spezifischen Gedanken des Direct-Marketing bezeichnet man jede (PC-)rechnergestützte Marktbearbeitung, die sich auf spezifische Daten über die tatsächlichen oder potentiellen Nachfrager stützt, als **Data-Base-Marketing**.

Als besondere Vorteile des Direct-Marketing, insbesondere der Direktwerbung, gelten die Möglichkeit einer individuell-kommunikativen Ansprache des Adressaten sowie die schnellere und exaktere Erfolgskontrolle durch Erfassung des sog. **Responses** (= Reaktion der Umworbenen). Bei einem breit gestreuten Werbebrief an Letztverbraucher, zu denen bislang noch keine Geschäftsbeziehungen bestehen, würde beispielsweise ein Response von ca. 3 % – 5 % der Angeschriebenen schon eine gute Erfolgsgröße darstellen.

Schließlich kann auch der **Direktvertrieb** mit seiner **unmittelbaren, persönlichen Ansprache** des Letztverbrauchers zum Direct-Marketing gezählt werden, wenngleich dessen **distributionspolitisches** Kalkül im Vordergrund steht.

Beim **Direktvertrieb** werden Waren oder auch Dienstleistungen unter Einsatz von Verkäufern durch die Hersteller bzw. Leistungsersteller selbst direkt an den Konsumenten oder den privaten Haushalt abgesetzt. Als charakteristisches Beispiel gilt der Direktvertrieb der Kosmetikfirma *Avon* durch deren Beraterinnen.

4.5.3.7. Internet-Werbung

Unter **Internet – oder Online-Werbung** versteht man die Belegung von Werbeflächen im Internet (World Wide Web). Dem Werbetreibenden stehen dabei eine Vielzahl von Werbeformen zur Verfügung, unter denen die eigene **Homepage** eine zentrale Rolle spielt. Diese Form der Internet-Werbung ermöglicht eine detaillierte und sehr informative Präsentation der Produkte und Leistungen und erlaubt darüber hinaus auch die Darstellung des Anbieters und seiner spezifischen Qualitäten. In den meisten Fällen bietet die Homepage auch eine Reihe weiterer Optionen wie z.B. zusätzliche Dienste wie Online Shops und Interaktionsmöglichkeiten mit Hilfe des E-Mailing. Die Einsatzmöglichkeiten der **E-Mailwerbung** reichen von einzelnen E-Mail Aktionen bis zu regelmäßig erscheinenden E-Mail-

Newslettern. Diese Werbeformen haben viele Vorzüge. Sie sind z.B. rasch und unkompliziert zu realisieren, sie haben große Aktualität und der Empfänger kann sie an Dritte weiterleiten, aber sie unterliegen auch rechtlichen Beschränkungen. Grundsätzlich darf E-Mailwerbung nur angewandt werden, wenn der Rezipient ausdrücklich dem Zusenden von Mailings zugestimmt hat (Opt-in-Lösung). Im Rahmen des so genannten **Permission Marketing** versucht man aus dieser Not eine Tugend zu machen. Das konsequente und systematische Einholen der Erlaubnis zur Zusendung von Werbemails erfüllt nicht nur juristische Vorgaben, sondern soll die Vorbehalte gegen diese Werbeform bei den Beworbenen abbauen und aus (E-Mail-) Laufkunden (E-Mail-) Stammkunden machen.

Neben der Homepage ist jedoch vor allem die entgeltliche Nutzung **fremder Websites** wie z.B. von Suchmaschinen (Google, Yahoo etc.), Online Diensten (z.B. AOL, T Online) oder Partnerunternehmen (Affiliate Marketing) zu Werbezwecken von besonderer Bedeutung. Dabei können verschiedene Instrumente unterschieden werden. Hier ist zuallererst die so genannte **Bannerwerbung** zu nennen. Darunter versteht man statische oder animierte Werbeflächen außerhalb des Contentbereichs einer Internetseite, hinter denen sich meistens ein Link zur Homepage des werbenden Unternehmens verbirgt.

Eine besondere Variante in diesem Kontext ist die **Suchmaschinenwerbung.** Damit meint man das Buchen von Werbeflächen oberhalb und neben den Suchergebnislisten der Suchmaschinen.

Eine weitere Werbeform sind so genannte **Interstitials.** Dabei handelt es sich um eine Art Unterbrecherwerbung. Sie wird ganzseitig eingeblendet und gibt das geöffnete Browserfenster - und damit den Blick auf den Inhalt der gewünschten Seite - erst nach einigen Sekunden durch Anklicken oder automatisch frei. Naturgemäß hat eine solche Werbeform eine hohe Aufmerksamkeitswirkung, führt aber auch nicht selten zur Verärgerung und Reaktanz des Bertachters. Eine Sonderform der Interstitials sind **Pop ups.** Die Werbung wird dabei in einem sich automatisch zusätzlich öffnenden Browserfenster angezeigt.

Neben diesen Instrumenten der Internet-Werbung gewinnen **Web 2.0** Medien als Werbeplattformen an Bedeutung. Web 2.0 steht für interaktive und kollaborative Elemente des World Wide Web, d.h. ein wesentliches Charakteristikum ist hier die Integration der Nutzer in die Netzaktivitäten. Typische Web 2.0 Anwendungen sind Videocommunities wie youtube.com, Wiki-Websites wie Wikipedia oder Social-Networking-Sites wie StudiVZ.de. Interessante Werbemöglichkeiten bieten z.B. 3-D-Online Infrastrukturen wie Second Life oder so genannte Websoaps, die immer mehr an Bedeutung gewinnen.

In den letzten Jahren nutzen Unternehmen zunehmend das **mobile Marketing.** Die sich stetig verbessernden technischen Möglichkeiten mobiler Endgeräte (Handys, Notebooks, PDAs) und der Funknetze erlauben es insbesondere junge Zielgruppen über SMS, MMS oder mobile Games gezielt anzusprechen.

Die Internet-Werbung gewinnt praktisch in allen Bereichen der Wirtschaft als Bestandteil des Kommunikationsmixes an Bedeutung, besonders hervorgehoben seien hier jedoch exemplarisch der Touristikbereich, die DV-Branche, der Buchhandel und die Musik- und Telekommunikationsbranche. Den größten Stellenwert nimmt allerdings bislang die Werbung für den Personalbereich ein. Das **Bruttowerbevolumen** ist in den letzten Jahren stetig gestiegen. Betrug es in Deutschland 2005 noch ca. 332 Mio. €. überstieg es 2008 die 1 Mrd. € Marke. Weltweit wurden für Online-Werbung im Jahre 2007 ca. 45 Mrd. US Dollar ausgegeben, wovon 21 Mrd. US Dollar auf die USA entfielen *(vgl. PricewaterhouseCoopers 2008).* Es werden weitere erhebliche Steigerungen prognostiziert. So lauten die Schätzungen für das Jahr 2012 auf 147 Mrd. US Dollar *(vgl. PricewaterhouseCoopers 2008).* Es ist also davon auszugehen, dass die **Werbung im Netz** in Zukunft weiter überproportional im Vergleich zur **klassischen Werbung** wachsen wird.

Die Ursachen für diese Entwicklung liegen sowohl in der weiter ansteigenden Verbreitung des Internet als auch in den spezifischen Charakteristika des Mediums. Im Vergleich zu den herkömmlichen Werbeformen bietet das World Wide Web Interaktivität, weltweite Reichweite, Zielgruppengenauigkeit, unmittelbare Erfolgsmessung (Click Rates, Page Impressions, Logfiles etc.) und vergleichsweise niedrige Kosten. Von Vorteil ist insbesondere auch, dass die Kommunikationsinhalte in verschiedenen – z.T. kombinierten - Formen (Text, Bild, Film, Ton) präsentiert und durch Verlinkung jederzeit verbreitert und vertieft werden können.

Allerdings hat die Internet-Werbung auch Schwächen. Es ist nach wie vor so, dass nicht alle Zielpersonen über das Internet in gleicher Weise zu erreichen sind. So nutzen 2008 etwa 66 % der Menschen in Deutschland das Netz. Insbesondere ältere Menschen und vor allem ältere Frauen nutzen das Internet noch relativ wenig, auch wenn sich die Nutzerzahlen von Jahr zu Jahr verbessern. Gleichzeitig wird die Werbung im Netz zunehmend als störend empfunden, was zu einer Vielzahl von Filtertechniken geführt hat, mit denen Online-Werbung abgeblockt werden kann. Außerdem gibt es beispielsweise bei Werbemails nicht nur

Spamfilter (Spam = elektronischer Müll), sondern wie bereits angesprochen auch rechtliche Beschränkungen.

Eine **Sonderform** der Kommunikationspolitik benötigt vor allem das **Internet**, um seine höchste Effizienz zu erreichen: **Virales Marketing**. Hierunter versteht man eine modifizierte Form der **„Mund-zu-Mund-Propaganda".** Die Grundidee formulierte Jeff Rayport von der Harvard Business School schon 1966: „The best Marketing is Marketing you don`t have to do yourself". Mit Viralem Marketing ist demzufolge gemeint, dass ein Marketing-Treibender ein Produkt, eine Dienstleistung, eine Marke, kurz – eine Botschaft - bewusst in einem oder mehreren sozialen Netzwerken platziert, mit der Zielsetzung, dass diese Information sich selbständig unter den Mitgliedern weiter verbreitet. Voraussetzung ist, dass die User diese Botschaft für ausreichend interessant erachten, um diese weiter zu kommunizieren. So eigenen sich Gerüchte, Tipps, News, Wettbewerbe oder Provokationen und Skurrilitäten besonders gut für ein virales Marketing-Konzept. Verstärkt wird die Wirkung noch, wenn die User einen benefit z.B. in Form einer Belohnung, wie der, sich amüsieren zu können, erhalten (= Entertainment). Klassisches Beispiel ist das Spiel die „Moorhuhn-Jagd" von Johnnie Walker (2000). Weitere erfolgreiche Beispiele sind „Subservient Chicken" und „Sith Sense (mit Darth Vader)", beide von Burger King (2005) und die „T-Mobile-Dance"-Filme auf Youtube, die Anfang 2009 schon nach einer Woche von mehr als 1,6 Millionen Zuschauern angeklickt wurden.

Virales Marketing steht in engem Zusammenhang zur Idee des **Guerilla-Marketing**, das darauf abzielt, mit geringem finanziellen (Werbe-) Budget ein hohes Maß an (werblichem) Erfolg zu erzielen. Originelle, innovative und unkonventionelle (Werbe-) Methoden, ein „Aha-Effekt", sind die Voraussetzung für erfolgreiches Guerilla-Marketing. Typisches Beispiel ist die ironische, gegenüber Wettbewerbern aggressive Werbekampagne des Autovermieters SIXT „Einen besseren Autovermieter als SIXT? Gibs nisch!"

4.5.4. Entwicklung einer Kommunikationskonzeption

Im folgenden Abschnitt wird am Beispiel der Werbung verdeutlicht, wie eine Kommunikationskonzeption erarbeitet und verwirklicht wird. In der Regel erfolgt die Planung, Durchführung und Kontrolle von Werbemaßnahmen in enger Zusammenarbeit zwischen einem Unternehmen und einer der Werbeagenturen in Deutschland (BBDO-Gruppe, Grey-Gruppe, Scholz & Friends, Springer & Jacoby, Jung von Matt u.a.m.).

Ausgangspunkt der Kampagne ist die Festlegung des **Werbeobjektes**, dass heißt, es wird bestimmt, für welches Produkt oder Unternehmen geworben wird. Außerdem ist in diesem Zusammenhang zu klären, wer mit der Werbung erreicht werden soll. Es geht also um die Festlegung der sog. **Zielgruppe** (= Werbesubjekt) (vgl. hierzu auch Abschnitt 3.2.2.2.).

Bevor weitere kommunikative Maßnahmen verwirklicht werden, ist es erforderlich, im Einklang mit den übergeordneten Marketing-Zielen die **Werbeziele** festzulegen. Hierbei lassen sich zwei Zielbereiche grob differenzieren: die sog. **ökonomischen** und die **außerökonomischen** Werbeziele.

Die ökonomischen Werbeziele werden an monetären Zielgrößen wie insbesondere Absatz, Umsatz oder Kosten festgemacht. Die außerökonomischen Ziele betreffen zumeist die Aufmerksamkeit, den Bekanntheitsgrad sowie das Image. Es gilt dabei zu beachten, dass die Werbeziele operational definiert werden, d.h. dass der Inhalt, das Ausmaß und der zeitliche Bezug exakt festgelegt werden und dass das Ziel realisierbar erscheint. Als Beispiele lassen sich anführen: "Mittels der neuen Werbekampagne soll eine Steigerung des Umsatzes um 15 % innerhalb der nächsten 2 Jahre erreicht werden"; "Mittels der neuen Werbekampagne soll der ungestützte Bekanntheitsgrad (= Bekanntheit ohne Vorlagen oder Namenshinweise) des Markenartikels X von 52 % auf 60 % in Deutschland erhöht werden".

Neben der Formulierung der Werbeziele ist die Festlegung des **Werbebudgets** bzw. Werbeetats von Bedeutung. Dabei geht es um die Frage, nach der Höhe der finanziellen Ressourcen, die für die Werbung ausgegeben werden sollen. Hier gibt es in der Praxis eine ganze Reihe von Verfahren. Besonders häufig wird der Etat als %-Satz vom Planumsatz (**Percentage of Sale-Methode**) festgelegt. In der Konsumgüterindustrie liegt dieser %-Satz beipielsweise zwischen 5 % und 15 %. Ein weiteres Verfahren ist die Orientierung an den Werbeaufwendungen der Wettbewerber (**Competitive Parity-Methode**). Sachlogisch am sinnvollsten ist allerdings die **Budgetierung** auf der Basis der operational formulierten Werbeziele.

Ein weiterer wichtiger Schritt, der in einem engen Zusammenhang mit den Zielsetzungen und der inhaltlichen Ausgestaltung der Werbung steht, ist die Erarbeitung einer sogenannten **kommunikativen Leitidee**. Hierbei wird festgelegt, welche Botschaft den Zielpersonen grundsätzlich vermittelt werden soll. In vielen Fällen manifestiert sich die Leitidee in einem **Slogan** (z.B. Nike: "Just do it" oder BMW: "Freude am Fahren"). Die konkrete inhaltliche und formale Realisierung der Leitidee erfolgt dann im Rahmen der sogenannten **Copy-Strategie**. Gegenstand der Copy-Strategie im einzelnen ist die Formulierung eines "**Consumer benefit**" bzw. eines "**buyer benefit**", dass heißt einer Nutzen-Darlegung zum betreffenden Angebot. Des Weiteren gilt es, den spezifischen Leistungsvorteil, den sog. **unique selling proposition** zu unterstreichen und zu begründen. Dies wird als **"reason why"** bezeichnet. Darüber hinaus beinhaltet die Copy-Strategie auch die formale Gestaltung der **Werbemittel** (z.B. Anzeige, Fernsehspot, Plakat etc.). Es muss der richtige "Ton" getroffen werden. Dabei ist vor allem ein ausgewogenes Mix zwischen rationaler und emotionaler "**tonality**" zu realisieren.

Neben der Copy-Strategie ist die sogenannte **Media-Strategie** der zweite wichtige Entscheidungsbereich im Rahmen der Werberealisation. Hierbei geht es um die **Auswahl** der **Medien** (= Werbeträger) (z.B. Printmedien, TV, Hörfunk etc.), die eingesetzt werden sollen. Die Auswahlentscheidung wird dabei vor allem durch die **Kontaktqualität** des Mediums, d.h. wie geeignet ist das Medium, die angestrebte Zielgruppe zu erreichen, die **Reichweite** (z.B. die Zahl der Leser einer Zeitschrift) und die Kosten für die Schaltung des Mediums (gemessen anhand des sog. **Tausenderpreises**, d.h. was kostet der Kontakt mit tausend Zielpersonen) determiniert. Außerdem wird im Rahmen der Media-Strategie auch über das **Timing** entschieden. Dabei geht es um die Festlegung der Werbeperiode (Zeitraum der Kampagne), der Werbeintervalle (in welchen Abständen erfolgt die Werbung), der Zahl der Wiederholungen, der konkreten Festlegung von Tageszeiten usw.

Art und Qualität der Werbung bestimmen den **Werbeerfolg**. Dieser bemisst sich durch eine Gegenüberstellung der ermittelten Werbewirkungen zu den gesetzten Werbezielen. Vordergründig scheinen die ökonomischen Werbeziele leichter kontrollierbar. So wird beispielsweise nach Ablauf eines Jahres nach einer neuen Werbekampagne festgestellt, dass der Umsatz um 15 % anstatt der erwarteten 10 % oder lediglich 3 % anstatt der projektierten 10 % gestiegen ist. Werbebedingt? Es stellt sich hier die **Problematik der Zurechenbarkeit**. Als denkbare Effekte kommen in Betracht:

- Zeitliche Wirkungsverschiebung (= "**carry-over-Effekt**"); z.B. stellt sich die Wirkung der Werbekampagne erst einige Monate später richtig ein

- Ausstrahlungseffekte (= "**spill-over-Effekt**"); z.B. wirken sich andere, zeitgleiche kommunikative Maßnahmen auf das Ergebnis aus

- Beharrungseffekte (= **"decay-Effekt"**); Werbewirkungen lassen im Zeitablauf in ihrer Wirkung nach

Deshalb werden vielfach die außerökonomischen Maßgrößen zu Kontrollzwecken verwendet. So gilt die **Aufmerksamkeit**, die z.B. eine Werbeanzeige erzielt, als Kriterium der Qualität der Werbung bzw. des Werbemittels. Dieser Überlegung liegt die klassische Werbewirkungsformel **AIDA** zugrunde, nach der Werbung

- Aufmerksamkeit (**"attention"**)
- Interesse (**"interest"**)
- Kaufwunsch (**"desire**)
- Kauf (**"action"**)

bei den Beworbenen bewirken soll.

Als weitere wichtige außerökonomische Maßgrößen gelten die Veränderung des **Bekanntheitsgrads** und/oder des **Images** eines Produktes, einer Marke oder eines Unternehmens.

Zur Messung von Aufmerksamkeit und Bekanntheitsgrad werden **Recognition-** und **Recalltests** sowie **Befragungen** eingesetzt.

Beim **Recognitiontest** (= Wiedererkennungstest) erfasst man die Gedächtnis-wirkung eines Werbemittels (i.a.R. einer Werbeanzeige) durch die Anzahl der Wiedererkennungen beim Durchblättern einer Zeitschrift durch die Probanden. Beim **Recalltest** wird mit Hilfe von Vorlagen, auf denen sich Namen oder "labels" befinden (= aided recall bzw. gestützte Bekanntheit) oder auch ohne diese (= unaided recall bzw. ungestützte Bekanntheit) danach gefragt, ob sich die Pro-banden sich an das Werbemittel erinnern.

Der Zielgröße **Image** wird im Marketing eine besonders wichtige Rolle zugewie-sen, da zwischen einem **positiven Image** und dem gewünschten Verhalten der relevanten Adressaten eine enge Beziehung gesehen wird. D.h., je mehr es ge-lingt, ein positives Image für den Einstellungsgegenstand aufzubauen, desto grö-ßer wird die Wahrscheinlichkeit, dass es zu einem positiven (Kauf-)Verhalten der Beworbenen kommt. **Image** bedeutet dabei soviel wie das Bild, das sich jemand von einem Meinungsgegenstand macht, welches sowohl auf dessen subjektivem Wissen als auch auf dessen gefühlsmäßigen Wertungen basiert.

Das **Image** bzw. die Veränderung einzelner Bestimmungsgrößen des Images, sog. **Imagedimensionen** (z.B. Preis, Farbe, Modernität, Design; Personal u.v.a.) eines Produktes oder eines Unternehmens wird zumeist mittels sog. **Rating-Skalen** (z.B. "das Design ist: altmodisch o-o-o-o-o aktuell" etc.) erfragt, wobei durch Verbindung der Einstufungen aller Imagedimensionen ein **Imageprofil** entsteht. Dieses Profil lässt sich ebenfalls zu Kontrollzwecken einsetzen, sofern man es jeweils vor und nach einer Werbekampagne ermittelt.

Die folgende Abbildung gibt die Phasen der Entwicklung einer Kommunikations-Kampagne noch einmal im Überblick wieder.

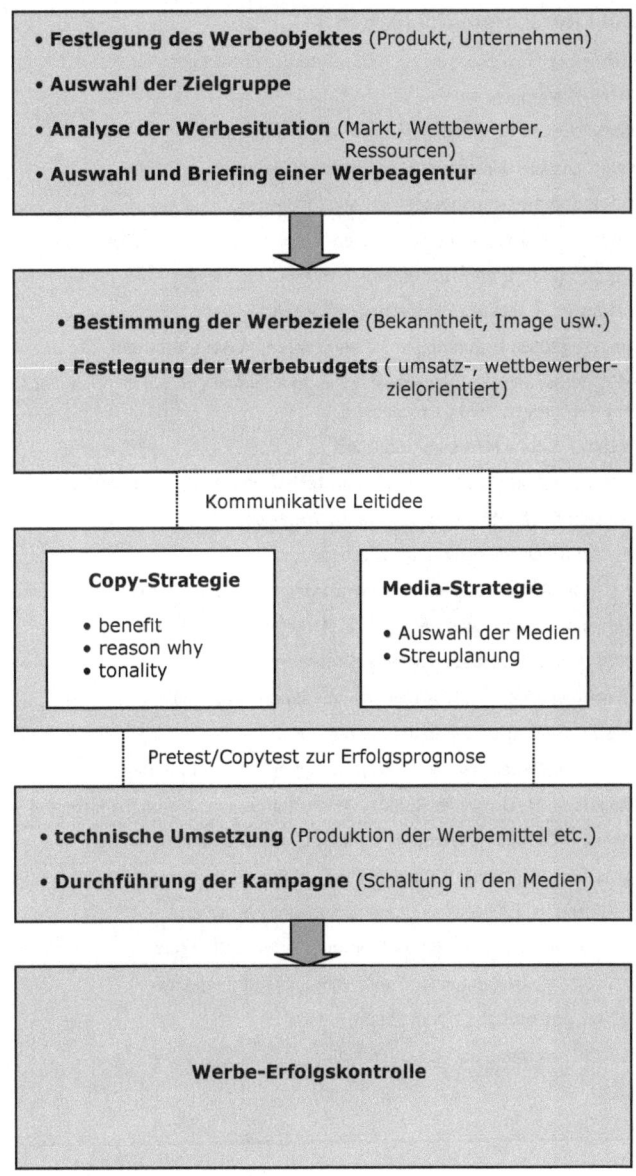

- **Festlegung des Werbeobjektes** (Produkt, Unternehmen)
- **Auswahl der Zielgruppe**
- **Analyse der Werbesituation** (Markt, Wettbewerber, Ressourcen)
- **Auswahl und Briefing einer Werbeagentur**

- **Bestimmung der Werbeziele** (Bekanntheit, Image usw.)
- **Festlegung der Werbebudgets** (umsatz-, wettbewerber-zielorientiert)

Kommunikative Leitidee

Copy-Strategie
- benefit
- reason why
- tonality

Media-Strategie
- Auswahl der Medien
- Streuplanung

Pretest/Copytest zur Erfolgsprognose

- **technische Umsetzung** (Produktion der Werbemittel etc.)
- **Durchführung der Kampagne** (Schaltung in den Medien)

Werbe-Erfolgskontrolle

Abb. C.36: Phasen der Entwicklung einer Kommunikations-Kampagne

Quellen und Literaturempfehlungen

Bauer, H.H./Große-Leege, D./Rösger, J. (2008), Interactive Marketing im Web 2,0+, München

Behrens, G. (1996), Werbung, München

Brüne, K. (2008), Lexikon Kommunikationspolitik, Frankfurt a.M.

Bruhn, M. (2008), Lexikon der Kommunikationspolitik, München

Bruhn, M. (2007), Kommunikationspolitik, 4. Aufl., München,

Bruhn, M. (2003), Sponsoring, 4. Aufl., München

Fuchs, W./Unger, F. (2003), Verkaufsförderung, 2. Aufl., Wiesbaden

Hermanns, A./Marwitz, C. (2007), Sponsoring, München

Huth,R./Pflaum, D., (2005) Einführung in die Werbelehre, 7. Aufl., Stuttgart

Kirsch, J. (1993), Wirkungsvolle Kundenansprache. In Kühlmann, K. (Hrsg.),Handbuch des Versi-
cherungsvermittlers, 18.3., Landsberg a. L.

Kollmann, T. (2007), Online Marketing, Stuttgart

Kroeber-Riel, W./Esch, F.R. (2004) Strategie und Technik der Werbung, 6. Aufl., Stuttgart

Krumm, R./Geissler; C. (2005), Outbound Praxis, Wiesbaden

Lammenett, E. (2006), Online Marketing, Wiesbaden

Levinson, Jay C. (2006), Die 100 besten Guerilla-Marketing Ideen, Frankfurt/New York

Meffert, H./Burmann, C./Kirchgeorg, M. (2008), Marketing, 10. Aufl., Wiesbaden

Moser, K. (2002), Markt – Werbepsychologie, Göttingen

Neumann, P./von Rosenstiel, L. (2004), Markt- und Werbepsychologie, Gräfelfing

Nickel, O. (Hrsg.) (2007), Eventmarketing, 2. Aufl., München

Nieschlag, R./Dichtl, E./Hörschgen, H. (2002), Marketing, 19. Aufl., Berlin

Pflaum, D./Eisenmann, H./Linxweiler (2000), Verkaufsförderung, 2. Aufl. Landsberg a. L.

Rogge, H.-J./Weis, H.C. (2004), Werbung, 6. Aufl., Ludwigshafen

Schneider, D./Gerbert, P. (1999), E-Shopping, Wiesbaden

Schürmann, F./Tisson, H. (2006), Call Center Controlling, Wiesbaden

Schweiger, G./Schrattenecker, G. (2009), Werbung, 7. Aufl., Stuttgart

Tauberger, J. (2008), Konsumentengerichtete Verkaufsförderung, Lohmar

Weis, H.-C. (2007), Marketing, 14. Aufl., Ludwigshafen

ZAW (Hrsg.) (2009), Werbung in Deutschland 2009

4.6. Marketing-Mix

4.6.1. Grundlegung

Unter **Marketing-Mix** versteht man die – möglichst optimale – **Kombination** der **absatzpolitischen Instrumente** zu einem bestimmten Zeitpunkt. D.h., es geht um die für eine Periode getroffene Auswahl, Gewichtung und Ausprägung der Marketing-Aktivitäten in qualitativer und quantitativer Hinsicht.

Ausgangspunkt bilden die aus den Unternehmenszielen abgeleiteten **Marketing-Ziele**, die wiederum Grundlage für die Marketing-Planung darstellen. Hieraus leiten sich sowohl die Festlegung der Marketing-Strategien als auch des **Marketing-Budgets** ab.

Das **Marketing-Budget**, als Äquivalent für die Aufwendungen bzw. die Kosten des Einsatzes der Marketing-Instrumente, wird in der Praxis zumeist von der Geschäftsleitung in Fortschreibung oder leichter Modifikation von Vorjahreswerten für das gesamte Unternehmen ermittelt (z.B. X-% vom Umsatz). Die Allokation des Gesamtvolumens auf die verschiedenen Abteilungen und/oder Produkte bzw. Marketing-Instrumente erfolgt dann auf niedrigeren Hierarchieebenen (sog. **Top-down-Verfahren**).

Es besteht auch die Möglichkeit, dass die Marketing-Budgetanforderungen von unten nach oben bis zum Gesamtbudget aggregiert werden, ein als **Bottom-up-Verfahren** bezeichnetes Vorgehen, das vielfältige Abstimmungsprozesse benötigt.

4.6.2. Probleme eines "optimalen" Marketing-Mix

In der Praxis stellt es sich als äußerst schwierig dar, auch nur eine annähernd "optimale" Kombination der absatzpolitischen Instrumente zu erreichen. Zu den zentralen Problemen zählen:

- Vielzahl an denkbaren und möglichen Kombinationen

- Interdependenzen zwischen den Sub-Mixes (u.a. Substitution, Komplementarität, Konkurrenz) (z.B. steht eine hohe Produktqualität in Konkurrenz zu einer aggressiven Niedrigpreispolitik)

- Ausstrahlungseffekte (z.B. Spill-over-, Carry-over-Effekte) (z.B. stellen sich Wirkungen von Werbeaktivitäten vielfach erst in einer späteren Periode als erwartet ein)

- Prognoseungenauigkeit aufgrund vieler "weicher Daten" (= "soft data") (z.B. trifft dies auf Serviceaktivitäten oder Imageaspekte zu).

Aus diesen Gründen verstehen sich die meisten Ansätze zur Festlegung eines Marketing-Mix als lediglich suboptimale Kalküle.

4.6.3. Festlegung des Marketing-Mix

In der Marketing-Praxis haben sich einige Standard-Auswahlprinzipien für die quantitative und qualitative Zusammenstellung der Marketing-Instrumente herausgebildet. Diese begründen sich zumeist auf **Tradition** und **Erfahrung** bzw. beruhen auf **Branchenusancen**. Zu Letzterem folgende Übersicht:

Einsatzschwerpunkte der absatzpolitischen Instrumente in verschiedenen Aktionsfeldern					
Aktionsparameter	Aktionsfeld				
	Rohstoff	Investitionsgut	Markenartikel	Handel	Dienstleistung
Produktpolitik	X	X	X	(X)	X
Programmpolitik		(X)	(X)	X	X
Garantieleistung		X	X	X	
Kundendienst	X	X	(X)	X	X
Preispolitik	(X)	X	X	X	X
Rabattpolitik	X		X	X	
Lieferungs- und Zahlungsbedingungen		X		(X)	
Kreditgewährung	X	X		(X)	
Absatzwegewahl		(X)	X		
Vertrieb und Verkauf	X	X	X	X	X
Distributionslogistik	X	X	X	X	
Werbung	(X)	(X)	X	X	X
Verkaufsförderung	X		X	X	(X)
Öffentlichkeitsarbeit	X	(X)	X		X
Sponsoring			X	(X)	(X)

Legende X = große Bedeutung im jeweiligen Aktionsfeld, (X) = mittlere Bedeutung

Abb. C.37: Aktionsfelder des Marketing-Mix

Darüber hinaus determinieren die gewählten **Marketing-Strategien** sowie die **Produktart** bzw. die **Produktmerkmale** das Marketing-Mix.

Wählt ein Unternehmen beispielsweise eine reine **Präferenzstrategie**, dann spielen u.a. die letztverbraucherbezogene Werbung, die Produktgestaltung sowie die Markenbildung eine herausragende Rolle, im Gegensatz zu einer **Preis-Mengen-Strategie**, bei der wiederum die Preispolitik an vorderster Stelle steht.

Die sicherlich am weitesten entwickelte **Heuristik** zur Festlegung des Marketing-Mix orientiert sich an den **Produktcharakteristika** und wird als **warenspezifische Analogiemethode** bezeichnet. Das Vorgehen erfolgt in drei Schritten:

①   Charakterisierung des Produktes

②   Einordnung des Produktes aufgrund seiner Merkmale

③   Vorauswahl des Normmix

Zur Produktbeschreibung lassen sich folgende neun Charakteristika heranziehen, wobei der Gruppe I zwischen 0-20 Punkte, der Gruppe II zwischen 21-40 Punkte, der Gruppe III zwischen 41-60 Punkte, der Gruppe IV zwischen 61-80 Punkte und der Gruppe V zwischen 81-100 Punkte zugeordnet werden können :

Produkt-Charakteristika	Gruppe I	Gruppe II	Gruppe III	Gruppe IV	Gruppe V
Wert der Produkteinheit	sehr gering	gering	mittel bis hoch	hoch	sehr hoch
Bedeutung jedes einzelnen Kaufs für den Verbraucher	sehr gering	gering	mittel	hoch	sehr hoch
Für den Kauf aufgewendete Zeit und Mühe	sehr gering	gering	mittel	hoch	sehr hoch
Rate der technischen und modischen Änderungen	sehr gering	gering	mittel	hoch	sehr hoch
Technische Komplexität	sehr gering	gering	mittel bis hoch	hoch	sehr hoch
Servicebedürftigkeit	sehr gering	gering	mittel	hoch	sehr hoch
Kaufhäufigkeit	sehr hoch	mittel bis hoch	gering	gering	sehr gering
Schnelligkeit des Ver(Ge-)brauches	sehr hoch	mittel bis hoch	gering	gering	sehr gering
Ausdehnung der Nutzung	sehr hoch	hoch	mittel bis hoch	gering bis mittel	sehr gering

Abb. C. 38: Produktcharakteristika

Der ermittelte Punktwert wird nun in Form eines Achsenkreuzes in die nachfolgende Abbildung eingezeichnet; die Skalenposition verweist auf die vier Instrumentalbereiche und deren Gewichtung bzw. Ausgestaltung, d.h. man kann daran das sog. **Normmix** ablesen.

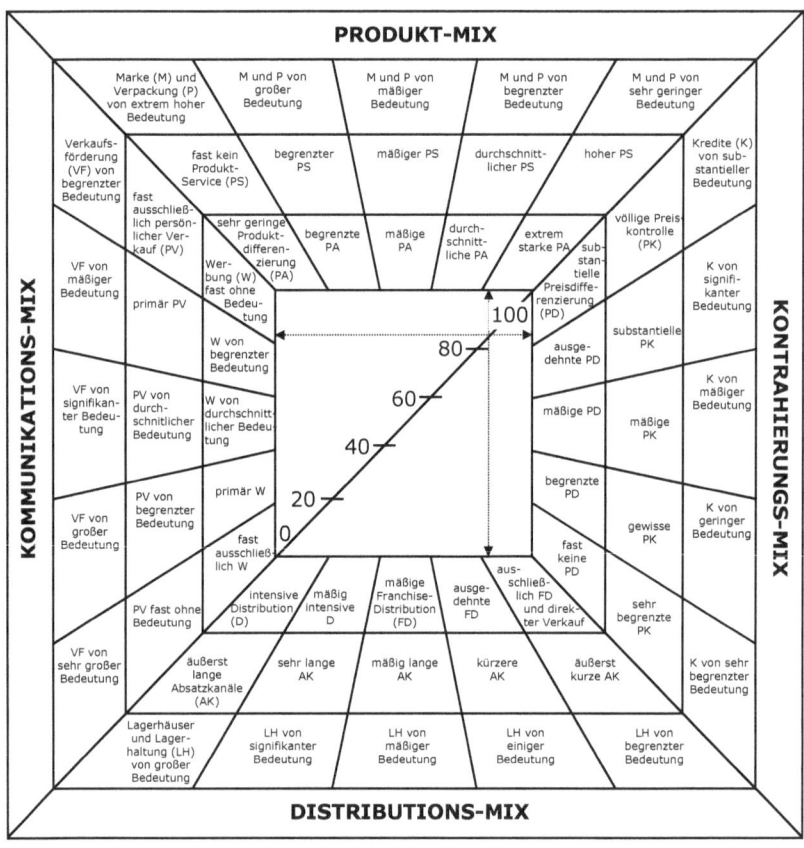

Abb. C.39: Vorauswahl des Marketing-Mix nach qualitativen Aspekten

Neben Heuristiken wie der warenspezifischen Analogiemethode gibt es auch **analytische Lösungsansätze**, die mittels linearer Optimierung oder mathematischer Programmierung eindeutige Lösungen zustande bringen. Ihr Einsatzgebiet beschränkt sich allerdings fast ausschließlich auf Routineentscheidungen mit relativ hoher Stabilität der relevanten Umweltfaktoren.

Ansonsten bleibt es auf dem weiten Feld des Marketing der **Erfahrung, Intuition, Kreativität** und dem **Gespür** für mögliche Trends und Marktentwicklungen des **Marketing-Entscheidungsträgers** vorbehalten, eine erfolgreiche Kombination der Marketing-Instrumente zu bewerkstelligen.

Quellen und Literaturempfehlungen

Becker, J. (2006), Marketing-Konzeptionen, 8. Aufl., München

Kotler, P./Bliemel, F. (2005), Marketing-Management, 10. Aufl., München

Meffert, H./Burmann, C./Kirchgeorg, M. (2008), Marketing, 10. Aufl., Wiesbaden

Nieschlag, R./Dichtl, E./Hörschgen H. (2002), Marketing, 19. Aufl., Berlin

5. Marketing-Kontrolle

5.1. Grundfragen

Zu jedem Marketing-Managementprozess gehört als wesentlicher Bestandteil die Kontrolle der Marketing-Aktivitäten. Unter **Marketing-Kontrolle** versteht man die systematische, kritische und unvoreingenommene **Prüfung und Beurteilung** der grundlegenden **Ziele** und der **Politik** des Marketing sowie der **Organisation**, der **Methoden** und **Arbeitskräfte**, mit denen Marketing-Entscheidungen verwirklicht werden. **Jede Kontrolle ist ein Prozess**, der im Kern durch fünf Schritte der Gewinnung und Verarbeitung von Kontroll-Informationen gekennzeichnet wird:

3. **Festlegung von Kontroll-Größen** nach Maßgabe der Marketing-Ziele (Sollgrößen bzw. Standards)

4. **Fixierung von Toleranz- bzw. Bandbreiten**, die die Kontroll-Größen aufweisen dürfen

5. **Erfassung der Kontroll-Größen**

6. **Analyse der Abweichungsgründe**, wenn die Standards unter- oder überschritten werden

7. Erarbeitung von Ansätzen zur **Beseitigung der Abweichung** (z.B. durch Korrektur der Aktivitäten oder gegebenenfalls durch Anpassung der Standards)

Zuständig für die Marketing-Kontrolle ist prinzipiell der verantwortliche Marketing-Entscheidungsträger bzw. die Geschäftsleitung, da es sich bei **Kontrollaktivitäten** um **originäre Managementaufgaben** handelt. In vielen Fällen ist es jedoch notwendig, für die Übernahme der Kontrollfunktion eine eigene Stelle bzw. Abteilung im Unternehmen zu etablieren. Im Allgemeinen wird dazu eine Stabsstelle eingerichtet. Bei größeren Unternehmen, die in Form einer Matrix organisiert sind, ist die Marketing-Kontrolle häufig fachlich einer zentralen Kontrollinstanz zugeordnet, disziplinarisch untersteht sie jedoch i.d.R. dem Leiter der Marketing-Abteilung. Für einzelne klar abgrenzbare Aufgaben werden Kontrollfunktionen z.T. auch externen Kontrolleuren übertragen (Untersuchungen zur Kundenzufriedenheit, Kontrollen von Aufbau- und Ablauforganisation etc.).

Das Aufgabenfeld der mit Kontrollaufgaben befassten Personen ist vielfältig. Üblicherweise wird heute zwischen zwei Objektbereichen der Marketing-Kontrolle unterschieden: der **ergebnisorientierten Kontrolle** und dem **Marketing-Audit**. Darüber hinaus ist im Rahmen der Marketing-Kontrolle jedoch auch darauf zu achten, dass bestimmte Nebenbedingungen "kontrolliert" werden, dazu zählt insbesondere die Beachtung gesetzlicher Regelungen, ethischer Normen, organisatorischer Anweisungen, Budgetvorgaben und unternehmensphilosophischer Leitlinien.

5.2. Ergebnisorientierte Marketing-Kontrolle

Unter **ergebnisorientierter oder klassischer Marketing-Kontrolle** versteht man die **Überprüfung der Handlungserfolge**. Das heißt, es wird kontrolliert, ob die Ergebnisse von Marketing-Aktivitäten im Hinblick auf die Ziele am Ende der jeweiligen Planungsperiode realisiert worden sind. Es handelt sich dabei im Allgemeinen um sogenannte **Soll-Ist-Vergleiche**, die jedoch auch Ursachen-Analysen beinhalten. Auf diese Weise übernimmt die Kontrolle eine Feed back-Funktion, die Anstöße für neue Planungen bzw. für Plananpassungen liefert.

Im Mittelpunkt dieser **Effektivitätskontrollen** steht vor allem der **Grad der Zielerreichung** im Marketing. Von besonderer Bedeutung in diesem Zusammenhang sind Umsatz-, Marktanteils- und Kostenkontrollen. Außerdem steht auch die Erreichung psychologischer Ziele wie Bekanntheitsgrad, Kundenzufriedenheit oder Image auf dem Prüfstand. Neben den Erfolgskontrollen spielen im Rahmen der ergebnisorientierten Marketing-Kontrolle auch **Budget-** und **Effizienzkontrollen** eine wichtige Rolle. Die Budgetkontrollen beziehen sich sowohl auf die Einhaltung der vorgegebenen Kostenbudgets inklusive **Abweichungsanalyse** als auch auf die **Überprüfung der Angemessenheit der Budgets** mit Hilfe von Verfahren wie der Gemeinkostenwertanalyse oder dem Zero-Based-Budgeting. **Effizienzkontrollen** hingegen haben die Aufgabe Marketingzielgrößen in Relation zu i.d.R. knappen Kapazitäten im Marketingbereich (wie z.B. Personal, Kapital, Lagerraum) zu stellen. Als Instrumente der **Effizienzbeurteilung** dienen dabei **Kennzahlen** wie Umsatz pro Verkäufer oder Lagerumschlag. In vielen Fällen werden auch ganze **Kennzahlensysteme** eingesetzt. Das wohl bekannteste Kennzahlensystem ist das **ROI-Kennzahlensystem von Du Pont** (vgl. Abb. C.40).

Im Rahmen der ergebnisorientierten Marketing-Kontrolle und insbesondere im Bereich der Effizienzkontrollen geht es nicht nur um einen **Soll-Ist-Vergleich mit Zielvorgaben** (Planvergleiche), sondern hierzu zählen auch **Vergleiche mit früheren Perioden** (Zeitvergleiche) und **anderen Betrieben der Branche** (Betriebsvergleiche).

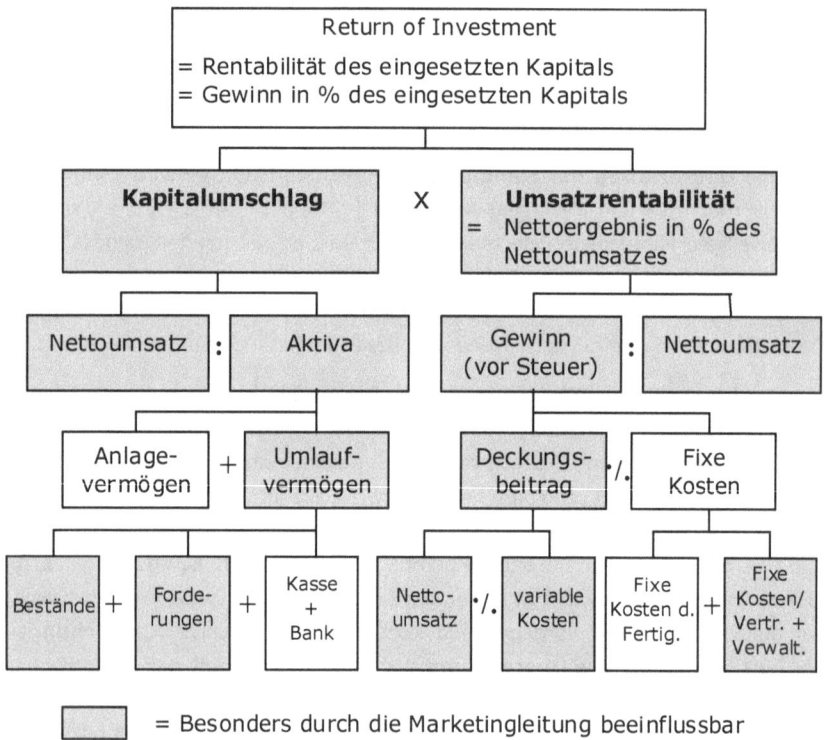

Abb. C.40: ROI-Kennzahlensystem von Du Pont

In den letzten Jahren hat die von *Kaplan* und *Norten* entwickelte **Balanced Score Card (BSC)** weite Verbreitung in der Wirtschaft gefunden. Mit Hilfe der BSC beurteilt man die Leistungen von Unternehmen bzw. einzelner Teilbereiche des Unternehmens (z.B. des Vertriebs) nicht nur anhand finanzwirtschaftlicher Kennzahlen, sondern im Sinne einer ganzheitlichen Evaluierung auch an messbaren qualitativen Größen. Auch wenn die BSC ein flexibles, an die Unternehmensge-gebenheiten gut anpassbares, Mess- und Steuerungsinstrument darstellt, erfolgt die Bewertung in den meisten Fällen anhand folgender Dimensionen in der Score Card: Finanzdimension, die Kundendimension, die Prozessdimension und die Entwicklungsdimension (Mitarbeiter und Organisation). Diese Bewertungsberei-che bilden die für eine Strategie relevanten Ergebnisse und deren Ursachen bzw. Treiber ab, die so genannten **Key Performance Drivers** . Die folgende Abbil-dung zeigt den grundsätzlichen Aufbau einer Balanced Score Card.

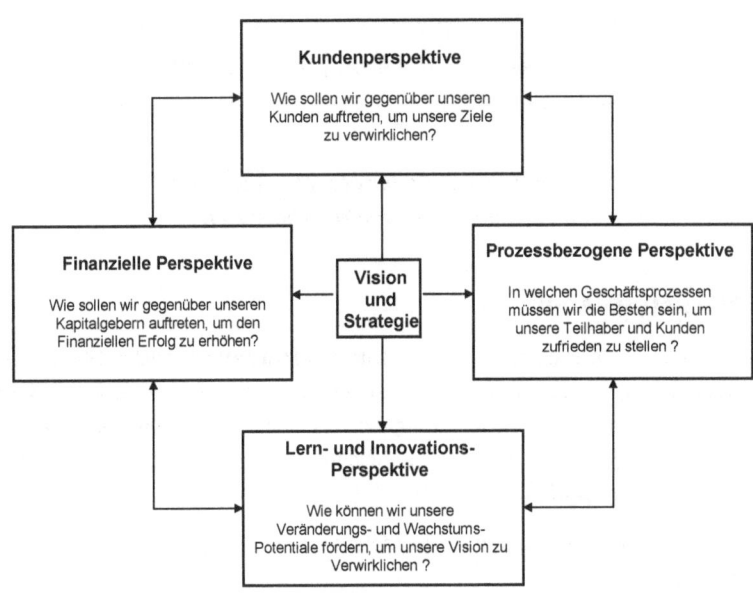

Abb. C.41: Perspektiven der BSC (Kaplan/Norton 1997)

Die folgende Abbildung zeigt die Konkretisierung und Umsetzung einer BSC für den Vertriebsbereich, bei der Ziele, Kennzahlen und Maßnahmen festgelegt werden.

Scorecard Bereich Vertrieb				
Perspektive	**Ziel**	**Kennzahl**	**Zielwert**	**Maßnahmen**
Finanzen	Steigerung der Profitabilität	Deckungs-beitrag pro Mitarbeiter	+ 10%	Intensivierung der Marketingaktivitäten im Export
Markt	Erhöhung Marktanteil Export	MA-Export	+ 25% Start 10/08	Kauf von Wettbewerbern Werbung d. Vertriebspartner
Prozesse	Schnelle Lieferung	Lieferzeiten	- 50%	Einführung regionaler Zwischenlager
Mitarbeiter	Ausweitung des Teams	Anzahl/Region	+ 20%	Einstellung von Mitarbeitern

Abb. C.42: Scorecard für den Vertriebsbereich
(in Anlehung an Kiesel/Renninger 1999)

5.3. Marketing-Audit

Neben die klassische Ergebnis-Kontrolle tritt das **Marketing-Audit**. Hierbei handelt es sich um eine kritische Überprüfung sämtlicher Verfahrensweisen und Entscheidungsprozesse im Marketing. Aufgabe des Audit ist es, die Prämissen und Rahmenbedingungen für Planungen, Kontrollen und Steuerungsmaßnahmen im Marketingbereich zu prüfen.

Prinzipiell lassen sich vier Gegenstandsbereiche des Auditing unterscheiden:

- Verfahrens-Audit

- Strategien-Audit

- Maßnahmen-Audit

- Organisations-Audit

Beim **Verfahrens-Audit** geht es darum zu untersuchen, ob die verwendeten Planungs- und Kontrollverfahren sowie die Informationsversorgung (einschl. EDV-gestützter Informationssysteme) auf dem aktuell und betriebsspezifisch angemessenen Stand eingerichtet sind.

Im sog. **Strategien-Audit** gilt es, die Prämissen, auf denen Strategien aufgebaut worden sind, zu überprüfen. Außerdem ist es Aufgabe des Strategien-Audit, die Vereinbarkeit der Strategie mit den Marketingzielen und mit dem gesamtunternehmerischen Zielsystem auf seine Konsistenz hin zu überprüfen.

Der dritte Audit-Bereich ist das sog. Maßnahmen- oder **Marketing-Mix-Audit**. Seine Aufgabe besteht darin, darauf zu achten, dass die Abstimmung zwischen operativer und strategischer Planung realisiert ist und ob die vorgesehenen Budgets angemessen sind.

Schließlich besteht die Aufgabe des **Organisations-Audit** im Bereich des Marketing darin, die Eignung der bestehenden Aufbau- und Ablaufregelungen unter Effizienz- und Koordinationsgesichtspunkten zu beurteilen. (vgl. Böcker, Marketing-Kontrolle 1988).

Abb. C.43 gibt einen zusammenfassenden Überblick über die Auditformen und die dort zu bewältigenden Aufgaben.

Formen und Aufgaben des Marketing-Audit	
Verfahrens-Audit	Strategien-Audit
Prüfung • der Planungsverfahren • der Kontrollverfahren • der Informationsversorgung	Prüfung • der zugrunde gelegten Prämissen • der strategischen Ziele • der Konsistenz von Schlussfolgerungen
Marketing-Mix-Audit	Organisations-Audit
Prüfung • der Vereinbarkeit mit den strategischen Grundkonzeptionen • der wechselseitigen Maßnahmenabstimmungen • der Mittel-Zweck-Angemessenheit	Prüfung • der vollständigen Berücksichtigung von Marketing-Aufgaben • der aufgabenadäquaten Organisationsform • der Koordinationsregelungen

Abb. C.43: Formen und Aufgaben des Marketing-Audit

Quellen und Literaturempfehlungen

Diller, H. (Hrsg.) (2003), Vahlens Großes Marketinglexikon, 2. Aufl., München

Ehrmann, H. (2004), Marketing-Controlling, 4. Aufl., Ludwigshafen

Horvath, P. (2006) Controlling, 10. Aufl., München

Kaplan, R./Norton, D. (1997), Balanced Score Card, Stuttgart

Kiessel, M./Renninger, W. (1999), Roots for the Coporate Success, o.O.

Link, J./Weiser, C. (2006), Marketing Controlling, 2. Aufl., München

Mayer, E./Liessmann, K./Freidank, C. (Hrsg.) (1999), Controlling-Konzepte, 4. Aufl., Wiesbaden

Meffert,H./Burmann, C./Kirchgeorg, M. (2008), Marketing, 10. Aufl., Wiesbaden

Nieschlag, R./Dichtl, E./Hörschgen H. (2002), Marketing, 19. Aufl., Berlin

Reinecke, S./Tomaczak, T. (Hrsg.), (2006), Handbuch Marketing-Controlling, 2. Aufl., Wiesbaden

D. Die Marketing-Organisation

1. Grundlegung

Der Begriff der **Marketing-Organisation** wird mit unterschiedlichen Bedeutungsinhalten versehen. Im Kern geht es um die Frage der **Institutionalisierung** des Marketing in der Unternehmung.

So kann man unter den Begriff der **Marketing-Organisation** die zielorientierte und dauerhafte Strukturierung, formale Regelung und hierarchische Einordnung des Marketing in einer Institution fassen.

Im Extremfall wird das Marketing als **Hauptfunktion** der Unternehmung interpretiert, der alle anderen betrieblichen Funktionen, wie z.B. Produktion, Personal u.a., untergeordnet sind (= vollintegrierte Marketing-Organisationsstruktur).

Auch für das Marketing gilt, dass als grundsätzliche **Ergebnisse** des Organisierens einerseits strukturelle, d.h. **aufbauorganisatorische** Sachverhalte – z.B. in Gestalt von Organigrammen – stehen können. Andererseits gilt es, einen sinnvollen Ablauf der Aufgabenbewältigung im Sinne **ablauforganisatorischer Überlegungen** zu erreichen – z.B. die Unterstützung von Marketing-Entscheidungen durch ein geeignetes Marketing-Informationssystem (= MAIS).

2. Entwicklungsstufen und Grundtypen der Marketing-Organisation

Die optimale Marketing-Organisation für ein Unternehmen gibt es nicht, da sich die Elemente des Systems Unternehmung und dessen Umwelt permanent ändern und die Marketing-Organisation sich diesen Veränderungen immer wieder anpassen muss *(vgl. Kapitel A "Das Marketing-Konzept")*. Hinzukommt, dass in der Marketing-Organisationsstruktur besonders deutlich zum Ausdruck kommt, inwieweit sich das Marketing innerhalb der jeweiligen Organisation durchgesetzt hat, d.h. wie stark **"Marketing minded"** die Institution ist. Das Resultat bildet eine Vielzahl unterschiedlicher Organisationsstrukturen in der Marketing-Praxis.

2.1. Produktions- und verkaufsorientierte Organisationsstrukturen

Bei Unternehmen, die produktions- oder verkaufsorientiert sind, beschränkt sich das Marketing auf Hilfsfunktionen, vor allem auf den Verkauf. Man kann hierbei noch von keiner Marketing-Organisationsstruktur im eigentlichen Sinne sprechen:

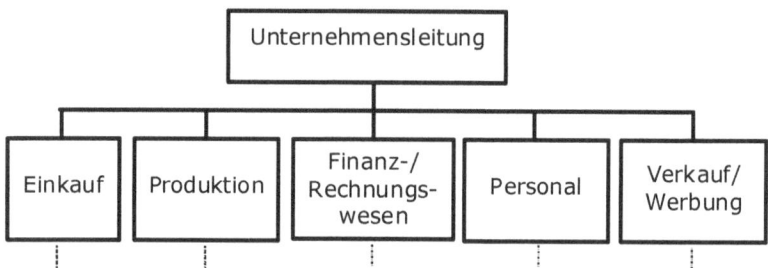

Abb. D.1: Nicht-marketing-orientierte, funktional ausgerichtete Organisationsstruktur

Vielfältige Marketingaufgaben werden hier auf andere Funktionsbereiche übertragen. So werden beispielsweise die Produktpreise im Finanz- und Rechnungswesen ermittelt und die Auswahl der Außendienstmitarbeiter findet im Personalbereich statt.

2.2. Marketing-orientierte Organisationsstrukturen

In **Marketing-orientierten Organisationsformen** steht das Marketing gleichberechtigt auf einer Ebene mit den anderen zentralen Ressorts. Alle wesentlichen Aufgabengebiete, die das Marketing berühren, werden diesem zugeordnet. Dabei kann die Marketing-Organisationsstruktur in eindimensionaler Betrachtung grundsätzlich

- funktionsorientiert,
- produktorientiert oder
- kundenorientiert

ausgerichtet sein.

Bei der **funktionsorientierten** Marketing-Organisation werden gleiche oder ähnliche Verrichtungen zusammengefasst:

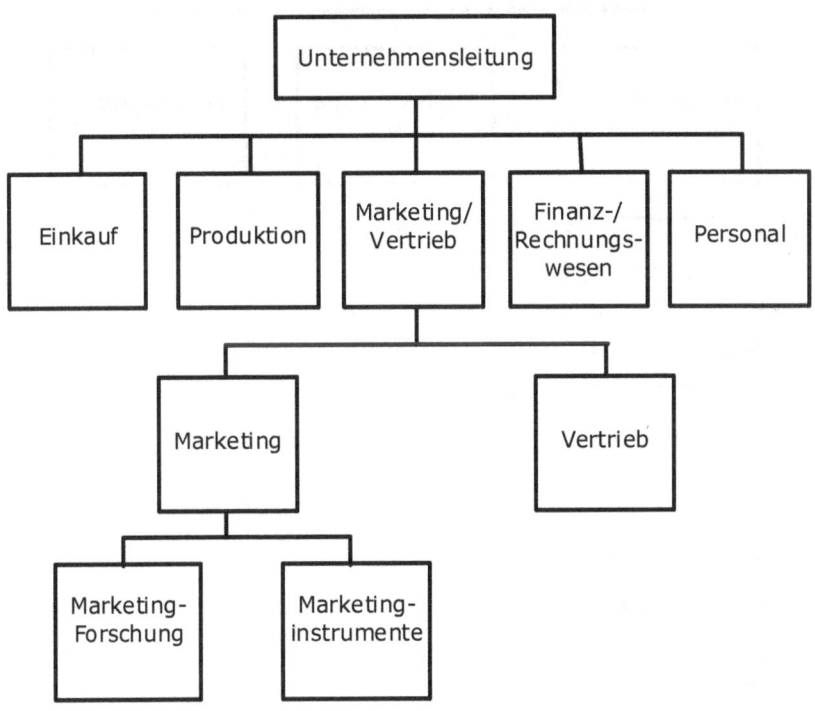

Abb. D.2: Funktionsorientierte Marketing-Organisation

Da sich bei einem sehr differenzierten Produktangebot erhebliche Koordinations-probleme ergeben können, bietet es sich an, die Marketing-Organisation an den verschiedenen **Produktgruppen** auszurichten. Es liegt in diesem Fall eine Form der **Spartenorganisation** vor. Zumeist werden die verschiedenen Produktgrup-pen eigenverantwortlich, in Form eines **Profit Centers** geführt, worunter eine Organisationseinheit verstanden wird, die für die Erzielung eines Erfolges (i.d.R. Gewinn) und der damit verbundenen Kostenverursachung selbstverantwortlich ist:

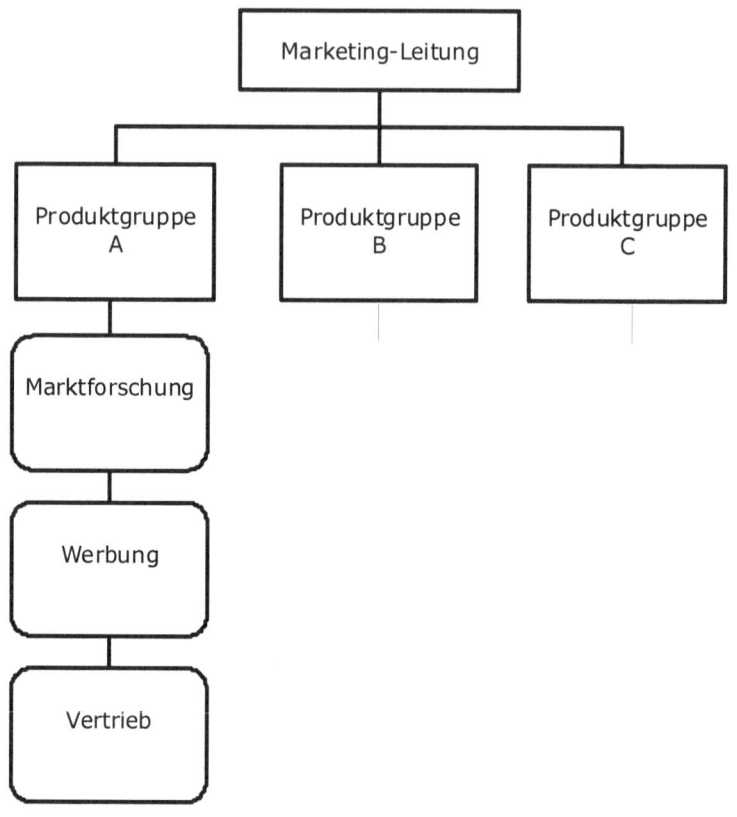

Abb. D.3: Produktorientierte Marketing-Organisation

Diese Organisationsform hat die Nachteile, dass es durch die Zuordnung von Marketing-Funktionsbereichen zu jeder Produktgruppe zu einer zumeist nicht erwünschten Aufblähung des Marketing-Apparates kommt bzw. vielfältige Koordinationsprobleme entstehen. Zur Überwindung dieser Probleme unter Beibehaltung einer Produktorientierung wurde das **Product Management** kreiert.

Der **Product Manager** ist in der Praxis zumeist unterhalb der Marketing-Leitung angesiedelt und betreut ein bestimmtes Produkt (z.B. einen Markenartikel) oder eine weitgehend homogene Produktgruppe (= Group Manager):

Abb. D.4: Product-Management

Als Inhaber einer **Stabsstelle** hat der **Product Manager** keine Weisungsbefugnis gegenüber den Marketing-Fachabteilungen, sondern er koordiniert lediglich alle Marketing-Aufgaben, die zur Umsetzung seiner Marketing-Strategie für sein(e) Produkt(e) erforderlich sind. Er benötigt insofern einerseits Durchsetzungsvermögen und andererseits kommunikative Kompetenz, da er bei den Marketing-Fachabteilungen stets in "Konkurrenz" zu seinen Product Manager Kollegen steht. In Konfliktfällen entscheidet die Marketing-Leitung oder eine Koordinationsstelle.

Eine **kundenorientierte** Marketing-Organisationsform kommt dem Marketing-Denken am weitesten entgegen, da hier der Kunde den Ausgangspunkt für die Organisationsgestaltung bildet. Es handelt sich dabei um eine weitere Form der **Spartenorganisation**.

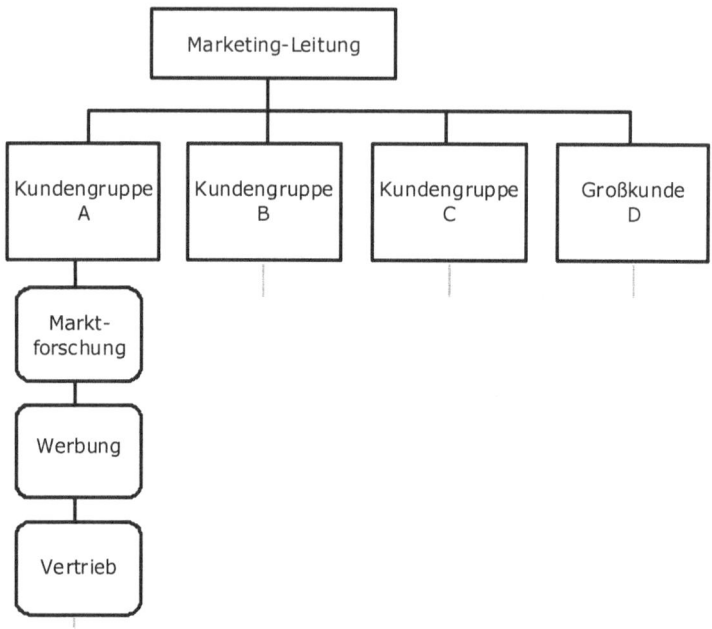

Abb. D.5: Kundenorientierte Marketing-Organisation

Vielfach werden Kundengruppen wie "Großhandel", "Einzelhandel", "Industrie" gebildet oder auch einzelne, besonders wichtige Kunden als Orientierungsgröße ausgewählt. Aus letzterem Gedanken heraus wurde das **Key Account Management** (= Großkunden-Management) entwickelt.

Der **Key Account Manager** bildet quasi das "Pendant" zum Product Manager. Hintergrund ist die Konzentrationsentwicklung im Handel, die dazu führte, dass bei vielen (Markenartikel-) Herstellern einige wenige Kunden auf der (Einzel-) Handelsebne enorme Umsatzanteile auf sich vereinen. Um diese **"Schlüsselkunden"** (i.a.R. gemessen an der aktuellen oder potentiellen Bedeutung für den Umsatz und/oder Gewinn) entsprechend intensiv betreuen und um den geschulten Einkäufern in den Einkaufsgremien (= Buying Center) des Handels gleichwertige Partner gegenüberstellen zu können, werden Key Account Manager eingesetzt. Deren Aufgabe ist es, den einen oder die wenigen Schlüsselkunden intensiv zu betreuen und alle anfallenden Marketing-Aktivitäten (wie z.B. Informationsaustausch, gemeinsame Umsatz-, Preis, Aktionsplanungen, Beschwerdemanagement u.a.) koordiniert zu bewältigen.

Bei sehr großen Absatzgebieten kommt darüber hinaus noch eine **gebietsorientierte** Marketing-Organisationsstruktur in Betracht, hinter der meistens auch unterschiedliche Verhaltensweisen von Abnehmern stehen (z.b. aufgrund rechtlicher Vorschriften bei der Produktpolitik oder der Werbung). Gängig ist eine Unterteilung nach In- und Ausland, wobei das Ausland vielfach nochmals in Europa, Nordamerika, Süd-/Mittelamerika, Asien und übrige Welt differenziert wird.

Mehrdimensionale Organisationsformen, wie z.b. die Matrix-Organisation, seien schließlich lediglich erwähnt.

3. Marketing-Informationssysteme

Vor dem Hintergrund der immer größeren Informationsflut ("Informationsarmut im Informationsüberfluss") haben **Marketing-Informationsysteme** (= **MAIS**) die generelle Aufgabe, dem Marketing-Entscheidungsträger den Umgang mit der Datenfülle zu erleichtern. Im Einzelnen soll ein MAIS die Informationen kanalisieren, filtern und verdichten sowie systematisch speichern und multifunktional wiedergeben können Ein computergestütztes MAIS besteht aus folgenden Grundbausteinen:

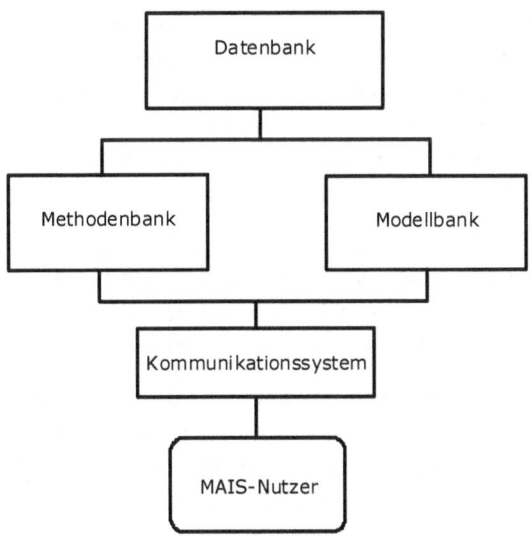

Abb. D.6: Computergestütztes Marketing- Informationssystem

Die **Datenbank** enthält alle gespeicherten Informationen. **Methoden-** und **Modellbank** umfassen mathematisch-statistische Verfahren und Optimierungsmodelle zur Verarbeitung der Daten. Diese drei Elemente werden jeweils durch geeignete Managementsysteme ergänzt.

Das **Kommunikationssystem** besteht aus der Hardware (z.B. Bildschirm, Tastatur, Drucker) und der Software (insb. Programme), die dem MAIS-Nutzer eine möglichst vielfältige und benutzerfreundliche Kommunikation ermöglichen sollen.

Im Hinblick auf die Ausgestaltung von MAIS bzw. hinsichtlich von Management-Anwendungen lassen sich grundsätzlich drei Systeme unterscheiden:

- Dokumentationssysteme (insb. Text- und numerische Datenbanken)

- Planungssysteme (insb. spezifische Anforderungen unter Nutzung von Methoden- und Modellbank)

- Kontrollsysteme (insb. Berichts-, Melde- und Warnsysteme)

Die DV-gestützte Informationsversorgung des Marketing-Entscheidungsträgers hat u.a. zur Entwicklung des **Database-Marketing** und des **Computer Aided Selling** geführt.

Mit **Database Marketing** bezeichnet man ein Marketing auf der Basis individueller Kundendaten, die in einer Datenbank gespeichert sind. Dieses schafft die Möglichkeit, z.B. im Rahmen des Direktvertriebs bzw. bei der Gestaltung von Mailings, auf individuelle Kundenspezifika einzugehen, wodurch die Erfolgswahrscheinlichkeit, z.B. einen höheren **Response** (= Rückmeldungen im Direkt-Marketing) zu erzielen, nachhaltig steigen kann. So kann beispielsweise DV-gestützt die Schriftgröße bei Mailings anhand des Kriteriums "Alter" je Adressat individuell variieren.

Das **Computer Aided Selling** zielt durch eine informationstechnologische Unterstützung des Verkaufs (z.B. Ausrüstung des Außendienstes mit Laptops) zu einer Verbesserung der Akquisitions- und Verkaufsbemühungen ab.

Im Zuge der immer intensiveren **Vernetzung** von Informationssystemen besteht mittlerweile auch die Möglichkeit, von einstmals vorwiegend singulären Einsatzfeldern (z.B. rein standortbezogen) zu immer globaleren Einsatzgebieten (national, international und weltweit) von MAIS zugelangen.

Quellen und Literaturempfehlungen

Bauer, H.H. (1993), Marketing-Organisation. In: Handwörterbuch der Betriebswirtschaft, Bd. 2, (Hrsg.) Wittmann, W. u.a., Sp. 2733-2751

Becker, J. (2006), Marketing-Konzeption, 8. Aufl., München

Diller, H. (1991), Entwicklungstrends und Forschungsfelder der Marketing-Organisation. In: Marketing, Heft 3, S. 156-163

Van Geldern, M. (1997), Organisation, Frankfurt a.M.

Kotler, P./Keller, L./ Bliemel, F. (2006), Marketing-Management, 12. Aufl., München

Küng, P. ua. (2006), Key Account Management, Zürich

Meffert, H./Burmann, C, Kirchgeorg, M. (2008), Marketing, .10. Aufl., Wiesbaden

Nieschlag, R./Dichtl, E./Hörschgen, H. (2002), Marketing, 19. Aufl., Berlin

Sidow, H.D. (2001), Key-Account-Management, 6. Aufl., Landsberg

Winkelmann, P. (2008), Vertriebskonzeptionen und Vertriebssteuerung, 4. Aufl., München

Zentes, J. (1998), EDV-gestütztes Marketing, Berlin-Heidelberg

Stichwortverzeichnis

N

Z

MARKETING-Fachwortverzeichnis

Deutsch-Englisch

A

Abbau	retrenchment
ABC-Analyse	ABC-method
Abfallprodukt	by-product
Abgabe (von Angeboten)	bidding
Abgabe	levy
Abholmarkt	box store
Abholmarkt	cash and carry
Abmachung	agreement
Abmachung	deal
Abnehmer	taker
Abrechnungszeitraum	accounting period
Absatz	sales
Absatzbericht	sales report
absatzfähig	marketable
Absatzförderung	sales promotion
Absatzforschung	Marketing-Research
Absatzgebiet	market
Absatzgebiet	trading area
Absatzkanal	channel of distribution
Absatzkanal	market channel
Absatzkosten	cost of sales
Absatzmarkt, begrenzter	limited market
Absatzplanung	sales budget
Absatzpolitik	marketing policy
Absatzpotenzial	sales potential
Absatzprognose	sales forecast
Absatzvolumen	sales volume
Absatzzahlen	sales figures
Abschlagszahlung	payment of account
Abschluss	bargain
Abschlusstechnik	closing technique
Abschöpfungsstrategie	creaming
Abschreibung	depreciation
Absichtserklärung	letter of intent
Abstoßung	unloading
Abteilungsleiter	head of department
Abverkaufen	clear
Abweichung	deviation
Adressliste	address list
Akkreditiv	letter of credit
Aktiengesellschaft	Corporation (US)
Aktiengesellschaft	Public Limitited Company (UK)
Alleinstellung	island position
Angebot	offer
Angebot	range
Angebot	supply
Angebot und Nachfrage	supply and demand

Angebotsabgabe	tendering
Angebotspreis	supply price
Angebotsüberschuss	excess supply
Anlagegüter	capital goods
Annahme	acceptance
Anreiz	incentive
Anschaffung	acquisition
Ansprache, persönliche	face to face communication
Antwortkarte	reply card
Anzahlung	advance
Anzahlung	deposit
Anzeige	advertisement
Anzeigeblatt	freesheet
Anzeigenbeilage	stuffer
Anzeigenseitenkontakt	ad-page exposure
Anzeigenkunde	advertiser
Anziehungskraft	appeal
Artikel	article
Artikel	product
Aufgabenumwelt	business environment
Auflage	circulation
Aufpreis	surcharge
Auftrag	mission
Auftrag	order
Auftragerfüllung	order fulfilment
Auftraggeber	client
Auftragsabwicklung	traffic
Auslagefläche	display panel
Auslageregal	gondola
Ausschussware	reject
Außendienst	sales force
Außendienstmitarbeiter	field sales manager
Außenstände	accounts receivable
Außenstände	outstanding debts
Aussichten	prospects
Ausstellung	exhibition
Ausstellung	show
Ausstellungsraum	exhibition room
Ausstellungsraum	showroom
Ausstoß	output
Auswahl	sampling
Auswahl (aufs Geratewohl)	selection with arbitray probability
Auswahl (Konzentrationsverfahren)	cut off sampling
auszeichnen	sticker
Automat	vending machine
Automat	dispenser

B

Banner	banner
Barangebot	cash offer
Barpreis	cash price
Basisjahr	base year
Bearbeitungsgebühr	handling charge
Bedarf	demand

Bedienung	service
Bedienung	service charge
Bedienungsanleitung	handbook
Bedingung	condition
Bedürfnishierachie	motive hierarchy
Beeinflussbarkeit	persuability
Befragung	survey
Befragung	interview
Befragung, computergestützt	computeraided survey
Befragung, mündlich	interview
Befragung, schriftlich	survey
Befragung, telefonisch	telephone interview
Befragungstechnik	interviewing technic
Bekanntheitsgrad	awareness
Beliefern	supply
Beobachtung	observational research
Beobachtung, Feld-	field observation
Beobachtung, Labor-	laborartory observation
Beobachtung, Selbst-	selfmonitoring
Beobachtungsgegenstand	observation unit
Bericht	report
Beschaffungsmarktforschung	supply market research
Beschluss	decision
Beschwerde	complaint
Bestände	stock-in-trade
Bestellung	order
Besteuerung	taxation
Besuch	call
betriebliche Marktforschung	company-based market research
betriebliche Planung	operational planning
Betriebsabrechnung	operating statement
Betriebskosten	operating costs
Bewertungsskala, spezifizierte	itemized rating scale
Bezahlung	payment
Bezugsgruppe	reference group
Billigladen	cut-price store
Binnenmarkt	domestic market
bivariate Verfahren	bivariate data analysis
Blickaufzeichnung	eye movement registration
Blickverlauf	eye flow
Bonität	creditworthiness
Branchenadressbuch	commercial directory
Briefwerbung	direct mail
Briefwerbung	direct-mail advertising
Broschüre	pamphlet
Bruttoeinkommen	gross earnings
Bruttoertrag	gross yield
Bruttoreichweite	gross cover
Budget	budget

C

Cashflow-Bericht	cash flow statement
Copy Test	copy test
Caravan Test	mobile shop test

Cash und Carry-Betrieb	cash and carry wholesaler
Chi-Quadrat	chi-square
Clusteranalyse	cluster analysis
Corporate Identity	corporate identity
Clusteranalyse	cluster analysis
Computeruntestützt	computer aided
Couponanzeige	coupon ad
Courtage	brokerage

D

Darlehen	credit
Daten	data
Datenanalyse	data analysis
Datenaufbereitung	data editing
Datenbank	data archive, data bank
Datenbasis	database
Datenerfassung	data acquisition
Datenschutz	data protection
Deckungsbeitrag	contribution costing
Deckungsbeitrag	contribution pricing
Definition	definition
Degenerationsphase	decline
Dekoration	window dressing
Dekorationsmaterial	display material
Delphi-Befragung	delphi survey
Demographie	demography
Depothandel	silent trade
Depression	slump
Devisen	foreign currency account
Dialog-Marketing	direct response marketing
Dialog-Werbung	direct response advertising
Diawerbung	slide advertising
Dienstleistung	service
Dienstleistungsbranche	service industry
Dienstleistungszentrum	service center
Dienstleistungsmarke	service mark
Diffusionsprozess	diffusion process
Direktabsatz	direct sale
Direktansprache	you approach
Direktvertrieb	direct distirbution
Discount	discount house
Discount-Geschäft	discount store
Discount-Geschäft	discounter
Discount-Handel (funktional)	discount selling
Discount-Handel (institutional)	discount trade
Diskriminanzanalyse	discriminant analysis
Dissonanz, kognitive	cognitive dissonance
Distribution	distribution
Distributionsgrad	distribution intensity
Distributionskette	distribution chain
Distributionsquote	distribution rate
Diversifikation	diversification
Diversifizierung	diversification
Dokument	document

Dollarzone	dollar area
Drehbuch	shooting script
Drucksache	printed matter
Durchdringung	penetration
Durchführbarkeitsstufe	feasibility study
Durchführung	implementation
Dynamik der Betriebsformen	wheel of retailing

E

EAN-Code	european product code
Eindruck	impression
Einführungspreis	launch price
Einführungsrabatt	introductory allowance
Einführungswerbung	pioneer advertisinge
Eingabe	input
Einheitspreis	standard price
Einkauf	purchase, buy
Einkauf, dezentraler	decentralized buying
Einkäufer	buyer
Einkäufer	purchasing agent
Einkäuferverhalten	industrial buyer behavior
Einkaufsabteilung	purchasing department
Einkaufsgemeinschaft	voluntary group
Einkaufsgenossenschaft	retailer cooperative
Einkaufsgremium	buying center
Einkaufsstraße	shopping mall
Einkaufstraße	shopping strip
Einkaufsverhalten	shopping behavior
Einkaufszentrum	shopping center
Einkommen	income
Einkommen	earnings
Einkommen, disponibles	discretionary income
Einkommen, frei verfügbares	disposable income
Einkommensverteilung	redistribution of income
Einpersonenhaushalt	single adult household
Einschaltquote (Rundfunk)	audience rating
Einschaltquote (TV)	television rating
Einschaltquoten	audience share
Einstellung	attitude
Einstellungsforschung	attitude research
Einstellungsmessung	attitude measurement
Einstellungsskala	attitude scale
Einwegpackung	one-way pack
Einzelaussage	item
Einzelbeleg	tear sheet
Einzelhändler	retail dealer
Einzelhändler	retailer
Einzelhandel	retailing
Einzelhandel	retailing trade
Einzelhandelsfiliale	outlet
Einzelhandelsgeschäft	retail shop
Einzelhandelsgeschäft	retail outlet
Einzelhandelsspanne	retail trade margin
Einzelmarkenstrategie	individual branding

Einzugsgebiet	trading area
Eisbrecherfrage	warm up question
Elastizität der Nachfrage	elasticity of demand
Empfänger	recipient
Empfangsbereich	service area
Empfehlung	recommendition
Empfehlungsschreiben	testimonial letter
Endkontrolle	main control
Endverbraucher	final consumer
Endverbraucherwerbung	consumer directed advertising
Entscheidung	decision
Entscheidungsbaum	decision tree
Entscheidungskriterium	decision criterion
Entscheidungsprozess	decision process
Entscheidungsträger	decisionmaker
Entwicklung	development
Entwicklungsland	developing nation
Entwurf	design
Erfahrungskurve	experience curve
erfahrungswissenschaftlich	empirical
Erfindung	invention
Erfolgsprämie	push money
Erfolgsprämie	spiff
Ergebnis	result
Ergebnis	outcome
Erhaltungsmarketing	maintenance marketing
Erhebung	survey
Erinnerung (an Werbung)	recall
Erinnerung (gestützt)	aided recall
Erinnerung (ungestützt)	unaided recall
Erinnerungstest	recall test
Erinnerungswirkung	reminder effect
Erlös	net profit
Erlöskurve	monetary demand curve
ermäßigter Preis	reduced price
Ersatzbedarf	after-market
Ersatzbedarf	replacement demand
Ersatzkauf	replacement purchase
Ersatzverkauf	replacement sale
Erscheinungsjahr	publication year
Erstübernehmer	early adopter
Erstbedarf	original demand
Etat	budget, account
Etatdirektor	account manager
Etikettierung	labeling
Exemplar (Printmedium)	copy
Exemplar (Printmedium)	issue
Exemplar (Printmedium)	number
Exklusivvertrieb	exclusive dealing
Experiment	experiment
Exportmarketing	export marketing

F

Fabrikware	maufactured goods
Fachausstellung	special exhibition
Fachgeschäft	stockist
Fachgeschäft	specialist
Fachmarkt	specialty market
Fachmesse	specialized trade fair
Fachpresse	business press
Fachzeitschrift	horizontal publication
Fachzeitschrift	trade journal
Faktorenanalyse	factor analysis
Faktoring	factoring
Fallstudie	case study
Faltblatt	folder
Fassadenwerbung	wall advertising
Feldorganisation	field organization
Fertigpackung	prepak
Fertigung	manufacturing
Fertigwaren	finished goods
Fertigwaren	package goods
Festpreis	firm price
Festpreis	fixed price
Filiale	branch
Filiale	chain store
Finanzierung	financing
Firmenimage	corporate image
Firmenwerbung	corporate image advertising
Firmenzeichen	livery
Firmenzeichen	logo(type)
Fixkosten	fixed costs
Flaute	depression
Floprate	flop rate
Flugblatt	handbill
Flugblatt	flyer
Flussdiagramm	flow chart
Flyer	flier
Förderung	sponsorship
Forschung und Entwicklung	research and development
Frachtgut	freight
Frachtvertrag	charter party
Frage, geschlossen	closed end question
Frage, geschlossen	fixed alternative question
Fragebogen	self administered questionnaire
Fragebogen, standardisiert	standardized questionnaire
Franchisegeber	franchiser
Franchisenehmer	franchisee
Freiberufler	freelancer
Freihandelszone	free trade zone
Freizeit	leisure time
Fremdenverkehr	tourism
Frist einhalten	to meet a deadline
Frist	time limit
Frühadopter	early adopters
Führungsfunktion	management function
Fusion	merger

G

Gag	gimmick
Gage	fee
Garantie	guarantee
Garantie	guaranty
Garantiefrist	rate protection
Gattungsmarke	generic brand
Gattungsmarke	generic product
Gebrauch	usage
Gebrauchsanweisung	directions for use
Gebrauchsanweisung	operation instructions
Gebrauchsgüter	durable goods
Gebrauchsgüter	utility goods
Gebrauchsgüter, kurzlebige	nondurable goods
Gebrauchsgüter, kurzlebige	orange goods
Gebrauchsmuster	registered design
Gebrauchsnutzen	functional value
Gebrauchsnutzen	form utility
Gebühr	charge
Gedächtnistest	recall test
Gefühl	emotion
Gegengebot	counterbid
Gehalt	salary
Gelegenheit	opportunity
Geltungsnutzen	prestige value
Gemeinkosten	fixed costs (UK)
Gemeinkosten	overhead costs
Gemeinkosten	overheads (US)
Gemischtwarenhandel	general store
Generalvertreter	general sales representative
Gesamtnachfrage	composite demand
Gesamtvergütung	pay package
Geschäft	bargain
Geschäft	business
Geschäft	deal
Gestaltpsychologie	gestalt psychology
Gewinn	profit
Gewinnschwelle	breakeven point
Gewinnspanne	margin of profit
Gewinnziel	profit objective
Gewohnheitskauf	habitual purchase
Gratismuster	free sample
Grenzerlös	marginal revenue
Grenznutzen	marginal utility
Großhandel	wholesale trade
Großhändler	jobber (US)
Großhändler	wholesaler
Großkunde	key account
Großverbraucher	heavy dealer
Grundgesamtheit	population;
Grundgesamtheit	universe
Gültigkeit	validity
Güter	goods
Güter, des gehobenen Bedarfs	shopping goods

240

Güter, des täglichen Bedarfs	convenience goods
Gütezeichen	quality label
Gutschein	coupon
Gutschrift	credit entry

H

Habenseite	credit side
Haftung	liability
Halbfabrikat	semifinished product
Haltbarkeit, eines Produktes	shelf life of a product
Handel	commerce
Handel	trade
Handel, treiben	to deal
Handelsabkommen	trade agreement
Handelsbeauftragter	trade agent
Handelsforschung	commercial research
Handelskammer	chamber of commerce
Handelskette, freiwillige	voluntary chain
Handelsmarke	dealer`s brand
Handelsmarke	distributor`s brand
Handelsmarketing	dealer marketing
Handelsmarketing	trade marketing
Handelsmarktforschung	dealer research
Handelsspanne	gross margin
Handelsspanne	mark-up
Handelsspanne (als Prozentsatz)	mark-up percentage
Handelsstruktur	pattern of trade
Handelsvertreter	commercial agent
Handelsvertreter	commercial traveller
Händler	dealer
Händler	distributor
Händler	merchant
Händlermarke	private label
Händlerrabatt	dealer allowance
Händlerrabatt	trade discount
Handwerk	craft
Häufigkeiten	frequencies
Häufigkeitsverteilung	frequency distribution
Hauptabsatzgebiet	major sales area
Haupterzeugnis	stable commodity
Hauptkunde	key account
Hauptsaison	high season
Haushalt	household, home
Hausierer	door-to-door salesman
Haustürverkauf	door-to-door selling
Hedonismus	hedonism
Herausforderer	challenger
Herkunftsland	country of origin
Hersteller	manufacturer
Hersteller	producer
Herstellermarke	producer`s brand
Herstellungskosten	production cost
Herstellungskosten	manufactoring costs

Hierarchie, flache	flat hierarchy
Hochkonjunktur	prosperity
Hochpreispolitik	skimming policy
Höchstgebot	closing offer
Höchstgrenze	ceiling
Höchstpreis	maximum price
Höchstpreis	premium price
Höchstpreis	umbrella price
Homeshopping	home shopping
Homo oeconomicus	economic man
Huckepackwerbung	piggy-back promotion
Hypothetisches Konstrukt	hypothetical construct

I

Ideengestalter	visualizer
Imageforschung	image research
Imagepolitik	image policy
Imagewirkung	image impact
Imitation (eines Produkts)	me too product
Import	importation
Impulskauf	impulse buying
Impulskauf	impulse purchase
Impulskäufer	impulse buyer
Indifferenzkurve	indiffernce curve
Indikator	indicator
Industrie	industry
Industriegüter	industrial goods
Industriegütermarketing	industrial marketing
Industriemarketing	industrial marketing
informelle Gruppe	informal group
Informationsquelle	source of information
Informationsüberlastung	information overload
Inhaltsanalyse	content analysis
Inklusivpreis	all-in price
Inlandsabsatz	home sales
Inlandsmarkt	domestic market
Innovation	face-lift
Interessent	prospect
Intermediavergleich	intermedia comparison
Interviewereinfluss	interviewer bias
Inventarliste	inventory
Investition	investment
Investitonsrentabilität	Return on investment (ROI)

J

Jahr, pro	per annum
Jahrbuch	yearbook
Jahresabschluss	annual account
Jahresbericht	directors` report
Jahreseinkommen	annual income
Jahreszeit	season
Ja-Nein-Frage	dichotomous question

Jingle	advertising jingle
Jugendmarketing	youth marketing

K

Kalkulationsaufschlag	price mark-up
Kampagne	campaign
Kanal	channel
Kapazität	capacity
Kapitalertrag	return on investment
Kartell	pool
Kartell	cartel
Kartell	price ring
Kasse	cash register
Kataloghandel	catalog retailing
Kauf	purchase
Käufer	buyer
Käufer	purchaser
Käufer	shopper
Käufer, potentieller	prospective buyer
Käuferforschung	buying research
Käufermarkt	buyer`s market
Kaufhaus	bargain store
Kaufhaus	department store
Kaufkraft	buying income
Kaufkraft	buying power
Kaufkraft	purchasing power
Kaufkraftkennzahl	buying power index
Kaufverhalten, habituelles	habitual buying behavior
Kaufwunsch	buying desire
Kaufwunsch	desire to purchase
Kennziffer	key number
Kleinpreisgeschäft	low-price store
Klumpen	cluster
Klumpenverfahren	statified cluster sample
Knappheit	shortage
Kommissionär	accredited agent
Kommissionär	commission merchant
Kommissionshandel	commission business
Kommunikation	communication
kommunikationspolitische Instrumente	instruments of communication
Kommunikationswirkung	communication effect
Kommunikatiorglaubwürdigkeit	communicator credibility
Kompetenz	competence
Komplementärgüter	complementary goods
Konditionierung	conditioning
Konjunkturzyklus	business cycle
Konkurrent	competitior
Konkurrenz	competition
Konkurrenzanalyse	competition analysis
Konkurrenzausschluss	exclusive agency agreement
Konsortium	syndicate
Konsum	consumption
Konsument	consumer

Konsumentenhaushalt	consumer houshold
Konsumentenmerkmale	consumer charakteristics
Konsumentenrente	consumer surplus
Konsumentenunzufriedenheit	consumer dissatisfaction
Konsumentenverhalten	consumer behavior
Konsumentenzufriedenheit	consumer satisfaction
Konsumentennachfrage	consumer demand
Konsumgenossenschaft	consumer cooperative
Konsumgewohnheit	consumption pattern
Konsumgüter	consumer goods
Konsumgüter, kurzlebige	red goods
Konsumgütermarketing	consumer goods marketing
Konsumneigung	propensity to consume
Kontakter	account executive
Kontaktfragen	arm up questions
Kontakthäufigkeit	frequency of exposure
Kontaktmarketing	contractual marketing
Kontaktzahl	frequency
Kontaktzahl	number of exposures
Kontigenzanalyse	contingency analysis
Kontinuierliche Daten	continuous data
Kontollgruppe	control group
Kontramarketing	counter marketing
Kontrolle	control
Kontrollfrage	check question
Konzentration	concentration
Konzept	draft
Konzeption	conception
Konzernrabatt	group discount
Konzession	licensing
Konzessionär	concessionnaire
Koordinate	coordinate
Kopie	duplicate
Koproduktion	coproduction
Körperschaft	union
Körpersprache	body language
Korpsgeist	team spirit
Korrelation	correlation
Kosten pro Anfrage	cost per inquiry
Kosten pro Antwort	cost per response
Kostenfunktion	cost function
kostenlos	free of charge
Kosten-Nutzen-Verhältnis	cost-benefit-ratio
Kostenvoranschlag	cost estimate
Kreativität	creativiness
Kreativitätstechnik	idea development method
Kreisdiagramm	circular chart
Kreuzpreiselastizität	cross-elasticity of demand
Kreuztabelle	cross tabulation
Kreuztabellierung	cross tabulation
Krise	crisis
Krisenbekämpfung	crisis intervention
Kritische-Pfad-Analyse	critical path analysis
Kulturvergleich	cross-cultural study
Kumulation	accumulation
Kumulationseffekt	cumulative effect
Kunde	client

244

Kunde	costumer
Kundenberatung	customer advisory service
Kundenbesuch	canvass
Kundenbesuch	customer call
Kundenbeziehungen	costumer relations
Kundendienst	service
Kundenfang	puller-in of customers
Kundenfang	touting
Kundenkartei	list of customers
Kundenlaufstudie	customer flow analysis
Kundenlaufstudie	store traffic analysis
Kundenmanagement	account management
Kundenstruktur	customer structure
Kundentypologie	customer typology
Kundenverhalten	customer behavior
kurzfristiges Ziel	target
Kybernetik	cybernetics

L

Ladeliste	manifest
Laden	shop
Ladendieb	shoplifter
Ladendiebstahl	shoplifting
Ladenpreis	retail price
Ladenschluss	close time
Ladenschluss	closing time
Ladentisch	counter
Ladung	cargo
Lagerbestand	stock
Lagerbestand	inventory
Lagerbestandshöhe	stock level
Lagerkosten	storage
Lagerumschlag	stock return
Lagerung	storage
Lagerung	warehousing
Lastschrift	debit entry
Lebenshaltungskosten	cost of living
Lebensstil	life style
Lebenszyklus	life cycle
Leitbildwerbung	endorsement advertising
Leiter	director
Leitartikel	editorial
Leitzins	prime rate
Lieferant	supplier
Lieferantenforschung	vendor analysis
Lieferauftrag	delivery order
Lieferschein	delivery note
Liefervertrag	contract
Lieferzeit	delivery time
Liniendiagramm	line chart
Lizenz	licence
Lizenzgebühr	royalty
Lockangebot	bait
Lockartikel	loss-leader
Logo	logotype

Lohn	wage
Lohnkosten	labour costs
Lokalzeitung	local newspaper
Lückenanalyse	gap analysis
Luftfracht	air freight
Luxus	luxery

M

Macht	control
Makler	agent
Makler	broker
Maklergebühr	brokerage
Maklerbegühr	broker`s commission
Makro-Umwelt	macro-environment
Marke	brand
Markenartikel	branded goods
Markenartikel	proprietary goods
Markenbekanntheit	brand awareness
Markenbewusstsein	brand awareness
Markenfamilie	family
Markenführer	brand leader
Markenname	brand name
Markenpiraterie	piracy
Markenpositionierung	brand positioning
Markentreue	brand loyalty
Markenwechsel	brand switching
Marketing, Interationales	international marketing
Marketing, kooperatives	cooperative marketing
Marketing, nichtkommerzielles	nonbusiness marketing
Marketing-Forschung	marketing-research
Marketing-Revision	marketing audit
Marketing-Service	marketing service
Marketing-Steuerung	marekting control
Marketing-Strategie	marketing strategy
Marketing-Theorie	theory of marketing
Marketing-Ziel	marketing objective
Markierung	branding
Markierung	mark
Markierungspolitik	branding policy
Marktabdeckung	market coverage
Marktabgrenzung	market zoning
Marktanpassung	market acceptance
Marktanteil	market share
Marktattraktivität	market attractiveness
Marktausweitung	market extension
Marktbeherrschung	market dominance
Marktbeobachtung	market observation
Marktchance	market opportunity
Marktdifferenzierung	market differentiation
Marktdurchdringung	market penetration
Markteintritt	market entry
Markterfordernisse	market requirement
Markterschließung	market development

246

Marktfähigkeit	marketability
Marktforschung	market research
Marktforschung, demoskopische	demoscopic market research
Marktforschungsinstitut	market research organization
Marktführer	market leader
Marktgeführter	market follower
Marktkapazität	market want
Marktlücke	market niche
Marktnische	market niche
Marktpotential	market potential
Marktpotential	sales potential
Marktsättigung	market saturation
Marktsegmentierung	market segmentation
Marktsegmentierung, demographische	market demographic segmentation
Marktsegmentierung, geographische	market geographical segmentation
Marktsegmentierung, psychographische	market psychographic segmentation
Marktstruktur	market structure
Marktvolumen	market size
Marktvolumen	size of market
Marktwachstums	market growth rate
Marktzugang	access to the market
Massenfilialist	mass merchandiser
Massenkommunikation	mass communication
Massenmedien	mass media
Massenproduktion	mass production
Matrixorganisation	matrix organization
Mediaeinkauf	media buying
Mediaeinkauf (Printmedien)	space buying
Mediaeinkauf (TV/Radio)	airtime buying
Mediaforschung	media research
Mediamix	media support
Median	median
Median	midscore
Mediaplan	advertising schedule
Mediaplanung	media planning
Mediaselektion	media selection
Medium	media
Mehrfachantworten	multiple replies
Mehrfachantworten	multiple responses
Mehrheit, frühe	early majority
Mehrkanalpolitik	multi-channel policy
Mehrmarkenstrategie	multiple brand strategy
Mehrsegment-Strategie	multiple segment strategy
Mehrwegpackung	dual-use package
Mehrwert	added value
Mehrwertsteuer	Value Added Tax (VAT)
Meinung, öffentliche	public opinion
Meinungsforschung	opinion research
Meinungsführer	opinion leader
Mengenrabatt	bulk discount
Mengenrabatt	quantity discount
Merkmal	characteristic
Merkmalsausprägung	property trait
Merkmalsraum	property space
Messe	show
Messe	trade fair
Messehalle	exhibition room

Messehalle	exhibition hall
Messestand	exhibition stand
Mikroökonomie	microeconomics
Mindesteinkommen	minimum income
Mindestpreis	minimum price
Mischkalkulation	loss-leader pricing
Mittelstand	middle class
Mittelwert	average
Mittelwert	mean
Mittelwert, arithmetisch	arithmetic mean
Mode	fashion
Modeartikel	fancy goods
Modell (Muster)	model
Modifikation	modification
Mogelpackung	slack filling
Monopol	monopoly
Motivation	motivation
Multidimensionale Skalierung	multimensional scaling

N

Nachahmung	imitation
Nachbarschaftladen	convenience store
Nachbestellung	reorder
Nachfassaktion	follow up letter
Nachfassbrief	follow-up letter
Nachfrage	demand
Nachfrage, industrielle	industrial demand
Nachfrageanalyse	analysis of demand
Nachfragemacht	power of demand
Nachfragesog	demand pull
Nachkaufkundendienst	after-sales service
Nachkaufwerbung	after-sales advertising
Nachkaufwerbung	post-purchase advertising
Nachsaision	low season
Nachzügler	laggards
Naturalrabatt	bonus goods
Naturaltausch	barter
Nebenbeschäftigung	sideline
Nebenkosten	incidential expenses
Nebensaison	dead season
Nebensaison	off-season
Nennwert	face value
Nettobetrag	net amount
Nettoeinkommen	disposable income
Nettoeinnahmen	net income
Nettopreis	net price
Nettoreichweite	net coverage
Nettoumsatz	net sales
Netzwerk	network
Neubeginn	cold start
Neuerung	innovation
Neuheit	innovation
Neupositionierung	repositioning

Niederlassung	branch
Niedrigpreis	bottom price
Niedrigpreis	cut price
Niedrigpreis	low price
Niedrigpreisgeschäft	cut-price store
Nische	niche
Nischenunternehmer	market nicher
Norm	standard
Normung	standardization
Notverkauf	distress sale
Nutzen	utility
Nutzenansatz	utility approach
Nutzenerwartung	utility expectation
Nutzungsbebühr	royalty
Nutzer	user
Nutzwert	use value
Nutzwertanalyse	value analysis

O

Obsoleszenz	obsolescense
Obsoleszenz, eingebaute	built-in obsolescense
Obsoleszenz, funktionelle	dynamic obsolescense
Obsoleszenz, geplante	planned obsolescense
Obsoleszenz, künstliche	artificial obsolescense
Obsoleszenz, modische	style obsolescense
Öffentlichkeitsarbeit	public relations (PR)
Öffnungszeit	opening hours
Oligopol	oligopoly
Omnibusfrage	omnibus survey
Organigramm	organization chart
Organisation	organization

P

Packung (Waren-)	a pack of items
Panel	panel study
Paneleffekt	panel or participation effect
Panelsterblichkeit	panel mortalitiy
Patent	patent
Patentanmeldung	patent application
Patentrecht	patent rights
Persönlichkeit	personality
Pfadanalyse, kritische	critical path analysis
Pionier	pioneer
Plagiat	plagiarism
Plagiator	plagiarist
Plakat	bill
Plakat	poster
Plakatwand	billboard
Plakatwand	hoaring
Planung	planning

Planung, kurzfristige	short-term planning
Planung, strategische	strategic planning
Plazierung, freie	run of book
Plazierung, freie	run of paper
Pleite	flop
Polaritätenprofil	sematic profile
Politik	policy
Portfoliomanagement	portfolio management
Porto	postage
Portfolioanalyse	portfolio analysis
Positionierung	positioning
Posteneinkauf	bulk buying
Posteneinkauf	bulk purchase
Posttest	post-test
Postversand	mail-order
POS-Werbematerial	point of sale material
PR-Abteilung	public relations department
Prämie	bonus
Prämie	incentive payment
Präsentation	presentation
Präsenz	presence
Preis	price
Preis	cost
Preis	rate
Preis, angemessener	fair price
Preis, fester	fixed rate
Preis, gebrochener	odd-even price
Preis, marktüblicher	market rate
Preis, niedrigster	bottom price
Preis, vereinbarter	agreed price
Preissetzung, kostenorientierte	cost-orientied pricing
Preisaufschlag	mark-up
Preisausschreiben	competition
Preisausschreiben	contest
Preisnachlass	discount
Preisbildnung	pricing
Preisbindung	price control
Preisdifferenzierung	price discrimination
Preiserhöhung	mark-up
Preisführerschaft	price leadership
Preiskalkulation	pricing
Preislage	range
Preisnachlass	discount
Preisniveau	price level
Preispolitik	pricing policy
Preisschild	price label
Preisschild	price tag
Preissenkung	price cutting
Preissenkung	mark-down
Preisunterschied	price differential
Preiswettbewerb	price competition
Pressearbeit	press relations
Pressekonferenz	press conference
Pressemitteilung	press release
Pressemitteilung	news release
Pressereferent	information officer
Prestige	prestige

250

Prestigeartikel	prestige product
Prestigewerbung	prestige advertising
Prestigewerbung	goodwill advertising
Primärdaten	primary data
Primärforschung	field research
Printmedien	printing medium
Pro Kopf Einkommen	per captia income
Probekauf	trial purchase
Produkt	product
Produktdifferenzierung	product differentiation
Produkteinführung	market launch
Produktentwicklung	product development
Produktgestaltung	product design
Produktgruppe	product line
Produktgruppe	product range
Produktidee	product idea
Produktimage	product image
Produktlebenszyklus	product life cycle
Produktlinie	line of product
Produkt-Management	product management
Prognose	forecast
Projektleiter	project manager
Prospekt	broadside (US)
Prospekt	brochure
Prototyp	prototype
Provision	commission

Q

Qualität	quality
Quantität	quantity
Quelle	source
Quotenverfahren	quota sampling

R

Rabatt	discount
Rabatt	mark-down
Räumungsverkauf	clearence sale
Random-Route-Verfahren	random walk
Rangordnung	rank order
Reduktionsmarketing	demarketing
Regal	rack
Regal(e)	shelf(ing)
Regalgroßhändler	rack jobber
Regressionsanalyse	regression analysis
Reichweite	coverage
Reichweite, effektive	effective cover
Reifephase	maturity
Reisender	salaried salesman
Reisender	travel salesman
Reiz	appeal

Rentabilität	profitability
Repräsentanz	representativeness
repräsentativ	representative
Resonanz	feedback
Rohstoff	raw materials
Rücklaufquoten	questionnaire return rate
Rücklaufrate	response rate
Rundfunkwerbetreibender	contracting company

S

Sättigung	saturation
Säulendiagramm	vertical bar chart
Schaubild	diagram
Schaubild	graph
Schaufenster	shop window
Schaukasten	display cabinet
Schaukasten	showcase
Schichtung, soziale	social stratification
Schlagzeile	headline
Schleichwerbung	puff
Schnellgreifbühnentest	pickup test
Sekundärforschung	desk research
Sekundärdaten	secondary data
Selbstbedienungsgeschäft	self-service store
Sendepause (bei Werbung)	commercial break
Sender	televison station
Signifikanzniveau	level of significance
Skala	scale
Skalierung	scaling
Skalierungsverfahren	scaling technique
Sonderposten	extraordinary items
Sonderpreis	bargain price
Sondertisch	bargain counter
Sortiment	assortment
Sortiment	product range
Sortiment	set
Sortimentserweiterung	product diversification
Spanne	range
Sponsoring	sponsorship
Spontankäufe	impulse buying
Stabdiagramm	vertical bar chart
Standardabweichung	standard deviation
Standardisierung	standardization
Standmiete	market dues
Standortanalyse	location analysis
Statistische Kennzahlen	statistical key figures
Stichprobe	sample
Stichprobe, geschichtet	stratified sample
Stichprobe, zufällig	random sample
Stichprobenauswahl	random sampling
Stichprobenfehler	selection bias
Stichprobenumfang	sampling fraction
Stichprobenverfahren	sampling

Stochastik	stochastic
Strategie	strategy
Strategischer Geschäftsbereich	strategic business unit
Streckengroßhändler	limited function wholesaler
Streudiagramm	scatter diagramm
Streuplanung	media buying
Streuung	dispersion
Strichkodierung	bar code
Struktur	pattern
Struktur	structure
Strukturdaten	structural data
Suggestivfrage	leading question
Supermarkt	supermarket
SWOT-Analyse	SWOT analysis
Systemverkauf	systems selling
Szenario	scenario

T

Tabelle	scale
Tabelle	table
Tachistoskop	tachsitoscope
Taktik	policy
Taktik	tactic
Tante-Emma-Laden	corner shop
Telephonbefragung	phone interview
Telephonverkauf	telesales
Test, monadischer	monadic test
Testimonialwerbung	endorsement advertising
Testimonialwerbung	testimonial advertising
Tiefeninterview	depth or free interview
Tiefstpreis	rock-random price
Trendanalyse	trend analysis
Trendforschung	tracking research
Trendforschung	trend research
Trennschärfe	discrimination power
Typologisierung	typologization

U

Überkapazität	excess capacity
Übernehmer, frühe	early adopters
Übernahmeangebot	takeover bid
Überschrift	headline
Umsatzvolumen	sales volume
Umsatzvolumen	volume of sales
Umschlaggeschwindigkeit	turnover (US)
Umschlagseite eins	front cover
Umschlagseite eins	cover page
Umschlagseite zwei	inside front cover
Umschlagseite drei	inside back cover
Umschlagseite vier	back cover

Umfeldforschung	environmental scanning
Umfeldforschung	monitoring
Umwelt	environment
Umweltanalyse	environmental analysis
univariate Verfahren	univariate data analysis
Unternehmen	business
Unternehmen	corporation
Unternehmen	enterprise
Unternehmen	firm
Unternehmen, multinationales	multinational corporation
Unternehmen, unabhängiges	independent company
Unternehmer	contractor
Unternehmer	entrepreneur
Unternehmensauftrag	business mission
Unternehmensidentität	corporate identity
Untersuchungsobjekte	objects of investigation
Usance	the customs of the trade

V

Validierung	validation
Varianz	variance
Varianzanalyse	analysis of variance
Veblen Modell	Veblenian model
Veralterung	obsolescence
Veralterung, geplante	planned obsolescence
Verbrauch	consumption
Verbraucher	consumer
Verbraucherbefragung	consumer survey
Verbrauchermarkt	consumer market
Verbrauchermarkt	superstore
Verbraucherpanel	consumer panel
Verbraucherschutz	consumer protection
Verbrauchsgüter	consumer goods
Verhältnisskala	ratio scale
Verhandlungssache	matter for negotiation
Verkäufer	salesclerk (US)
Verkäufer	salesman
Verkäufer	shop assistent
Verkäuferin	salesgirl
Verkäuferin	saleswoman
Verkäufermarkt	seller`s market
Verkäuferstab	sales force
Verkauf	disposal
Verkauf	sale
Verkauf	vending
Verkauf, ohne Gewähr	sale as seen
Verkauf, auf Kommissionsbasis	commission sale
Verkauf, persönlicher	face-to-face-selling
Verkauf, persönlicher	personal selling
Verkaufsabteilung	sales department
Verkaufsauflage	net paid circulation
Verkaufsregal	rack
Verkaufserlös	sales revenue

Verkaufsförderung	sales promotion
Verkaufsförderung	trade promotion
Verkaufsort	point of sale (POS)
Verkaufsprospekte	sales literature
Verkaufsstelle	outlet
Verkaufsversprechen, einzigartiges	unique selling proposition (USP)
Verkaufswettbewerb	sales contest
Verkaufszahlen	sales figures
Verkaufsziel	sales target
Verkaufsstelle, fahrbare	mobile shop
Verkehrsmittelwerbung	transport advertising
Verpackung	wrapper
Versand	consignation
Versand	dispatch
Versandhandel	mail-order selling
Versandhaus	mail-order business
Versandhaus	mail-order firm
Versandhauskatalog	mail-order catalogue
Verteilernetz	distribution network
Vertrieb, selektiver	selective distribution
Vertriebswege	distribution channels
Vierfarbendruck	four-colour process
Vierfelder-Matrix	Boston matrix
Vollerhebung	census or general census
Voraussage	forecast
Vorbestellungen	dues
Vorhersage	projection
Vorrat	stock
Vorrat	stockpile

W

Wachstumsbereich	growth area
Wachstumsbranche	growth industry
Wachstumsmarkt	growth market
Wahrnehmung, selektive	selective perception
Wahrscheinlichkeit	probability
Wahrscheinlichkeitsauswahl	probability sampling
Ware	commodity
Ware	merchandise
Waren	goods
Warenbestand	stock
Warenbestände	inventory
Warenhaus	department store
Warenkennzeichnung	trade description
Warenkennzeichnung	marking
Warenverteilung	distribution
Warenzeichen	trademark
Warenzeichen, eingetragenens	registered trademark
Werbeagentur	advertising agency
Werbeagentur	publicity agency
Werbeaussage	advertising message
Werbebotschaft	advertising message
Werbebudget	advertising appropriation

Werbebudget	advertising budget
Werbeetat	account
Werbegeschenk	free gift
Werbegeschenk	giveaway
Werbekampagne	publicity campaign
Werbekampagne	advertising campaign
Werbekanäle	channels of influence
Werbekonzept	copy platform
Werbekosten	publicity expenditure
Werbematerial	publicity matter
Werbemedien	advertising media
Werbeslogan	shout
Werbespot	commercial
Werbeträger	advertising media
Werbeträgerforschung	media research
Werbetreibender	space buyer
Werbewirkung	message effect
Werbewirkung, Nachlassen der	advertising decay
Werbezeit	advertising time
Werbezeit	air time
Werbung	advertising
Werbung	publicity
Werbung	commercial
Werbung, antizyklische	counter-cyclical advertising
Werbung, irreführende	deceptive advertising
Werbung, unterschwellig	subliminal advertising
Werbung, vergleichende	comparative advertising
Werbemittelkontakt	exposure
Werbetext-Strategie	copy strategy
Wertewandel	value change
Wettbewerb	competition
Wettbewerbsbeschränkung	restraint of trade
Wettbewerbsfähigkeit	competitiveness
Wettbewerbsvorteil	competition advantage
Wettbewerbsvorteil	competitive edge
Wiedererkennungstest	recognition test
Wiederverkäufer	distributor
Wirkungsverzögerung	delay-response effect
Wirtschaftschaftlichkeitsanalyse	profibilitiy analysis
Wochenzeitschrift	weekly
Wochenzeitung	weekly
Wunsch	desire

Z

Zahlungsbedingungen	terms of payment
Zahlungsfrist	days of grace
Zahlungsmittel, gesetzliches	legal currency
Zahlungsmittel, gesetzliches	legal tender
Zahlungsweise	mode of payment
Zeitreihe	time series
Zeitreihenanalyse	time series analysis
Zeitschrift	journal
Zeitschrift	magazine

Zeitschrift	periodical
Zeitung	newspaper
Zeitungsausschnitt	press cutting
Zeitungsbericht	newspaper report
Zersplitterung	fragmentation
Ziel	aim
Ziel	goal
Ziel	objective
Ziel	target
Ziele, langfristige	long-term objectives
Zielgruppe	target audience
Zielgruppe	target group
Zufallsauswahl	random selection
Zufallsfehler	random error
Zufriedenstellung (des Kunden)	customer satisfaction
Zugabeartikel (zum Selbstkostenpreis)	self-liquidating offer
Zuhauseverkauf	in-home selling
Zulieferer	supplier
Zusammenarbeit	cooperation
Zwischenhändler	middleman

MARKETING-Fachwortverzeichnis

A

a pack of items	Packung (Waren-)
ABC-method	ABC-Analyse
acceptance	Annahme
access to the market	Marktzugang
account	Werbeetat
account executive	Kontakter
account management	Kundenmanagement
account manager	Etatdirektor
accounting period	Abrechnungszeitraum
accounts receivable	Außenstände
accredited agent	Kommissionär
accumulation	Kumulation
acquisition	Anschaffung
added value	Mehrwert
address list	Adressliste
ad-page exposure	Anzeigenseitenkontakt
advance	Anzahlung
advertisement	Anzeige
advertiser	Anzeigenkunde
advertising	Werbung
advertising agency	Werbeagentur
advertising appropriation	Werbebudget
advertising budget	Werbebudget
advertising campaign	Werbekampagne
advertising decay	Werbewirkung, Nachlassen der
advertising jingle	Jingle
advertising media	Werbemedien
advertising media	Werbeträger
advertising message	Werbeaussage
advertising message	Werbebotschaft
advertising schedule	Mediaplan
advertising time	Werbezeit
after-market	Ersatzbedarf
after-sales advertising	Nachkaufwerbung
after-sales service	Nachkaufkundendienst
agent	Makler
agreed price	Preis, vereinbarter
agreement	Abmachung
aided recall	Erinnerung (gestützt)
aim	Ziel
air freight	Luftfracht
air time	Werbezeit
airtime buying	Mediaeinkauf (TV/Radio)
all-in price	Inklusivpreis
analysis of demand	Nachfrageanalyse
analysis of variance	Varianzanalyse
annual account	Jahresabschluss

annual income	Jahreseinkommen
appeal	Anziehungskraft
appeal	Reiz
arithmetic mean	Mittelwert, arithmetisch
arm up questions	Kontaktfragen
article	Artikel
artificial obsolescense	Obsoleszenz, künstliche
assortment	Sortiment
attitude	Einstellung
attitude measurement	Einstellungsmessung
attitude research	Einstellungsforschung
attitude scale	Einstellungsskala
audience rating	Einschaltquote (Rundfunk)
audience share	Einschaltquoten
average	Mittelwert
awareness	Bekanntheitsgrad

B

back cover	Umschlagseite vier
bait	Lockangebot
banner	Banner
bar code	Strichkodierung
bargain	Abschluss
bargain	Geschäft
bargain counter	Sondertisch
bargain price	Sonderpreis
bargain store	Kaufhaus
barter	Naturaltausch
base year	Basisjahr
bidding	Abgabe (von Angeboten)
bill	Plakat
billboard	Plakatwand
bivariate data analysis	bivariate Verfahren
body language	Körpersprache
bonus	Prämie
bonus goods	Naturalrabatt
Boston matrix	Vierfelder-Matrix
bottom price	Niedrigpreis
bottom price	Preis, niedrigster
box store	Abholmarkt
branch	Filiale
branch	Niederlassung
brand	Marke
brand awareness	Markenbekanntheit
brand awareness	Markenbewusstsein
brand leader	Markenführer
brand loyalty	Markentreue
brand name	Markenname
brand positioning	Markenpositionierung
brand switching	Markenwechsel
branded goods	Markenartikel
branding	Markierung
branding policy	Markierungspolitik

breakeven point	Gewinnschwelle
broadside (US)	Prospekt
brochure	Prospekt
broker	Makler
broker´s commission	Maklerbegühr
brokerage	Courtage
brokerage	Maklergebühr
budget	Budget
budget, account	Etat
built-in obsolescense	Obsoleszenz, eingebaute
bulk buying	Posteneinkauf
bulk discount	Mengenrabatt
bulk purchase	Posteneinkauf
business	Geschäft
business	Unternehmen
business cycle	Konjunkturzyklus
business environment	Aufgabenumwelt
business mission	Unternehmensauftrag
business press	Fachpresse
buyer	Einkäufer
buyer	Käufer
buyer`s market	Käufermarkt
buying center	Einkaufsgremium
buying desire	Kaufwunsch
buying income	Kaufkraft
buying power	Kaufkraft
buying power index	Kaufkraftkennzahl
buying research	Käuferforschung
by-product	Abfallprodukt

C

call	Besuch
campaign	Kampagne
canvass	Kundenbesuch
capacity	Kapazität
capital goods	Anlagegüter
cargo	Ladung
cartel	Kartell
case study	Fallstudie
cash and carry	Abholmarkt
cash and carry wholesaler	Cash und Carry-Betrieb
cash flow statement	Cashflow-Bericht
cash offer	Barangebot
cash price	Barpreis
cash register	Kasse
catalog retailing	Kataloghandel
ceiling	Höchstgrenze
census or general census	Vollerhebung
chain store	Filiale
challenger	Herausforderer
chamber of commerce	Handelskammer
channel	Kanal
channel of distribution	Absatzkanal

channels of influence	Werbekanäle
characteristic	Merkmal
charge	Gebühr
charter party	Frachtvertrag
check question	Kontrollfrage
chi-square	Chi-Quadrat
circular chart	Kreisdiagramm
circulation	Auflage
clear	Abverkaufen
clearence sale	Räumungsverkauf
client	Auftraggeber
client	Kunde
close time	Ladenschluss
closed end question	Frage, geschlossen
closing offer	Höchstgebot
closing technique	Abschlusstechnik
closing time	Ladenschluss
cluster	Klumpen
cluster analysis	Clusteranalyse
cluster analysis	Clusteranalyse
cognitive dissonance	Dissonanz, kognitive
cold start	Neubeginn
commerce	Handel
commercial	Werbung
commercial	Werbespot
commercial agent	Handelsvertreter
commercial break	Sendepause (bei Werbung)
commercial directory	Branchenadressbuch
commercial research	Handelsforschung
commercial traveller	Handelsvertreter
commission	Provision
commission business	Kommissionshandel
commission merchant	Kommissionär
commission sale	Verkauf, auf Kommissionsbasis
commodity	Ware
communication	Kommunikation
communication effect	Kommunikationswirkung
communicator credibility	Kommunikatiorglaubwürdigkeit
company-based market research	betriebliche Marktforschung
comparative advertising	Werbung, vergleichende
competence	Kompetenz
competition	Konkurrenz
competition	Preisausschreiben
competition	Wettbewerb
competition advantage	Wettbewerbsvorteil
competition analysis	Konkurrenzanalyse
competitior	Konkurrent
competitive edge	Wettbewerbsvorteil
competitiveness	Wettbewerbsfähigkeit
complaint	Beschwerde
complementary goods	Komplementärgüter
composite demand	Gesamtnachfrage
computer aided	computeruntestützt
computeraided survey	Befragung, computergestützt
concentration	Konzentration
conception	Konzeption
concessionnaire	Konzessionär

261

condition	Bedingung
conditioning	Konditionierung
consignation	Versand
consumer	Konsument
consumer	Verbraucher
consumer behavior	Konsumentenverhalten
consumer charakteristics	Konsumentenmerkmale
consumer cooperative	Konsumgenossenschaft
consumer demand	Konsumentennachfrage
consumer directed advertising	Endverbraucherwerbung
consumer dissatisfaction	Konsumentenunzufriedenheit
consumer goods	Konsumgüter
consumer goods	Verbrauchsgüter
consumer goods marketing	Konsumgütermarketing
consumer houshold	Konsumentenhaushalt
consumer market	Verbrauchermarkt
consumer panel	Verbraucherpanel
consumer protection	Verbraucherschutz
consumer satisfaction	Konsumentenzufriedenheit
consumer surplus	Konsumentenrente
consumer survey	Verbraucherbefragung
consumption	Konsum
consumption	Verbrauch
consumption pattern	Konsumgewohnheit
content analysis	Inhaltsanalyse
contest	Preisausschreiben
contingency analysis	Kontigenzanalyse
continuous data	Kontinuierliche Daten
contract	Liefervertrag
contracting company	Rundfunkwerbetreibender
contractor	Unternehmer
contractual marketing	Kontaktmarketing
contribution costing	Deckungsbeitrag
contribution pricing	Deckungsbeitrag
control	Kontrolle
control	Macht
control group	Kontrollgruppe
convenience goods	Güter, des täglichen Bedarfs
convenience store	Nachbarschaftladen
cooperation	Zusammenarbeit
cooperative marketing	Marketing, kooperatives
coordinate	Koordinate
coproduction	Koproduktion
copy	Exemplar (Printmedium)
copy platform	Werbekonzept
copy strategy	Werbetext-Strategie
copy test	Copy Test
corner shop	Tante-Emma-Laden
corporate identity	Corporate Identity
corporate identity	Unternehmensidentität
corporate image	Firmenimage
corporate image advertising	Firmenwerbung
corporation	Unternehmen
Corporation (US)	Aktiengesellschaft
correlation	Korrelation
cost	Preis
cost estimate	Kostenvoranschlag

cost function	Kostenfunktion
cost of living	Lebenshaltungskosten
cost of sales	Absatzkosten
cost per inquiry	Kosten pro Anfrage
cost per response	Kosten pro Antwort
cost-benefit-ratio	Kosten-Nutzen-Verhältnis
cost-orientied pricing	Preissetzung, kostenorientierte
costumer	Kunde
costumer relations	Kundenbeziehungen
counter	Ladentisch
counter marketing	Kontramarketing
counterbid	Gegengebot
counter-cyclical advertising	Werbung, antizyklische
country of origin	Herkunftsland
coupon	Gutschein
coupon ad	Couponanzeige
cover page	Umschlagseite eins
coverage	Reichweite
craft	Handwerk
creaming	Abschöpfungsstrategie
creativiness	Kreativität
credit	Darlehen
credit entry	Gutschrift
credit side	Habenseite
creditworthiness	Bonität
crisis	Krise
crisis intervention	Krisenbekämpfung
critical path analysis	Kritische-Pfad-Analyse
critical path analysis	Pfadanalyse, kritische
cross tabulation	Kreuztabelle
cross tabulation	Kreuztabellierung
cross-cultural study	Kulturvergleich
cross-elasticity of demand	Kreuzpreiselastizität
cumulative effect	Kumulationseffekt
customer advisory service	Kundenberatung
customer behavior	Kundenverhalten
customer call	Kundenbesuch
customer flow analysis	Kundenlaufstudie
customer flow analysis	Kundenlaufstudien
customer satisfaction	Zufriedenstellung (des Kunden)
customer structure	Kundenstruktur
customer typology	Kundentypologie
cut off sampling	Auswahl (Konzentrationsverfahren)
cut price	Niedrigpreis
cut-price store	Billigladen
cut-price store	Niedrigpreisgeschäft
cybernetics	Kybernetik

D

data	Daten
data acquisition	Datenerfassung
data analysis	Datenanalyse
data archive, data bank	Datenbank

263

data editing	Datenaufbereitung
data protection	Datenschutz
database	Datenbasis
days of grace	Zahlungsfrist
dead season	Nebensaison
deal	Abmachung
deal	Geschäft
dealer	Händler
dealer allowance	Händlerrabatt
dealer marketing	Handelsmarketing
dealer research	Handelsmarktforschung
dealer´s brand	Handelsmarke
debit entry	Lastschrift
decentralized buying	Einkauf, dezentraler
deceptive advertising	Werbung, irreführende
decision	Beschluss
decision	Entscheidung
decision criterion	Entscheidungskriterium
decision process	Entscheidungsprozess
decision tree	Entscheidungsbaum
decisionmaker	Entscheidungsträger
decline	Degenerationsphase
definition	Definition
delay-response effect	Wirkungsverzögerung
delivery note	Lieferschein
delivery order	Lieferauftrag
delivery time	Lieferzeit
delphi survey	Delphi-Befragung
demand	Bedarf
demand	Nachfrage
demand pull	Nachfragesog
demarketing	Reduktionsmarketing
demography	Demographie
demoscopic market research	Marktforschung, demoskopische
department store	Kaufhaus
department store	Warenhaus
deposit	Anzahlung
depreciation	Abschreibung
depression	Flaute
depth or free interview	Tiefeninterview
design	Entwurf
desire	Wunsch
desire to purchase	Kaufwunsch
desk research	Sekundärforschung
developing nation	Entwicklungsland
development	Entwicklung
deviation	Abweichung
diagram	Schaubild
dichotomous question	Ja-Nein-Frage
diffusion process	Diffusionsprozess
direct distirbution	Direktvertrieb
direct mail	Briefwerbung
direct response advertising	Dialog-Werbung
direct response marketing	Dialog-Marketing
direct sale	Direktabsatz
directions for use	Gebrauchsanweisung
direct-mail advertising	Briefwerbung

director	Leiter
directors´ report	Jahresbericht
discount	Preisnachlass
discount	Preisnachlass
discount	Rabatt
discount house	Discount
discount selling	Discount-Handel (funktional)
discount store	Discount-Geschäft
discount trade	Discount-Handel (institutional)
discounter	Discount-Geschäft
discretionary income	Einkommen, disponibles
discriminant analysis	Diskriminanzanalyse
discrimination power	Trennschärfe
dispatch	Versand
dispenser	Automat
dispersion	Streuung
display cabinet	Schaukasten
display material	Dekorationsmaterial
display panel	Auslagefläche
disposable income	Einkommen, frei verfügbares
disposable income	Nettoeinkommen
disposal	Verkauf
distress sale	Notverkauf
distribution	Distribution
distribution	Warenverteilung
distribution chain	Distributionskette
distribution channels	Vertriebswege
distribution intensity	Distributionsgrad
distribution network	Verteilernetz
distribution rate	Distributionsquote
distributor	Händler
distributor	Wiederverkäufer
distributor`s brand	Handelsmarke
diversification	Diversifikation
diversification	Diversifizierung
document	Dokument
dollar area	Dollarzone
domestic market	Binnenmarkt
domestic market	Inlandsmarkt
door-to-door salesman	Hausierer
door-to-door selling	Haustürverkauf
draft	Konzept
dual-use package	Mehrwegpackung
dues	Vorbestellungen
duplicate	Kopie
durable goods	Gebrauchsgüter
dynamic obsolescense	Obsoleszenz, funktionelle

E

early adopter	Erstübernehmer
early adopter	Frühadopter
early adopters	Übernehmer, frühe
early majority	Mehrheit, frühe

earnings	Einkommen
economic man	Homo oeconomicus
editorial	Leitartikel
effective cover	Reichweite, effektive
elasticity of demand	Elastizität der Nachfrage
emotion	Gefühl
empirical	erfahrungswissenschaftlich
endorsement advertising	Leitbildwerbung
endorsement advertising	Testimonialwerbung
enterprise	Unternehmen
entrepreneur	Unternehmer
environment	Umwelt
environmental analysis	Umweltanalyse
environmental scanning	Umfeldforschung
european product code	EAN-Code
excess capacity	Überkapazität
excess supply	Angebotsüberschuss
exclusive agency agreement	Konkurrenzausschluss
exclusive dealing	Exklusivvertrieb
exhibition	Ausstellung
exhibition hall	Messehalle
exhibition room	Ausstellungsraum
exhibition room	Messehalle
exhibition stand	Messestand
experience curve	Erfahrungskurve
experiment	Experiment
export marketing	Exportmarketing
exposure	Werbemittelkontakt
extraordinary items	Sonderposten
eye flow	Blickverlauf
eye movement registration	Blickaufzeichnung

F

face to face communication	Ansprache, persönliche
face value	Nennwert
face-lift	Innovation
face-to-face-selling	Verkauf, persönlicher
factor analysis	Faktorenanalyse
factoring	Faktoring
fair price	Preis, angemessener
family	Markenfamilie
fancy goods	Modeartikel
fashion	Mode
feasibility study	Durchführbarkeitsstufe
fee	Gage
feedback	Resonanz
field observation	Beobachtung, Feld-
field organization	Feldorganisation
field research	Primärforschung
field sales manager	Außendienstmitarbeiter
final consumer	Endverbraucher
financing	Finanzierung
finished goods	Fertigwaren

firm	Unternehmen
firm price	Festpreis
fixed alternative question	Frage, geschlossen
fixed costs	Fixkosten
fixed costs (UK)	Gemeinkosten
fixed price	Festpreis
fixed rate	Preis, fester
flat hierarchy	Hierarchie, flache
flier	Flyer
flop	Pleite
flop rate	Floprate
flow chart	Flussdiagramm
flyer	Flugblatt
folder	Faltblatt
follow up letter	Nachfassaktion
follow-up letter	Nachfassbrief
forecast	Prognose
forecast	Voraussage
foreign currency account	Devisen
form utility	Gebrauchsnutzen
four-colour process	Vierfarbendruck
fragmentation	Zersplitterung
franchisee	Franchisenehmer
franchiser	Franchisegeber
free gift	Werbegeschenk
free of charge	kostenlos
free sample	Gratismuster
free trade zone	Freihandelszone
freelancer	Freiberufler
freesheet	Anzeigeblatt
freight	Frachtgut
frequencies	Häufigkeiten
frequency	Kontaktzahl
frequency distribution	Häufigkeitsverteilung
frequency of exposure	Kontakthäufigkeit
front cover	Umschlagseite eins
functional value	Gebrauchsnutzen

G

gap analysis	Lückenanalyse
general sales representative	Generalvertreter
general store	Gemischtwarenhandel
generic brand	Gattungsmarke
generic product	Gattungsmarke
gestalt psychology	Gestaltpsychologie
gimmick	Gag
giveaway	Werbegeschenk
goal	Ziel
gondola	Auslageregal
goods	Güter
goods	Waren
goodwill advertising	Prestigewerbung
graph	Schaubild

gross cover	Bruttoreichweite
gross earnings	Bruttoeinkommen
gross margin	Handelsspanne
gross yield	Bruttoertrag
group discount	Konzernrabatt
growth area	Wachstumsbereich
growth industry	Wachstumsbranche
growth market	Wachstumsmarkt
guarantee	Garantie
guaranty	Garantie

H

habitual buying behavior	Kaufverhalten, habituelles
habitual purchase	Gewohnheitskauf
handbill	Flugblatt
handbook	Bedienungsanleitung
handling charge	Bearbeitungsgebühr
head of department	Abteilungsleiter
headline	Schlagzeile
headline	Überschrift
heavy dealer	Großverbraucher
hedonism	Hedonismus
high season	Hauptsaison
hoaring	Plakatwand
home sales	Inlandsabsatz
home shopping	Homeshopping
horizontal publication	Fachzeitschrift
household, home	Haushalt
hypothetical construct	Hypothetisches Konstrukt

I

idea development method	Kreativitätstechnik
image impact	Imagewirkung
image policy	Imagepolitik
image research	Imageforschung
imitation	Nachahmung
implementation	Durchführung
importation	Import
impression	Eindruck
impulse buyer	Impulskäufer
impulse buying	Impulskauf
impulse buying	Spontankäufe
impulse purchase	Impulskauf
incentive	Anreiz
incentive payment	Prämie
incidential expenses	Nebenkosten
income	Einkommen
independent company	Unternehmen, unabhängiges
indicator	Indikator
indiffernce curve	Indifferenzkurve

individual branding	Einzelmarkenstrategie
industrial buyer behavior	Einkäuferverhalten
industrial demand	Nachfrage, industrielle
industrial goods	Industriegüter
industrial marketing	Industriegütermarketing
industrial marketing	Industriemarketing
industry	Industrie
informal group	informelle Gruppe
information officer	Pressereferent
information overload	Informationsüberlastung
in-home selling	Zuhauseverkauf
innovation	Neuerung
innovation	Neuheit
input	Eingabe
inside back cover	Umschlagseite drei
inside front cover	Umschlagseite zwei
instruments of communication	kommunikationspolitische Instrumente
intermedia comparison	Intermediavergleich
international marketing	Marketing, Interationales
interview	Befragung
interview	Befragung, mündlich
interviewer bias	Interviewereinfluss
interviewing technic	Befragungstechnik
introductory allowance	Einführungsrabatt
invention	Erfindung
inventory	Inventarliste
inventory	Lagerbestand
inventory	Warenbestände
investment	Investition
island position	Alleinstellung
issue	Exemplar (Printmedium)
item	Einzelaussage
itemized rating scale	Bewertungsskala, spezifizierte

J

jobber (US)	Großhändler
journal	Zeitschrift

K

key account	Großkunde
key account	Hauptkunde
key number	Kennziffer

L

labeling	Etikettierung
laborartory observation	Beobachtung, Labor-
labour costs	Lohnkosten

laggards	Nachzügler
launch price	Einführungspreis
leading question	Suggestivfrage
legal currency	Zahlungsmittel, gesetzliches
legal tender	Zahlungsmittel, gesetzliches
leisure time	Freizeit
letter of credit	Akkreditiv
letter of intent	Absichtserklärung
level of significance	Signifikanzniveau
levy	Abgabe
liability	Haftung
licence	Lizenz
licensing	Konzession
life cycle	Lebenszyklus
life style	Lebensstil
limited function wholesaler	Streckengroßhändler
limited market	Absatzmarkt, begrenzter
line chart	Liniendiagramm
line of product	Produktlinie
list of customers	Kundenkartei
livery	Firmenzeichen
local newspaper	Lokalzeitung
location analysis	Standortanalyse
logo(type)	Firmenzeichen
logotype	Logo
long-term objectives	Ziele, langfristige
loss-leader	Lockartikel
loss-leader pricing	Mischkalkulation
low price	Niedrigpreis
low season	Nachsaision
low-price store	Kleinpreisgeschäft
luxery	Luxus

M

macro-environment	Makro-Umwelt
magazine	Zeitschrift
mail-order	Postversand
mail-order business	Versandhaus
mail-order catalogue	Versandhauskatalog
mail-order firm	Versandhaus
mail-order selling	Versandhandel
main control	Endkontrolle
maintenance marketing	Erhaltungsmarketing
major sales area	Hauptabsatzgebiet
management function	Führungsfunktion
manifest	Ladeliste
manufactoring costs	Herstellungskosten
manufacturer	Hersteller
manufacturing	Fertigung
marekting control	Marketing-Steuerung
margin of profit	Gewinnspanne
marginal revenue	Grenzerlös
marginal utility	Grenznutzen

mark	Markierung
mark-down	Preissenkung
mark-down	Rabatt
market	Absatzgebiet
market acceptance	Marktanpassung
market attractiveness	Marktattraktivität
market channel	Absatzkanal
market coverage	Marktabdeckung
market demographic segmentation	Marktsegmentierung, demographische
market development	Markterschließung
market differentiation	Marktdifferenzierung
market dominance	Marktbeherrschung
market dues	Standmiete
market entry	Markteintritt
market extension	Marktausweitung
market follower	Marktgeführter
market geographical segmentation	Marktsegmentierung, geographische
market growth rate	Marktwachstums
market launch	Produkteinführung
market leader	Marktführer
market niche	Marktlücke
market niche	Marktnische
market nicher	Nischenunternehmer
market observation	Marktbeobachtung
market opportunity	Marktchance
market penetration	Marktdurchdringung
market potential	Marktpotential
market psychographic segmentation	Marktsegmentierung, psychographische
market rate	Preis, marktüblicher
market requirement	Markterfordernisse
market research	Marktforschung
market research organization	Marktforschungsinstitut
market saturation	Marktsättigung
market segmentation	Marktsegmentierung
market share	Marktanteil
market size	Marktvolumen
market structure	Marktstruktur
market want	Marktkapazität
market zoning	Marktabgrenzung
marketability	Marktfähigkeit
marketable	absatzfähig
marketing audit	Marketing-Revision
marketing objective	Marketing-Ziel
marketing policy	Absatzpolitik
marketing service	Marketing-Service
marketing strategy	Marketing-Strategie
Marketing-Research	Absatzforschung
marketing-research	Marketing-Forschung
marking	Warenkennzeichnung
mark-up	Handelsspanne
mark-up	Preisaufschlag
mark-up	Preiserhöhung
mark-up percentage	Handelsspanne (als Prozentsatz)
mass communication	Massenkommunikation
mass media	Massenmedien
mass merchandiser	Massenfilialist
mass production	Massenproduktion

matrix organization	Matrixorganisation
matter for negotiation	Verhandlungssache
maturity	Reifephase
maufactured goods	Fabrikware
maximum price	Höchstpreis
me too product	Imitation (eines Produkts)
mean	Mittelwert
media	Medium
media buying	Mediaeinkauf
media buying	Streuplanung
media planning	Mediaplanung
media research	Mediaforschung
media research	Werbeträgerforschung
media selection	Mediaselektion
media support	Mediamix
median	Median
merchandise	Ware
merchant	Händler
merger	Fusion
message effect	Werbewirkung
microeconomics	Mikroökonomie
middle class	Mittelstand
middleman	Zwischenhändler
midscore	Median
minimum income	Mindesteinkommen
minimum price	Mindestpreis
mission	Auftrag
mobile shop	Verkaufsstelle, fahrbare
mobile shop test	Caravan Test
mode of payment	Zahlungsweise
model	Modell (Muster)
modification	Modifikation
monadic test	Test, monadischer
monetary demand curve	Erlöskurve
monitoring	Umfeldforschung
monopoly	Monopol
motivation	Motivation
motive hierarchy	Bedürfnishierachie
multi-channel policy	Mehrkanalpolitik
multidimensional scaling	Multidimensionale Skalierung
multinational corporation	Unternehmen, multinationales
multiple brand strategy	Mehrmarkenstrategie
multiple replies	Mehrfachantworten
multiple responses	Mehrfachantworten
multiple segment strategy	Mehrsegment-Strategie

N

net amount	Nettobetrag
net coverage	Nettoreichweite
net income	Nettoeinnahmen
net paid circulation	Verkaufsauflage
net price	Nettopreis
net profit	Erlös

net sales	Nettoumsatz
network	Netzwerk
news release	Pressemitteilung
newspaper	Zeitung
newspaper report	Zeitungsbericht
niche	Nische
nonbusiness marketing	Marketing, nichtkommerzielles
nondurable goods	Gebrauchsgüter, kurzlebige
number	Exemplar (Printmedium)
number of exposures	Kontaktzahl

O

objective	Ziel
objects of investigation	Untersuchungsobjekte
observation unit	Beobachtungsgegenstand
observational research	Beobachtung
obsolescence	Veralterung
obsolescense	Obsoleszenz
odd-even price	Preis, gebrochener
offer	Angebot
off-season	Nebensaison
oligopoly	Oligopol
omnibus survey	Omnibusfrage
one-way pack	Einwegpackung
opening hours	Öffnungszeit
operating costs	Betriebskosten
operating statement	Betriebsabrechnung
operation instructions	Gebrauchsanweisung
operational planning	betriebliche Planung
opinion leader	Meinungsführer
opinion research	Meinungsforschung
opportunity	Gelegenheit
orange goods	Gebrauchsgüter, kurzlebige
order	Auftrag
order	Bestellung
order fulfilment	Auftragerfüllung
organization	Organisation
organization chart	Organigramm
original demand	Erstbedarf
outcome	Ergebnis
outlet	Einzelhandelsfiliale
outlet	Verkaufsstelle
output	Ausstoß
outstanding debts	Außenstände
overhead costs	Gemeinkosten
overheads (US)	Gemeinkosten

P

| package goods | Fertigwaren |
| pamphlet | Broschüre |

panel mortalitiy	Panelsterblichkeit
panel or participation effect	Paneleffekt
panel study	Panel
patent	Patent
patent application	Patentanmeldung
patent rights	Patentrecht
pattern	Struktur
pattern of trade	Handelsstruktur
pay package	Gesamtvergütung
payment	Bezahlung
payment of account	Abschlagszahlung
penetration	Durchdringung
per annum	Jahr, pro
per captia income	Pro Kopf Einkommen
periodical	Zeitschrift
personal selling	Verkauf, persönlicher
personality	Persönlichkeit
persuability	Beeinflussbarkeit
phone interview	Telephonbefragung
pickup test	Schnellgreifbühnentest
piggy-back promotion	Huckepackwerbung
pioneer	Pionier
pioneer advertisinge	Einführungswerbung
piracy	Markenpiraterie
plagiarism	Plagiat
plagiarist	Plagiator
planned obsolescence	Veralterung, geplante
planned obsolescense	Obsoleszenz, geplante
planning	Planung
point of sale (POS)	Verkaufsort
point of sale material	POS-Werbematerial
policy	Politik
policy	Taktik
pool	Kartell
population	Grundgesamtheit
portfolio analysis	Portfolioanalyse
portfolio management	Portfoliomanagement
positioning	Positionierung
postage	Porto
poster	Plakat
post-purchase advertising	Nachkaufwerbung
post-test	Posttest
power of demand	Nachfragemacht
premium price	Höchstpreis
prepak	Fertigpackung
presence	Präsenz
presentation	Präsentation
press conference	Pressekonferenz
press cutting	Zeitungsausschnitt
press relations	Pressearbeit
press release	Pressemitteilung
prestige	Prestige
prestige advertising	Prestigewerbung
prestige product	Prestigeartikel
prestige value	Geltungsnutzen
price	Preis
price competition	Preiswettbewerb

274

price control	Preisbindung
price cutting	Preissenkung
price differential	Preisunterschied
price discrimination	Preisdifferenzierung
price label	Preisschild
price leadership	Preisführerschaft
price level	Preisniveau
price mark-up	Kalkulationsaufschlag
price ring	Kartell
price tag	Preisschild
pricing	Preisbildnung
pricing	Preiskalkulation
pricing policy	Preispolitik
primary data	Primärdaten
prime rate	Leitzins
printed matter	Drucksache
printing medium	Printmedien
private label	Händlermarke
probability	Wahrscheinlichkeit
probability sampling	Wahrscheinlichkeitsauswahl
producer	Hersteller
producer`s brand	Herstellermarke
product	Artikel
product	Produkt
product design	Produktgestaltung
product development	Produktentwicklung
product differentiation	Produktdifferenzierung
product diversification	Sortimentserweiterung
product idea	Produktidee
product image	Produktimage
product life cycle	Produktlebenszyklus
product line	Produktgruppe
product management	Produkt-Management
product range	Produktgruppe
product range	Sortiment
production cost	Herstellungskosten
profibilitiy analysis	Wirtschaftschaftlichkeitsanalyse
profit	Gewinn
profit objective	Gewinnziel
profitability	Rentabilität
project manager	Projektleiter
projection	Vorhersage
propensity to consume	Konsumneigung
property space	Merkmalsraum
property trait	Merkmalsausprägung
proprietary goods	Markenartikel
prospect	Interessent
prospective buyer	Käufer, potentieller
prospects	Aussichten
prosperity	Hochkonjunktur
prototype	Prototyp
Public Limitited Company (UK)	Aktiengesellschaft
public opinion	Meinung, öffentliche
public relations (PR)	Öffentlichkeitsarbeit
public relations department	PR-Abteilung
publication year	Erscheinungsjahr
publicity	Werbung

publicity agency	Werbeagentur
publicity campaign	Werbekampagne
publicity expenditure	Werbekosten
publicity matter	Werbematerial
puff	Schleichwerbung
puller-in of customers	Kundenfang
purchase	Kauf
purchase, buy	Einkauf
purchaser	Käufer
purchasing agent	Einkäufer
purchasing department	Einkaufsabteilung
purchasing power	Kaufkraft
push money	Erfolgsprämie

Q

quality	Qualität
quality label	Gütezeichen
quantity	Quantität
quantity discount	Mengenrabatt
questionnaire return rate	Rücklaufquoten
quota sampling	Quotenverfahren

R

rack	Regal
rack	Verkaufsregal
rack jobber	Regalgroßhändler
random error	Zufallsfehler
random sample	Stichprobe, zufällig
random sampling	Stichprobenauswahl
random selection	Zufallsauswahl
random walk	Random-Route-Verfahren
range	Angebot
range	Preislage
range	Spanne
rank order	Rangordnung
rate	Preis
rate protection	Garantiefrist
ratio scale	Verhältnisskala
raw materials	Rohstoff
recall	Erinnerung (an Werbung)
recall test	Erinnerungstest
recall test	Gedächtnistest
recipient	Empfänger
recognition test	Wiedererkennungstest
recommendition	Empfehlung
red goods	Konsumgüter, kurzlebige
redistribution of income	Einkommensverteilung
reduced price	ermäßigter Preis
reference group	Bezugsgruppe
registered design	Gebrauchsmuster

registered trademark	Warenzeichen, eingetragenens
regression analysis	Regressionsanalyse
reject	Ausschussware
reminder effect	Erinnerungswirkung
reorder	Nachbestellung
replacement demand	Ersatzbedarf
replacement purchase	Ersatzkauf
replacement sale	Ersatzverkauf
reply card	Antwortkarte
report	Bericht
repositioning	Neupositionierung
representative	repräsentativ
representativeness	Repräsentanz
research and development	Forschung und Entwicklung
response rate	Rücklaufrate
restraint of trade	Wettbewerbsbeschränkung
result	Ergebnis
retail dealer	Einzelhändler
retail outlet	Einzelhandelsgeschäft
retail price	Ladenpreis
retail shop	Einzelhandelsgeschäft
retail trade margin	Einzelhandelsspanne
retailer	Einzelhändler
retailer cooperative	Einkaufsgenossenschaft
retailing	Einzelhandel
retailing trade	Einzelhandel
retrenchment	Abbau
return on investment	Kapitalertrag
Return on investment (ROI)	Investitonsrentabilität
rock-random price	Tiefstpreis
royalty	Lizenzgebühr
royalty	Nutzungsbebühr
run of book	Plazierung, freie
run of paper	Plazierung, freie

S

salaried salesman	Reisender
salary	Gehalt
sale	Verkauf
sale as seen	Verkauf, ohne Gewähr
sales	Absatz
sales budget	Absatzplanung
sales contest	Verkaufswettbewerb
sales department	Verkaufsabteilung
sales figures	Absatzzahlen
sales figures	Verkaufszahlen
sales forcast	Absatzprognose
sales force	Außendienst
sales force	Verkäuferstab
sales literature	Verkaufsprospekte
sales potential	Absatzpotenzial
sales potential	Marktpotential
sales promotion	Absatzförderung

sales promotion	Verkaufsförderung
sales report	Absatzbericht
sales revenue	Verkaufserlös
sales target	Verkaufsziel
sales volume	Absatzvolumen
sales volume	Umsatzvolumen
salesclerk (US)	Verkäufer
salesgirl	Verkäuferin
salesman	Verkäufer
saleswoman	Verkäuferin
sample	Stichprobe
sampling	Auswahl
sampling	Stichprobenverfahren
sampling fraction	Stichprobenumfang
saturation	Sättigung
scale	Skala
scale	Tabelle
scaling	Skalierung
scaling technique	Skalierungsverfahren
scatter diagramm	Streudiagramm
scenario	Szenario
season	Jahreszeit
secondary data	Sekundärdaten
selection bias	Stichprobenfehler
selection with arbitray probability	Auswahl (aufs Geratewohl)
selective distribution	Vertrieb, selektiver
selective perception	Wahrnehmung, selektive
self administered questionnaire	Fragebogen
self-liquidating offer	Zugabeartikel (zum Selbstkostenpreis)
selfmonitoring	Beobachtung, Selbst-
self-service store	Selbstbedienungsgeschäft
seller´s market	Verkäufermarkt
sematic profile	Polaritätenprofil
semifinished product	Halbfabrikat
service	Bedienung
service	Dienstleistung
service	Kundendienst
service area	Empfangsbereich
service center	Dienstleistungszentrum
service charge	Bedienung
service industry	Dienstleistungsbranche
service mark	Dienstleistungsmarke
set	Sortiment
shelf life of a product	Haltbarkeit, eines Produktes
shelf(ing)	Regal(e)
shooting script	Drehbuch
shop	Laden
shop assistent	Verkäufer
shop window	Schaufenster
shoplifter	Ladendieb
shoplifting	Ladendiebstahl
shopper	Käufer
shopping behavior	Einkaufsverhalten
shopping center	Einkaufszentrum
shopping goods	Güter, des gehobenen Bedarfs
shopping mall	Einkaufsstraße
shopping strip	Einkaufstraße

shortage	Knappheit
short-term planning	Planung, kurzfristige
shout	Werbeslogan
show	Ausstellung
show	Messe
showcase	Schaukasten
showroom	Ausstellungsraum
sideline	Nebenbeschäftigung
silent trade	Depothandel
single adult household	Einpersonenhaushalt
size of market	Marktvolumen
skimming policy	Hochpreispolitik
slack filling	Mogelpackung
slide advertising	Diawerbung
slump	Depression
social stratification	Schichtung, soziale
source	Quelle
source of information	Informationsquelle
space buyer	Werbetreibender
space buying	Mediaeinkauf (Printmedien)
special exhibition	Fachausstellung
specialist	Fachgeschäft
specialized trade fair	Fachmesse
specialty market	Fachmarkt
spiff	Erfolgsprämie
sponsorship	Förderung
sponsorship	Sponsoring
stable commodity	Haupterzeugnis
standard	Norm
standard deviation	Standardabweichung
standard price	Einheitspreis
standardization	Normung
standardization	Standardisierung
standardized questionnaire	Fragebogen, standardisiert
statified cluster sample	Klumpenverfahren
statistical key figures	Statistische Kennzahlen
sticker	auszeichnen
stochastic	Stochastik
stock	Lagerbestand
stock	Vorrat
stock	Warenbestand
stock level	Lagerbestandshöhe
stock return	Lagerumschlag
stock-in-trade	Bestände
stockist	Fachgeschäft
stockpile	Vorrat
storage	Lagerkosten
storage	Lagerung
store traffic analysis	Kundenlaufstudie
strategic business unit	Strategischer Geschäftsbereich
strategic planning	Planung, strategische
strategy	Strategie
stratified sample	Stichprobe, geschichtet
structural data	Strukturdaten
structure	Struktur
stuffer	Anzeigenbeilage
style obsolescense	Obsoleszenz, modische

subliminal advertising	Werbung, unterschwellig
supermarket	Supermarkt
superstore	Verbrauchermarkt
supplier	Lieferant
supplier	Zulieferer
supply	Angebot
supply	Beliefern
supply and demand	Angebot und Nachfrage
supply market research	Beschaffungsmarktforschung
supply price	Angebotspreis
surcharge	Aufpreis
survey	Befragung
survey	Befragung, schriftlich
survey	Erhebung
SWOT analysis	SWOT-Analyse
syndicate	Konsortium
systems selling	Systemverkauf

T

table	Tabelle
tachsitoscope	Tachistoskop
tactic	Taktik
takeover bid	Übernahmeangebot
taker	Abnehmer
target	kurzfristiges Ziel
target	Ziel
target audience	Zielgruppe
target group	Zielgruppe
taxation	Besteuerung
team spirit	Korpsgeist
tear sheet	Einzelbeleg
telephone interview	Befragung, telefonisch
telesales	Telephonverkauf
television rating	Einschaltquote (TV)
televison station	Sender
tendering	Angebotsabgabe
terms of payment	Zahlungsbedingungen
testimonial advertising	Testimonialwerbung
testimonial letter	Empfehlungsschreiben
the customs of the trade	Usance
theory of marketing	Marketing-Theorie
time limit	Frist
time series	Zeitreihe
time series analysis	Zeitreihenanalyse
to deal	Handel, treiben
to meet a deadline	Frist einhalten
tourism	Fremdenverkehr
touting	Kundenfang
tracking research	Trendforschung
trade	Handel
trade agent	Handelsbeauftragter
trade agreement	Handelsabkommen
trade description	Warenkennzeichnung

trade discount	Händlerrabatt
trade fair	Messe
trade journal	Fachzeitschrift
trade marketing	Handelsmarketing
trade promotion	Verkaufsförderung
trademark	Warenzeichen
trading area	Absatzgebiet
trading area	Einzugsgebiet
traffic	Auftragsabwicklung
transport advertising	Verkehrsmittelwerbung
travel salesman	Reisender
trend analysis	Trendanalyse
trend research	Trendforschung
trial purchase	Probekauf
turnover (US)	Umschlaggeschwindigkeit
typologization	Typologisierung

U

umbrella price	Höchstpreis
unaided recall	Erinnerung (ungestützt)
union	Körperschaft
unique selling proposition (USP)	Verkaufsversprechen, einzigartiges
univariate data analysis	univariate Verfahren
universe	Grundgesamtheit
unloading	Abstoßung
usage	Gebrauch
use value	Nutzwert
user	Nutzer
utility	Nutzen
utility approach	Nutzenansatz
utility expectation	Nutzenerwartung
utility goods	Gebrauchsgüter

V

validation	Validierung
validity	Gültigkeit
Value Added Tax (VAT)	Mehrwertsteuer
value analysis	Nutzwertanalyse
value change	Wertewandel
variance	Varianz
Veblenian model	Veblen Modell
vending	Verkauf
vending machine	Automat
vendor analysis	Lieferantenforschung
vertical bar chart	Säulendiagramm
vertical bar chart	Stabdiagramm
visualizer	Ideengestalter
volume of sales	Umsatzvolumen
voluntary chain	Handelskette, freiwillige
voluntary group	Einkaufsgemeinschaft

W

wage	Lohn
wall advertising	Fassadenwerbung
warehousing	Lagerung
warm up question	Eisbrecherfrage
weekly	Wochenzeitschrift
weekly	Wochenzeitung
wheel of retailing	Dynamik der Betriebsformen
wholesale trade	Großhandel
wholesaler	Großhändler
window dressing	Dekoration
wrapper	Verpackung

Y

yearbook	Jahrbuch
you approach	Direktansprache
youth marketing	Jugendmarketing

FSC
www.fsc.org
MIX
Papier | Fördert
gute Waldnutzung
FSC® C083411

Zeitfracht Medien GmbH
Ferdinand-Jühlke-Straße 7
99095 Erfurt, Deutschland
produktsicherheit@kolibri360.de

Druck:
CPI Druckdienstleistungen GmbH
im Auftrag der
Zeitfracht Medien GmbH
Ein Unternehmen der Zeitfracht - Gruppe
Ferdinand-Jühlke-Str. 7
99095 Erfurt